国家社会科学基金教育学青年课题"研究生学术伦理规制问题研究"（项目编号：CIA110140）成果

学术伦理规制

——研究生学术道德建设的新思略

罗志敏　著

知识产权出版社

全国百佳图书出版单位

内容提要

学术伦理是大学学术文化的核心,也是科研创新的原动力。《学术伦理规制—研究生学术道德建设的新思略》一书正是从"学术伦理"这一核心概念出发,运用情景故事投射、调研访谈等研究方法,在充分借鉴应用伦理学、规制经济学等相关学科理论的基础上,从"何为规制"、"为何规制"以及"如何规制"三个方面,为现实中的研究生学术道德问题的分析与解决搭建了一套更具解释力的操作框架体系。这不仅对于拓展学术道德问题的研究视角、丰富学术规范研究的内容和方法以及夯实学术制度研究的理论基础具有重要的理论意义,而且还可为目前我国处在困境中的研究生学术治理实践提供了一些新的思路和好的借鉴。

本书适合人群:高等教育学、伦理学等相关专业学科的研究者、研究生导师、研究生以及研究生培养机构的管理工作者。

责任编辑:王　辉　　　　　　　　　　责任出版:刘译文

图书在版编目(CIP)数据

学术伦理规制:研究生学术道德建设的新思略/罗志敏著.—北京:知识产权出版社,2013.4
ISBN 978 - 7 - 5130 - 1917 - 0

Ⅰ.①学… Ⅱ.①罗… Ⅲ.①研究生—学术研究—道德规范 Ⅳ.①G644

中国版本图书馆 CIP 数据核字(2013)第 037685 号

学术伦理规制:研究生学术道德建设的新思略
XUESHU LUNLI GUIZHI:YANJIUSHENG XUESHU DAODE JIANSHE DE XINSILÜE

罗志敏　著

出版发行:知识产权出版社有限责任公司

社　　址:北京市海淀区马甸南村 1 号	邮　　编:100088
网　　址:http://www.ipph.cn	责编传真:010 - 82000860 转 8353
发行电话:010 - 82000893 82000860 转 8101	传　　真:010 - 82000893
责编电话:010 - 82000860 - 8381	责编邮箱:wanghui@ cnipr.com
印　　刷:知识产权出版社电子制印中心	经　　销:新华书店及相关销售网点
开　　本:787 mm×1092 mm 1/16	印　　张:14
版　　次:2013 年 5 月第 1 版	印　　次:2014 年 3 月第 2 次印刷
字　　数:240 千字	定　　价:42.00 元

ISBN 978 - 7 -5130 -1917 -0

序　言

武汉大学教科院副院长、武汉大学教育法学研究中心主任、教授、博士生导师 黄明东

　　《学术伦理规制——研究生学术道德建设的新思略①》一书是罗志敏博士主持的国家社科基金课题成果，也是他在其博士学位论文和已有研究成果的基础上继续深化、拓展的结果。在该书即将付梓之际，我作为他攻读硕士、博士学位的指导老师为自己学生的学术成果的出版而感到十分高兴。

　　对于研究生群体中存在的学术造假、剽窃等诸如此类的学术道德问题，国外有不少学者认为它是一个"流行病"、一个"长期问题"，也有人认为"尽管它是错误的，但每个人都在那样做"，"它像人在大自然的呼吸一样自然"，甚至被认为是一种"同阅读、写作几乎同样重要的、为获取学位而必备的学术技能。"这种问题在我国也同样存在。近年来，随着我国研究生教育规模的扩大，培养类型的增多，在面临同样的问题时，我们在实践中所遇到的难题会更多、更复杂，因此也就需要我们冷静思考，多做研究，这样才能科学地指导实践中的研究生学术道德建设工作。

　　过去我也一直在思考：学术上的造假、剽窃之风为何屡禁不止？是我们的处罚不够严厉，还是我们的制度不够完备？根据我在国外访学和生活时的体验，我发现情况并不是我原本想象的那样。不管是诸如选举市长这样的政治大事，还是像乘坐公共汽车这样的日常生活小事，他们的制度安排或者说制度设计并不比我们高明到哪里去，有些还很随意，明眼人一看就有很多空子可以钻，但是，感觉人家整体上就是比我们自觉，不愿去钻那空子，也很少有那念头去钻那空子。这种对比也使我意识到，人家大学之所以在科研方面做得比我们厚实，口碑也比我们好，从根本上讲并不是他们的管理制度比我们完备、比我们先进，而是我们缺乏人家那种伦理式的学术精神。

---

　　① "思略"一词大意为"谋略"，来自于《梁书·裴邃传》："邃少言笑，深沉有思略，为政宽明，能得士心。"——本书作者注

但我首先要说的是，要进行这种伦理式的学术精神培育，研究生教育应该是一个非常重要的时段。之所以这么说，不仅是因为研究生的学术精神状况将直接影响到国家的科学研究事业，影响到整个学术界的形象，更重要的是，作为最高学历的拥有者，他们将来大都会成为一些行业的领军者和社会为之效仿的榜样。这正如美国约瑟夫森研究所（Josephson Institute）发布的一份报告在谈及研究生的学术不端问题时所担忧的那样，"如果没有大的意外，这些研究生们将会在我们社会中占据重要的领导岗位或步入其他权力部门。那么，其最终的结果就是，我们未来面对的那些进入职场中的领导者，如警署官员、政治家、会计师、律师、医生和其他商界人士等等，跟一些无耻的诈骗犯、说谎者和小偷相比，又有什么两样呢？"也许正是基于这种考虑，在欧美一些发达国家，近些年来有关研究生学术道德状况、成因以及应对措施等诸如此类的研究与探讨从未淡出过学界的视野，院校在研究生学术道德建设实践方面也很舍得下工夫，如跟刚入学的研究生签订学术荣誉准则，在校内进行比较系统的学术诚信教育等。

《学术伦理规制——研究生学术道德建设的新思略》一书也正是针对这一问题，转变了以往学界在研究学术道德问题时所遵循的模式和思路，对研究生的学术道德问题进行了理性而又深入的研究与探讨，其中不乏有比较独到的见解，所提出的一些对策建议也颇具启发性和积极的参考价值。

其一，从问题的原点出发探讨学术道德问题。该书并没有一开始就大谈研究生学术不端行为对国家科技事业造成的损害，也没有把眼光局限在外部环境对研究生的影响以及对学术不端行为的处理上，而是从界定研究生的社会身份出发，突出强调了研究生的主体责任，即作为从事科研活动的人，不管是大名鼎鼎的学者，还是普通的研究生，都必须有责任维护学术的尊严，应当做正确的事。作者认为，社会、文化等方面的原因以及一些外在的压力虽然是影响学术不端行为发生的因素，但绝不是为之行动的理由。关于这一点，我是持赞同态度的。实事求是地讲，目前我国在学术管理上还存在着诸多不尽如人意的地方，如行政化的学术管理体制，以论文数量、科研项目级别论英雄的科研考评体系等。而单就研究生来讲，由于近年来扩招幅度大，研究生种类多，来源复杂，好多研究生并没有得到导师应有的指导，而且研究生的就业压力、生活压力又比以往大得多，面临着很多两难问题。这些都的确对研究生的学术道德问题起着推波助澜的作用，但即便是这样，我们也要树立这样的一个理念，并教育我们的研究生，那就是：只要你跨入了学术这道门槛，你就必须坚守学术的这道底线，而不能突破。换句话来讲，即使处在一种不理想的治学环境中,我们也只能采取一些合法且合理的途径去力求改变它,而不能以错误去应对错误。在我看来,世上其实没有所谓的理想治学环境,最重要的还是我们自己愿不愿意脚踏实地去做一点研究。

其二,"深入性"和"系统性"的紧密结合。就该书的深入性来讲,作者认为,研究生的学术不端行为不但是违背了学术道德规范,从其本源、实质上来讲更是对学术伦理的违犯,是破坏学术伦理关系后的某种表现或结果。如某位研究生抄袭他人论文,这不但使个人当前及其今后的职业生涯发展受损,而且还侵犯了他人的知识产权,损害同行的利益(与同行相比获得不公正的竞争优势)等。而问题的解决也必须从提升研究生的学术伦理意识入手,增强他们在困惑、彷徨中驾驭自己的能力,同时激发他们的学术创新精神;就其系统性来讲,该书并没有把眼光仅仅停留在研究生身上,而是根据其所建立的理论分析框架,从院校的层面出发,主张在研究生学术道德建设实践中动员包括大学生、研究生、大学教师在内的一切可以动员的力量,利用课堂、会议、网络、广播电视、报刊、调查报告、宣传册、海报以及校外媒体等一切手段,运用宣传、教育、培训、评估、问责等一切方法,而不仅仅是限于出台一个学术道德规范、提出一个倡议、开一个研讨会这样的层次。与此同时,作者还主张在研究生学术道德建设实践过程中,要注重多方联系,如单就研究生个人来讲,要把其个人的人生追求与学术上的高标准联系起来,把当下学术道德的践行与其今后的职业生涯发展联系起来等。

以上仅粗略谈及两点。此外,该书还给人的印象是,材料丰富,论据充分,论证有力。为深入把握研究生学术道德的实际状况,罗志敏及其课题组成员做了长时间的现状调查研究,他们通过参加座谈会、发放问卷、做访谈、收集新闻媒体材料等途径,掌握了大量有关该课题的一手材料。有了充足材料的支撑,课题才立论有据,论证有力。当然,该书也有今后需要继续深入研究的地方。例如,研究生的学术伦理关系及其所面临的伦理困惑分析还不够全面和透切;研究生需要坚守学术伦理固然必要,但院校如何也"伦理"地对待研究生,该书也谈得不多;对情景故事投射这一研究方法的应用还有待进一步完善等。

黄顺年

2013 年 2 月 16 日

目　录

绪 论

本章属于全书的绪论部分,将着重介绍本书的研究背景、相关研究概况及趋势、研究内容以及所要采用的研究思路与方法。

一、问题的缘起:大规模多规格培养条件下的研究生学术道德问题

研究生教育作为作为国民教育的顶端,是高层次人才的主要来源和科学研究潜力的重要标志。[①] 我国研究生教育自上世纪 70 年代末恢复研究生招生以来,至今已走过三十多年的历程,也取得了跨越式的发展。如据教育部的统计,2001 年我国在校研究生数量为 39.33 万人,到 2010 年这一数字已达到 140.49 万人,增加了 257.2%。另据教育部、国家发改委联合下发的《2012 年全国研究生招生计划的通知》显示,2012 年我国研究生计划招生规模达 584416 人,与 2003 年的 26 万多人相比,10 年间翻了一番(按照教育部官方网站发布的信息,2013 年将根据上年硕士和博士的实际招生人数再分别增加 5% 和 2.5%)。而根据近期颁布的《国家中长期人才发展规划纲要(2010 - 2020 年)》(以下简称《规划纲要》),预计到 2020 年在校研究生数将达到 200 万人。这些数据表明我国在培养规模上已跨入了世界研究生教育大国的行列。

与此同时,我国的研究生教育也呈现出多样化的培养格局。如从培养层次看,有硕士和博士两个层次;从培养方式上看,有全日制研究生和在职研究生;从招生形式上看,有全国统考生、推荐免试生、单考生等;从学位类型看,有科学学位与专业学位;在学科类别上,有哲学、经济学、工学、理学、艺术学等十三大学科门类;从培养单位来看,有"985 高校"、"211 高校"、地方本科院校和科研院所;等等。此外,研究生的生源结构如在年龄、性格、经历、入学动机等方面也趋向多样化。

---

① 刘延东.加快发展中国特色学位与研究生教育,为推进社会主义现代化建设提供有力支撑[N].人民日报,2011 - 02 - 13(2).

研究生培养规模的增大和培养规格的多样化,也使研究生特别是博士研究生成为了我国科研领域中一支需要特别倚重的重要力量。然而,近年来大学校园内屡屡被披露的诸如研究生作假舞弊、甚至剽窃他人学术成果等学术不端事件,已成为影响学术风气以及研究生培养质量的一个沉重话题,与此同时,也使加强学术道德建设,提高研究生的学术品质成为社会各界的普遍共识。但是,在就如何加强大规模多规格培养条件下研究生的学术道德建设这个问题上,目前却面临着诸多未解的难题与困惑,这使我们在具体的实践过程中要么不调不统一,要么裹步不前,这不仅限制了推进工作的思路,也使学术道德建设所取得的成效甚微。

学术道德被认为是个人在科研活动中所应遵循的各种价值规范的总和。它也是研究生教育的重要内容,对研究生的成长成才至关重要。作为本书首要的任务,有必要对我国研究生学术道德建设的历程作一简约梳理和总结,并对此过程中存在的一些问题和困惑做出反思。

(一)研究生学术道德建设:历程与特征

我国自 1978 年恢复研究生教育、1981 年颁布实施《中华人民共和国学位条例》(以下简称《学位条例》)以来的近二十年的时间里,工作重心是忙于恢复、探索与完善我国的学位制度,而学术道德却没有作为一种政策话语被提及,更没有相关的政策安排。如从 1982 年起,国家先后出台了诸如试办研究生院、评选重点学科、颁发与修订学科专业目录、成立各级学术委员会、开展学位质量评估、试办专业学位教育等一系列政策措施。而高校等研究生培养单位则专注于规范研究生的课程设置,出版研究生教学的系列教材,建立研究生实验基地,制定硕士与博士学位论文标准等等。即使到了 2000 年,教育部在其颁布的《关于加强和改进研究生德育工作的若干意见》中只是提及要培养"勤奋学习,刻苦钻研,勇于创新,努力掌握现代科学文化知识的高层次人才",但其重心还是强调要提高研究生的政治思想素质,如加强研究生的马克思主义理论教育以及党的建设工作等等。

1999 年,国家开始实施高校扩招政策,研究生教育的规模也随之快速扩大。但是,在规模不断扩大的同时也带来了人们对研究生教育质量下滑的顾虑和批评①,即认为研究生普遍缺乏创新能力。与此同时,研究生创新能力的培养也被提到了国家科教兴国战略成败的高度。正是在这一背景之下,从 1999 年的《面向 21 世纪教育振兴行动计划》要求"瞄准国家创新体系的目标,培养创造一批高水平的具有创新能力的人才"②到 2004 年的《2003 - 2007 年教育振兴行动计划》提出要"实施研究生教育创新计划"③,再到 2005 年教育部发布的《关于实施研究生教育创新计划加强研究生创新能力培养,进一步提高培养质量的若干意见》提出要"建立研究生科研创新激励机制,营造创新氛围,强化创新意识、创新精神和创新能力的培养"④,其政策方案都是围绕着"如何培养研究生的创新能力"这一主题展开。如强调通过学科理论知识学习、参与科研项目等途径来进行学术知识的积累、科研方法的训练,以达到快速提高研究生科研能力的目的。至于学术道德建设部分,只是提及要提高或培养研究生的创新意识,但如何达到这一目的,却没有提及。

对学术道德这一问题的关注应该说起始于上世纪末在大学校园内频频被媒体披露的学术不端问题(一说是学风问题、学术腐败问题)。从 1999 年陕西师范大学出版社出版的《丑陋的学术人》一书荣登当年畅销书排行榜,到 2001 年被誉为国内首部"学术打假专著"的《中国学术腐败批判》的出版发行,再到 2002 年 2 月被炒得沸沸扬扬的北京某名牌大学两位教授的学术剽窃事件,关于怎样整饬学风的讨论、研究一直都没有停止过。至于研究生这一群体,学者彭兴庭当时在《光明日报》撰文指出,"当前的研究生群体中,不乏刻苦勤勉和有志于搞研究、做学问的学生,但更多弥漫着的是浮躁、浅近、轻飘的学风。……如此学风,造就了一批缺乏真才实学、没有独立见解的学生,他们动手能力弱,发展潜力小,创新意识差,工作能力不强,走向社会后的表现可能还不如一个优秀本科生。"⑤

在此期间,国家开始提及并重视研究生的学术道德建设问题。如 2002 年 2 月,教育部在《关于加强学术道德建设的若干意见》中要求,"当前要通过扎实有效

---

① 如据北京大学课题组 2004 年对当时全国的 97 所普通高校和 20 个研究院所的问卷调查显示,57.8%的硕士研究生导师认为研究生质量出现下降;约有 52.7% 的研究生(部、处)负责人认为硕士生质量下降。2007 年国务院学位委员会、教育部、人事部共同牵头开展的博士生质量调查显示,有超过 1/3 的研究生负责人认为持平或下降,而博士生导师认为持平或下降的人数更是超过被调查人数的 50% 。参见:王战军.构建质量保障体系,提高研究生教育质量[J].研究生教育研究,2011,(1):6.

② 国务院.国务院批转教育部《面向 21 世纪教育振兴行动计划》的通知[Z].国发[1999]4 号.

③ 国务院.国务院批转教育部《2003 - 2007 年教育振兴行动计划》的通知[Z].国发[2004]5 号.

④ 教育部.关于实施研究生教育创新计划加强研究生创新能力培养,进一步提高培养质量的若干意见[Z].教研[2005]1 号.

⑤ 彭兴庭."研究生"还要重"研究"[N].光明日报,2002 - 04 - 26.

的工作,加强对广大教师、教育工作者和学生的学术道德教育,培养求真务实、勇于创新、坚韧不拔、严谨自律的治学态度和学术精神,努力使他们成为良好学术风气的维护者,严谨治学的力行者,优良学术道德的传承者。"①这是从国家政策层面上首次提及要加强学生(包括研究生)的学术道德建设。2006 年,在全国为之哗然的上海某名牌高校陈某的"汉芯"学术造假与诈骗案件被披露之后的 5 月,教育部发布的《关于树立社会主义荣辱观进一步加强学术道德建设的意见》认为,"学术道德是科学研究的基本伦理规范,是提高学术水平和研究能力的重要保证,对增强自主创新能力、促进学术繁荣发展具有不可忽视的重要作用;学术道德是人才培养的重要内容,与学风、教风、校风建设相互促进、相辅相成。"②该政策把研究生作为"广大的科研工作者"中的一个群体,不仅强调学术道德是搞好科学研究的一种重要伦理规范,而且还从政策话语上把学术道德从"学风"中单列出来予以强调。

但研究生的学术道德建设却是从制定学术规范开始的。2004 年,教育部颁布了被学界称之为"学术宪章"的《高等学校哲学社会科学研究学术规范(试行)》。该规范由广大专家学者广泛讨论、共同参与制定,被认为是高校师生及相关人员在学术活动中自律的准则,包括基本规范、学术引文规范、学术成果规范、学术评价规范以及学术批评规范等几个方面。③ 许多高校随后也依此为蓝本制定了各自的学术规范文本,但大都针对教师。当然,也有为数不多的高校针对研究生的科研特点制定了专门的研究生学术规范。如 2006 年,浙江大学出台了全国首部《研究生学术规范》,该规范分人文学科类、社会科学类、理学类等 6 大门类,内容包含了学术研究规范、论文撰写规范、论文发表规范、对涉嫌学术失范行为的处理及处理规程等内容。④ 北京大学 2007 年出台了《研究生基本学术规范》。按照该规范,研究生撰写的作为课程考核内容的平时作业和学期论文、向各种学术会议提交的论文、各种研究课题的研究报告、在各种学术刊物上发表的论文、毕业论文或提交答辩的学位论文,都属于被规范的范围。如发表论文时未经别人同意使用别人署名,伪造或涂改相关专家的推荐信、鉴定评阅意见,不如实报告学术经历、学术成果等等都属于被禁止的学术不端行为。⑤

---

① 教育部.关于加强学术道德建设的若干意见[Z].教育部教人[2002]4 号.
② 教育部.关于树立社会主义荣辱观进一步加强学术道德建设的意见[Z].教社科[2006]1 号.
③ 教育部.高等学校哲学社会科学研究学术规范[Z].2004 年 6 月 22 日教育部社会科学委员会第一次全体会议讨论通过.
④ 叶辉.浙大出台全国首部《研究生学术规范》[N].光明日报,2006 - 09 - 09(1).
⑤ 北京大学.研究生基本学术规范[Z].2007 年 1 月 11 日第 637 次校长办公会议讨论通过.

　　这些学术规范的颁布和实施对规范研究生的学术论文写作、强化研究生的学术规范意识以及净化校园的学术氛围的确起到很好的促进作用。但是,由于社会大环境等因素的影响,一些研究生在人生观、价值观取向上出现偏失,再加上学校管理及导师监管的缺失,研究生学制的缩短(如一些高校把硕士研究生学制由三年缩减为二年半或两年)等原因,校园里出现了虽然在学术论文形式上大多符合学术规范,但却存在买版面发表低水平、重复、粗制乱造的论文、代写论文等不良现象。如据一份 2005 年进行的调查显示:13.4% 的研究生有过伪造或篡改实验数据行为,24.4% 的研究生将别人的论文拼凑、包装成自己的论文,10.2% 的研究生曾请别人代写论文,21.3% 的研究生曾代替别人写论文。① 这些诸如此类的调研结果无疑是加重了社会各界对研究生学术道德状况的担忧。也是在这种背景之下,研究生发表论文的硬性规定被许多人认为是"学术泡沫化"、"论文垃圾化"进而造成高校"学风腐化"的一个重要原因。② 基于这一认知,一些高校开始尝试改革研究生的学术评价体制,如一些高校规定研究生发表学术论文的要求由各学院各学科组自行规定,学校不再做统一要求;还有些高校干脆取消了硕士研究生必须发表论文的规定。如 2006 年,中国人民大学、北京师范大学、北京外交学院、中国农业大学、中央财经大学、北京语言大学、华中科技大学等 7 所大学率先取消了"发表论文与研究生毕业挂钩"制度。③ 一些高校如西安交通大学甚至还取消了博士生必须发表一定数量学术论文的规定。④

　　但这一制度的取消会不会引发研究生"混学位"的现象?面对这种担忧,一些高校开始注重强化导师在研究生培养过程的责任。2006 年,西安交通大学、哈尔滨工业大学、华中科技大学三所高校开始试点以"科研为主导的导师负责制和资助制"为核心的研究生培养机制改革。2009 年,改革推广到全部中央部委所属院校和其他地方高校。⑤ 由此,以科研为主导的导师负责制成为我国研究生教育的主体模式。在这期间,一些高校又将试行不到三年的硕士研究生新学制重新改回到三年,并重新要求研究生在学期间发表学术论文。⑥ 但是,研究生的学术道德状况

----

① 王林.研究生学术规范教育的调查研究[J].中国高教研究,2005,(10):27-29.

② 林天宏.大学校长与研究生激辩发表论文与学位挂钩制[N].中国青年报,2006-07-26.

③ 代小琳.中国 7 所大学取消"研究生毕业必须发表论文"要求[N].北京晨报,2006-07-16.

④ 西安交通大学.西安交通大学关于研究生学位申请的若干规定[Z].西交研[2005]24 号.

⑤ 中国教育报.国务院学位办主任杨玉良院士谈研究生培养机制改革[EB/OL].http://kaoyan.eol.cn/nnews_6152/20081127/t20081127_342936_2.shtml,2011-10-28.

⑥ 甘丽华.部分高校将研究生学制改回三年遭学生质疑[N].中国青年报,2007-05-09.

还是普遍受到社会质疑,这从这期间被媒体披露的诸多学术不端事件以及大量的实证调研报告就可以看得出来。从 2009 年开始,国家开始批准高校在应届毕业生招收全日制专业学位研究生后所面临的"研究生教育去学术化"思潮,更是加重了人们对这种研究生培养模式可能从整体上影响研究生的学术道德观念、进而影响国家科研人才培养水平的忧虑。与此同时,研究生学术不端问题也被认为已不仅仅是学术上的问题,而变成了一个严重阻碍研究生教育发展的大问题。

2009 年"两会"期间,浙江某名牌大学一起波及院士的学术造假、剽窃事件激发了社会又一波有关学术道德问题的大讨论。同年 11 月,为了遏制大学校园中存在的学术不端行为,在教育部新一届班子的领导下,决定成立学风建设协调小组,并同时成立了由社会科学委员会委员和科学技术委员会委员组成的教育部学风建设委员会。① 该委员会的成立标志着教育部第一次把学术道德建设纳入到整个国家最高教育管理机构的工作层面。2011 年 2 月,在"纪念《学位条例》实施三十周年纪念大会"上,国务委员刘延东发言强调要在研究生教育实践中"注重科学精神和人文素质培养,加强科研诚信和学术道德建设,培育优良的大学文化和学风。"②这意味着有关研究生学术道德建设从政策话语上达到了一个新的高度。

在此期间,一些高校在学术道德建设方面采取了不少措施,其中包括许多专门针对研究生的举措。依笔者的归纳,这一时期的研究生道德建设主要呈现出以下几个方面的特点:

第一,明确并扩展了研究生的学术不端及其范围。除了学术造假、剽窃等这些公认的学术不端行为之外,一些高校根据自身的需要以及研究生的科研活动特点,从技术操作层面出发对学术不端做出了尽可能明确的界定,其意图是为后续的惩戒提供明确的依据。如华中科技大学 2011 年颁布的《研究生学术规范实施细则》把"伪造学历,学位证书;未经他人许可,使用他人署名;以不正当行为封锁资料、信息,妨碍正常学术交流等"都被认定为学术不端行为。③ 与此同时,一些高校也加大了对研究生学术不端者的处罚力度。在此期间,差不多每年都有一部分研究生因为违反学术规范而拿不到学位或被取消学位,一些研究生导师也因其学生的学

---

① 教育部.教育部办公厅关于成立教育部学风建设协调小组的通知[EB/OL].http://www.moe.edu.cn,2009 – 11 – 17.

② 刘延东.加快发展中国特色学位与研究生教育,为推进社会主义现代化建设提供有力支撑[N].人民日报,2011 – 02 – 13(2).

③ 华中科技大学.华中科技大学研究生学术规范实施细则[Z].校研[2011]18 号.

术不端行为而受到处罚。如中国农业大学 2011 年颁布的《研究生学术道德管理实施细则(试行)》规定,一旦研究生发生侵占、抄袭、剽窃、盗用他人学术成果或篡改、伪造研究数据等学术道德失范行为,不仅学生面临着剥夺学位、开除学籍等处罚,相关导师也将被停止招生资格一至五年,甚至可能被取消导师资格。①

第二,强化了对研究生学位论文中不端行为的监管。由于有越来越多的高校已不再硬性要求研究生尤其是硕士研究生在学期间发表学术论文,于是学位论文的质量就成了衡量研究生培养质量的一个最关键的指标,与此同时,围绕学位论文中的学术道德问题也得到国家教育主管机构和高校的重视。2010 年 2 月,针对学位授予过程中出现的一些学术不端行为,国务院学位委员会发布了《关于在学位授予工作中加强学术道德和学术规范建设的意见》,要求学位授予单位"必须高度重视学位授予工作中的学术道德和学术规范建设,保证学位授予质量,自觉维护我国学位授予的严肃性和权威性",并要求"通过各种有效途径,对学位申请者和指导教师进行学术道德和诚信教育"。② 对高校来讲,一方面,则通过双导师制、校外专家盲审、预答辩制度、论文抽查、优秀学位论文培育及评选等制度措施,以提高学位论文的质量;另一方面,开始引进一些高科技手段(如"论文反剽窃系统")对学位论文进行"查重",以遏制学位论文写作中的抄袭行为。

第三,开始重视对研究生(尤其是研究生新生)进行学术道德规范教育。由于有越来越多的人开始倾向于认为研究生在学习和研究过程中的学术不端行为,经常是由于其对学术道德规范缺乏了解、认识不足造成的。因此,对研究生进行学术道德规范教育,被认为是防患于未然,遏制学术不端、保证研究生培养质量的一个重要举措。如 2011 年 10 月,为加强对学术道德建设活动的统筹、指导和协调,中国科学技术协会和教育部成立了"全国科学道德和学风建设宣讲教育活动领导小

---

① 中国农业大学研究生院. 中国农业大学研究生学术道德管理实施细则(试行)[EB/OL]. http://grad. cau. edu. cn/xuewei/xsdd. asp,2011 - 10 - 31.
② 国务院学位委员会. 关于在学位授予工作中加强学术道德和学术规范建设的意见[Z].学位[2010]9号.

组",在高校和科研机构的研究生新生中,开展科学道德和学风建设宣讲教育。①
2011 年年底至 2012 新年伊始,山东、上海、湖北等省市主管科学和教育的机构开始
先后成立科学道德和学风建设宣讲团,深入各高校对研究生新生开展学术道德教
育活动。与此同时,一些高校等研究生培养单位则通过专题讲座、报告会、论坛、座
谈会、主题班会、讨论会等形式组织开展学术道德规范教育活动,一些高校更是在
研究生一入学就着手进行学术道德规范教育。如四川大学在 2011 年开设了《学术
道德与学术规范》这门必修课程,并把它作为研究生入学后的首堂课,旨在向研究
生新生强调科研诚信和学术规范的重要性,这种做法在国内高校中尚属首创。②
也是在这一年,华东师范大学为了让研究生新生在入学之初就感受到学术道德的
重要性,掌握基本的学术规范知识,专门为研究生新生设计了以学术道德规范教育
为主题的"五个一"活动:即发出一份倡议,激发新生共鸣;开辟一个专栏,营造良
好舆论;许下一项承诺,践行学术诚信;赠送一本书籍,普及规范知识;聆听一次讲
座,升华学术理念。③

(二)研究生学术道德建设:问题与困惑

近些年的研究生教育实践表明,我国在研究生学术道德建设方面虽取得了一
定的成效,但是,在具体推进这项工作时,却总会面临着一些未解的问题与困惑。

问题与困惑 1

2010 年 4 月,教育部下发了《关于开展研究生专业学位教育综合改革试点工
作的通知》,提出要"改变研究生专业学位教育学术化倾向",并选择 60 所高校作
为试点。④ 但是,这一旨在纠正目前专业学位教育中存在的"轻实践倾向"的政策
要求,却被理解成了"研究生教育的去学术化"。与此同时,就有不少包括来自教

---

① 2012 年 3 月,该领导小组又在原有基础上,增加了中国科学院、中国社会科学院和中国工程院,并实现了"两个拓展":一是宣讲教育单位全面拓展,由教育部直属高校和各省属高校为主的研究生培养单位,扩展到所有高校以及中科院、社科院所属共 188 个科研院所(中心);由自然科学领域扩展到社会科学领域,并逐步扩展到所有学科领域;由高校和中央所属研究机构,扩展到地方研究机构、军队研究机构、民营研究机构、企业研究机构。二是宣讲对象全面拓展,从 2012 年起,宣讲对象将逐步扩大到高校新入职教师、高年级本科生、科研院所新入职科研人员、研究生培养单位新上岗的硕士和博士研究生导师,以实现对所有高校学生和科研人员的全覆盖。参见:中国科学技术协会.关于成立全国科学道德和学风建设宣讲教育活动领导小组的通知[EB/OL]. http://zt. cast. org. cn/n435777/n435799/n13518146/n13518496/13522827. html. 2010 - 10 - 08;胡其峰.打赢科学道德学风建设保卫战[N].光明日报,2012 - 06 - 05.

② 彭丽.四川大学开研究生学术道德规范课[N].科学时报,2011 - 09 - 14.

③ 李佩.华东师范大学以"五个一"项目为抓手切实加强研究生学术道德和学术规范建设[EB/OL].http://www.moe.edu.cn/publicfiles/business/htmlfiles/moe/s169/201101/114751.html,2011 - 01 - 27.

④ 教育部.关于开展研究生专业学位教育综合改革试点工作的通知[Z].教研函[2010]1 号.

育界在内的人士认为,研究生教育已经不再单纯作为学术追求的角色,研究生可以不再都需要科研上的要求。

以上这种看法的存在并不偶然。因为,随着近年来我国研究生招生规模的扩大、生源及招生类型的多样化,研究生教育在观念与认识上早已发生了变化。如认为研究生不再是以往人们心目中的那种"精英人士",目前包括博士生在内的研究生毕业后大多已不在高校或科研院所从事学术工作,而是在企业、政府机构等部门工作①,因此就不需要有严格的学术训练,也不必在科研上作高的要求。

正是基于这种认识,一些高校便把研究生教育简化为单纯的学历教育,当然也无需苛以学术道德上的约束。笔者通过调研就发现,一些高校在对待研究生学术道德这个问题上,往往是形式远远大于内容,所担心的只是"学位论文剽窃曝光损害学校声誉",所以研究生的学位论文只要过了学校"论文反剽窃系统"这一关就可以参加答辩,并简化了论文答辩程序,答辩委员人数缩减(比如由 5 人减少至 3 人),请校外专家来参加答辩被认为是"费时费事之举"而被省略,学位论文答辩最终也就成了"走过场"。

如此这样,这给我们带来的问题与困惑是,在目前有越来越高比重的研究生将来并不从事或并不愿从事学术工作的情况下②,是否意味着在科研上不必对他们作高的要求?那么,接下来的问题是,研究生是不是可以作为一个单独的科研主体来看待?换句话来说,研究生是不是研究者呢?

近些年来,我国在研究生学术道德建设方面被动多于主动、政治思想教育多于学术品质培育。研究生的学术不端问题要么纳入到学生事物管理规定中,要么只是在关注大学教师等科研人员的学术不端问题的过程中才被提及。那么,接下来的问题是,研究生的学术道德教育是不是就是思想政治教育?研究生的学术道德教育究竟应纳入机构的哪一工作层面?

问题与困惑 2

"既然一些研究生也知道学术抄袭、剽窃是不对的、是被禁止的,那么他们为什么还要明知故犯呢?"这是笔者在调研中经常听到的一句话。20 世纪 90 年代末以

---

　　① 以中国科学院计算技术研究所为例,2005－2011 年共毕业硕士研究生 849 人,去企业工作的人数占总数的 74.1%(包括自主创业),仅有 9.4% 的毕业生去高校或科研单位工作。参见:周世佳. 新形势下加强科研机构硕士研究生就业指导工作的对策思考[J]. 学位与研究生教育,2012,(10):41.

　　② 如第三方调查机构麦可思公布的调查显示,被调查的 3899 名 2013 届本科毕业生报考研究生的第一理由是"就业前景好"(34%),其次是"想去更好的大学"(29%)等。而"想做学术研究"的比例只占 9%。参见:麦可思研究院. 用镜头浓缩大学精华[J/OL]. 麦可思研究,2013(1A).

来,研究生群体中存在的弄虚作假甚至剽窃、抄袭等学术不端事件及其在治理过程中面临的诸多困惑,已让越来越多的人认识到,这种现象的存在诚然与社会风气、学术管理制度等因素有关,然而根本原因却在于一些研究生学术道德的修养不够,问题的最终解决还需靠这些研究生的道德自律。但回顾以往,我国高校在研究生学术道德的建设方面,要么简化为一些以处罚学术违规者为目的的行为制度设计,要么成了一些高校管理者时而高举的标语口号或仪式性的活动,而鲜见实质性的、深入的、持久的组织行动。这是什么原因呢?

一是认为行为制度规范最符合行政管理的效率逻辑,能即产即用,能立竿见影,也能精确打击,还能把研究生教育管理过程中出现的问题推给制度;二是认为研究生大都是文化水平高、综合素质好的群体,无需学术道德上的教育和培养。

于是,在对待学术道德问题上,一些高校要么只是依靠研究生的自我感知和体悟,要么依靠泛泛的提醒或任课、指导教师的提示,要么仅仅专注于防范、惩治研究生学术不端的行动。这使学术道德无论是在科研活动过程中还是在研究生科研事务的管理过程中,基本上都是处于一种失语状态。如笔者通过在一些高校调研就发现,学校并没有专门给研究生系统地进行学术道德教育,只是在研究生临近毕业写学位论文时,才由导师对研究生做一些简单的开题引导或者仅仅告知一些有关写作规范的常识,至于怎样研究、具体研究什么等过程环节根本不过问,只看研究的成果。这在实践上往往会造成研究生连对"什么是学术道德规范?"这一最基本的要求都达不到。最近,两份分别来自中国教育和科研计算机网(2011年)、"我国研究生学风与学术道德现状研究"课题组(2012年)的大型调查报告显示,很多研究生对学术道德规范认知比较模糊,甚至认为"适当抄袭是可以原谅的"。[①] 中国战略科学研究院的一份较早时间的调查报告也显示,有相当一部分博士毕业生对学术不端行为者持宽容态度,分别有39%和23%的博士表示这种行为是"值得同情"和"可以原谅"的。[②]

如此这样,就给我们带来的问题与困惑是,研究生在学术道德方面出现的问题是否仅仅就是违反了学术上的制度与规范?就研究生学术道德观念的养成而言,是个人自我修养的结果还是组织行动的结果?

---

① 中国教育网.关于学术不端行为的调查报告[EB/OL].http://www.edu.cn/zong_he_311/20110225/t20110225_581381.shtml,2011-02-25;武晓峰,王磊,张颖.我国研究生学风和学术道德现状的调查与分析[J].学位与研究生教育,2012,(3):18-23.

② 陈磊.院士涉嫌造假引发研究生教育反思[N].科技日报,2009-02-18(1).

(三)研究生学术伦理规制:一种新思路

以上这些问题与困惑的存在,不仅使现实中的研究生学术道德建设工作容易走入误区,而且也使其最终所达到的效果不甚理想。与此同时,以上介绍和分析,至少给出的一个重要启示就是:大规模多规格培养条件下的研究生的学术道德建设问题,必须在引起足够重视的同时,创新工作的思路,如此这样,才能取得实效。这正如来自挪威特隆赫姆科技大学的学者 Vidar Gynnild 和来自美国密歇根理工大学的学者 Patricia Gotschalk 在一篇论述研究生学术道德问题的论文中所总结的那样,"与他们的前辈相比,目前的年青人的价值观念体系已有很大的改变,我们为促进学术诚信而采取的诸多手段在今天看来效果并不明显,为此,我们现在需要特别留意的一个问题就是,怎样采取更具建设性的方法来减少或消除产生学术不端的机会。"[1]

笔者于是认为,应针对问题的实质,形成以学术伦理驱动的研究生学术道德文化,即通过学术伦理规制的思路来提高研究生的学术自律能力以及学术创新精神。

目前,在某些国家、地区的一些院校机构,这一思路已有所体现。如在韩国,在"黄禹锡事件"之后,韩国国内开始建立学术伦理监查机构并完善相关的法律及规定。一些大学在校内开设学术伦理课程,希望能以此规范校内的学术研究活动。如首尔大学 2007 年宣布将面对全体本科生开设学术伦理课程,通过集中教育提高学生的学术伦理水平,预防论文剽窃行为的发生[2];在我国台湾地区,"行政院国家科学委员会"("国科会")的《学术伦理案件处理及审议要点》、"国立"东华大学的《学术自由与职业伦理委员会设置要点》等都对大学老师、研究生在学术研究活动中的伦理问题作出了比较明确的界定和规定。

目前,研究生教育的现实变化(如多元化以及规模化程度的不断增强),也使固守原有的治理模式面临挑战。我国近期发布的《规划纲要》第七章第 20 条、19条也着重提出,要加强管理,"充分发挥研究生在科学研究中的作用","不断提高研究生特别是博士生培养质量"[3]。但就目前情况来看,作为学界中的重要群体和国家科技力量的"预备军",我国研究生的学术道德失范问题仍然不容乐观,成为

---

[1] Vidar Gynnild & Patricia Gotschalk. Promoting academic integrity at a Midwestern University: Critical review and current challenges[J]. International Journal for Educational Integrity, 2008,4(2):41.

[2] 韩大学开设学术伦理课程,期望能抑制论文剽窃现象[N].科技日报,2007 – 04 – 07(2).

[3] 新华社.国家中长期教育改革和发展规划纲要(2010 – 2020 年)[EB/OL]. www. gov. cn,2010 – 07 – 29.

继续影响研究生培养质量的一个亟待解决的问题。而近几年国家及院校的治理工作,虽然取得了一定的成效,但同时也带来了研究生学术失范趋于隐蔽化、学术创新力不足的深层次问题。

在此状况下,如何从研究生这个学术伦理主体入手,分析其存在的学术伦理关系、面临的伦理困惑以及学术伦理失范的外、内在伦理动因,并进而在院校建构起具有可操作性的、以促进研究生学术创新为导向的学术伦理规制体系……,如此等等,都应是当前社会背景下研究生教育管理活动中应该深入思考和解决的问题。

二、研究现状与趋势

本书的文献综述工作,自然要从国内外学界对研究生学术道德问题的探讨与研究开始,但这却起始于人们对学术圈内存在的学术不端问题(一说是"学术失范"、"学术违规"或"学术越轨"问题)的关注。

在中国,早在清代乾嘉时期,"学者章学诚就把当时学术界出现的各种消极现象(如考据学畸形繁荣,侵占他人学术成果,傲慢自大,不懂装懂,一些学者人品卑劣、攀附权贵等等)都归咎于人的名利之心,即伦理上的缺陷所带来的恶果,并以人的品性来评定其学术的价值。"[①]到了近代,在谈到当时出现的学术异化现象时,学术大师王国维曾有过非常犀利的批评,"今之人士之大半,殆舍官以外无他好焉。其表面之嗜好集中于官之一途,而其里面之意义,则今日道德、学问、实业皆无价值之证据也。夫至道德、学问、实业等皆无价值而惟官有价值,则国势之危险何如矣。"[②]学术大儒熊十力也对此现象大发感慨:"今之学者,心地少有清虚宁静,读书不过记诵与涉猎,思想又甚粗浮,只顾东西涂抹,聚集肤乱知识,出版甚易,成名更速,名位既得,亦自忘其所以,浅衷薄殖,诳耀天下,以此成风,学如何不绝? 道如何不丧? 人如何有立?"[③]20世纪90年代初,学界浮现的学风浮躁问题以及后来陈平原、蒋寅既等知名学者率先发出的"建立学术规范"的倡议,使学术不端问题逐渐在90年代末成为一个受人关注的话题。在随后的几年里,一些颇具影响的出版社围绕学术不端问题出版发行了一批专著和论文集,这自然也引起了越来越多的学者对此问题的关注和重视。

① 贾新奇.章学诚学术伦理思想初探[J].玉溪师范学院学报,2004,(1):28-31.
② 王国维.王国维遗书:第3卷[M].上海:上海古籍出版社,1983:681-682.
③ 熊十力.十力语要[M].北京:中华书局,1996:286.

在国外,学界倾向于把学术不端问题理解成是"学术诚信"(acadamic integrity)问题。在 20 世纪早些时候,有关学术诚信问题的研究主要集中在教学、教育心理学以及学生考试管理领域中[1],也出现了一大批研究学术诚信问题的学者,如Hartshorne[2]、Campbell[3]、Drake[4] 以及 Bowers 等等。在这些学者中,美国学者 Bill Bowers 很值得一提。他在 20 世纪 60 年代早期进行了一次很有名的涉及 99 所高校、5000 名学生的大型调查,调查发现,有 3/4 的学生承认在学习期间有过一次或多次诸多抄袭、剽窃等违反学术诚信的行为。[5] 这一调查结果引起了当时社会的广泛关注,也使学术诚信问题从此成为西方学界的一个研究热点。目前,这一研究问题已拓展到公共知识分子、大学学者及教师、研究生等群体的科研活动领域中,同时也涌现出像唐·麦凯布(Don Mccabe,美国罗格斯大学教授)那样的有影响的研究学术诚信问题的专家。

研究生作为学术圈中的一个重要群体,其学术不端问题同样也受到国内外学界的普遍关注。本部分的主要研究任务是,对已有研究的再研究,即对国内外学界近十年来有关研究生学术道德问题的研究进行一次梳理,分析其研究的模式、倾向、特点及其存在的问题,在此基础上,提出本书的研究模式和路径。

(一)文献检索工作框架

为了尽可能地梳理清楚国内外有关研究生学术道德问题的研究现状,本书特采取以下文献检索工作框架:

第一步:文献收集

笔者从以下四个方面着手:(1)发表或出版时间:2000 年以后,但以近 5 年的(2007 年以后)为主;(2)发表或出版形式:专著,论文集,论文(含学位论文),新闻报道,相关政策及管理规定等;(3)文献数据库:中文文献主要来源于中国知识资源总库(CNKI)和中国国家数字图书馆。此外,重点关注《学位与研究生教育》、

---

① Cummings, K., & Romano, J. Effect of an honor code on perceptions of university instructor affinity - seeking behavior[J]. Journal of College Student Development, 2002,43(6),862 - 875.

② Hartshorne, H., & May, M. A. Studies in the Nature of Character: Studies in Deceit[M]. New York: Macmillan,1928.

③ Campbell, W. G. Student honesty as revealed by reporting of teacher's errors in grading[J]. School and Society, 1931,33, 97 - 100.

④ Drake, C. A. Why students cheat. Journal of Higher Education[J],1941, 12, 418 - 420.

⑤ Bowers, W. Student dishonesty and its control in college[D]. Bureau of Applied Social Research, Columbia University,1964.

《研究生教育研究》和《中国高教研究》等有较强相关度的刊物。外文文献主要来源于 Springer 和 EBSCO Host Research Databases(主要查阅学术论文),Educational Resources Information Service (主要查阅一些图书的摘要),ProQuest(主要查阅一些跨学科资料)。此外,重点关注 International Journal for Educational Integrity、The Chronicle of Higher Education 和 Research in Higher Education 等有较强相关度的刊物;(4)检索关键词:中文主要是"学术道德"、"科学道德"、"学术不端"、"学术失范"、"学术腐败"、"学风"、"学术诚信"和"学术伦理"。英文主要是 academic honesty、academic dishonesty、academic misconduct、academic integrity 和 Academic corruption。

第二步:文献整理

把根据以上路径检索到的文献,经过整理,剔除掉跟研究生不相关的文献(如纯粹研究大学教师的学术道德问题,本科生的考试作弊问题等)。初步分析后发现:

就国内来讲,相比较大学教师等学术人的学术道德问题,有关研究生学术道德问题的研究却相对滞后。由于研究生的社会地位相对不高,研究高度相对较低,社会效益相对不大等因素,这类群体的学术不端行为很少成为大众关注的焦点。直到上世纪末才引起学界关注,目前,研究该类的文献有逐年增多的趋势(如下图所示)。

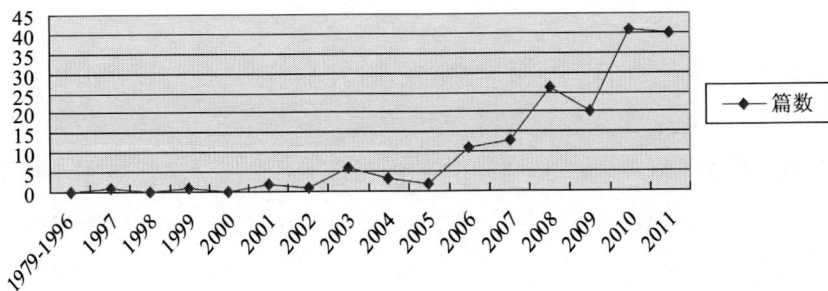

注:检索时间为 2012 年 6 月 9 日 15 时。检索关键词为"研究生 + 学术素质/学术心理/学术态度/学术失范/学术道德/学术责任"。最早的一篇相关文献为杨增能的《硕士生科学道德素质状况与影响因素》(载《高等教育研究》1997 年第 5 期)。

图 0-1　基于 CNKI 的研究生学术道德问题研究文献

就国外来讲,检索到的相关文献大多涉及本科生,真正专门探讨研究生学术道德问题的文献并不多。由于国外学者一般把"学生考试作弊"也作为学术诚信问题,本科生与研究生混同在一起,所以笔者很难统计与本课题研究主题相关的研究文献的发展变动趋势。不过,Kim D. Kirkland 的一份统计倒是可以提供一些参考。他依据 ERIC 学术期刊数据库的统计发现,20 世纪 60 年末期至 2007 年涉及大学生(包括研究生)学术道德问题的研究论文共 578 篇,其中 1968 至 1980 年的相关论文占总数的 18%,1981 - 1995 年占 35%,1996 - 2007 年则增加到 47%。这显示研究研究生学术道德问题文献也有逐渐增多的趋势。①

第三步:文献分析

见下文第(二)、(三)部分。

(二)近期研究状况:以阐释研究生学术不端行为为中心

笔者经过对所检索的文献进行归类、再次分析后发现,中外学界在十年来的研究中,倾向于站在某一学科的立场上,以阐释研究生的学术不端行为为中心,探讨其学术道德问题的行为表现、危害、成因以及问题解决的路径。依照笔者的归纳,主要有六种取向,即聚焦于群体与环境关系的社会学取向、聚焦于院校与制度的管理学取向、聚焦于个体意识与心态的心理学取向、聚焦于个人特征与背景的人种学取向、聚焦于成本与收益的经济学取向、聚焦于工具与技术的科技哲学取向。

1. 聚焦于群体与环境关系的社会学取向

这一取向把研究的焦点放在研究生这一群体所处的外部环境上面,认为外在环境的异化是造成研究生群体学术不端行为发生的最根本原因。

外在环境的异化,要么表现为整个社会道德水准的下降,如 Hawthorn②、Dick③认为,包括研究生在内的学生抄袭、剽窃等学术不端行为完全是社会道德沉沦的一种反映,"处在这种状态下,学生难免不受其害。"章仁彪④等学者则结合中国目前处于转型期的社会状况,认为研究生学术不端问题是社会风气和道德状况在学术领域的延伸和表现,也是社会性道德失范在高等教育界的缩影。郑龙章也认为,拜

---

① Kim D. Kirkland. Is what students believe different from what they do? [D]. Bowling Green State University, 2009:5.

② Hawthorn, D. Helping cheats prosper[J]. Journal of Applied Computing and Information Technology, 2001,5(1):43 - 48.

③ Dick, M., Sheard, J., Bareiss, C., Carter, J., Joyce, D., Harding, T., & Laxer, C. Addressing student cheating: Definitions and solutions[J]. SIGCSE Bulletin, 2003,35(2):172 - 184.

④ 章仁彪,唐踔. 原因和对策:关于研究生学术失范问题的思考[J]. 学位与研究生教育,2009,(8):20 - 24.

金主义、享乐主义、个人主义等社会思潮滋长，贪污腐败、诚信缺失、急功近利等普遍存在，对研究生的道德价值观产生了很大影响，严重影响研究生的学术态度和行为。[①]

要么表现为整个社会文化氛围的消极影响。如 Brandy L. Usick 认为文化是影响研究生学术不端的关键性要素，包括把整个社会的文化、学术文化、院校文化、学科专业文化。其中整个社会文化影响学术文化，而学术文化又影响院校文化，院校文化又对学科专业文化产生影响。[②] 美国民主智库创办人戴维·卡勒汉（David Callahan）在其所著的《作弊文化：美国人为何趋之若骛？》（The Cheating Culture：Why More Americans Are Doing Wrong to Get Ahead）一书第一章"大家都在作弊"（Everybody Does It）中，认为美国目前包括大学在内的社会各行各业都热衷于弄虚作假，因为大家都抱着"反正大家都在做"的心态，或者想象大家都在做，所以，一种全社会作弊的文化便油然兴起。处在这种环境下，学术圈内的作弊现象也是一种很自然的现象。[③] Josephson 的研究结论与卡勒汉很类似，他认为，学生不再把抄袭、剽窃看成是一个严重的问题，其原因就在于每个人都在那样做。[④] Kim D. Kirkland 在自己论述学术诚信的博士学位论文中也认为，"目前西方社会处在一种伦理转换的背景中，在这种文化氛围环境下，一些政界、商界、体育界、学术界的头头那种奸诈、猥琐的所作所为，大学里的学生身处其中，难免不受影响。因为，对绝大多数学生来说，现实中的世界与学校推行的价值观念毕竟相差太远。"[⑤]

要么表现为整个教育系统的弊端或学校教育环境的负面影响。如牛津大学博士 William J. Astore 就把学术不端问题归因于整个教育系统。他认为，"构成对学术诚信这种伦理规范（ethos）最严峻挑战的，不是诸如学术剽窃这种学生的个人行为，而是市场化的教育（commodification of education）。如果教育仅仅成了可以购买的商品，或者成了获得市场技能和富足生活的通行证，违背学术诚信的事又有什么大不了的呢？"他接着认为，"仅仅把教育看成是一种获取经济或物质成功的工具，

① 郑龙章. 研究生学术不端行为分析[J]. 高等农业教育，2011，(6)：74-77.

② Brandy L. Usick. Is Plagiarism an issue in Graduate Education? ——An examination of two graduate programs[D]. University of Manitoba，2004：25.

③ 戴维·卡勒汉. 作弊的文化[M]. 宋瑛堂译. 上海：文汇出版社，2007：7-15.

④ Josephson, J., & Josephson, E. The Ethics of American Youth. [EB/OL]. http://www. josephsoninstitute. org/Survey2004/2004reportcard_pressrelease. htm，2005-05-17.

⑤ Kim D. Kirkland. Is what students believe different from what they do? [D]. Bowling Green State University，2009：5.

对学术诚信的消极影响是致命的。假如我们对我们的学生说,一份高薪酬的工作就是他们的主要追求目标,那么教育就成了迎合这一目标的工具,我们的学生也将会这样来看待他们的学术活动——把它看成是一系列需要快速逾越的阻碍。"①王健康和曹健通过对中国国内的一所"211 高校"文科专业研究生的调查发现,学校环境中的导师、管理、亚文化(突出表现为同级同学、学长、宿舍舍友、密友等的学术价值判断和行为方式)、专业等因素对研究生的学术道德观念和行为具有显著预测作用。② 此外,还有学者认为家庭环境也是研究生学术不端行为发生的一个重要因素。③

2. 聚焦于院校与制度的管理学取向

这一研究取向从培养机构(院校)以及制度的层面来考察研究生的学术道德问题,认为培养体制、制度的弊端或缺失是造成研究生学术不端的主要原因,而加强制度的供给和创新则是整饬研究生学风的基础和关键。

有从整个院校培养体制出发来探讨的。如肖文英、胡晓艳针对国内研究生的学术不端状况,认为培养目标单一化、评价指标体系的不完善以及培养制度对研究生支持力度的缺乏,不仅不利于人才多样化发展的需要,而且还会给研究生学术不端行为带来的消极影响。④

有从导师因素出发来寻找原因。陆爱华⑤、陈平⑥等学者认为,导师自身道德及学术素质低下、指导力度不够是研究生学术不端的重要原因。而王建康和曹健则通过一份针对国内某重点高校 850 名在读文科硕士研究生的调查数据的回归分析,认为导师个人的人格魅力及其指导行为对提高研究生的学术认同、形成学术理想具有积极地促进作用。基于这一认识,他们认为,应发挥导师的传、帮、带作用,建立严格的导师遴选评聘机制、准入标准和奖惩制度,提高导师的综合素质,加强导师的动态评估,明确导师责任,加强对导师的师德教育、科学论证导师招生数量,

① William J. Astore. The wider dimensions of academic integrity [J]. International Journal for Educational Integrity. 2009,5(2):4.
② 王建康,曹健. 文科研究生学术忠诚现状调查及影响因素分析[J]. 中国高教研究,2008,(8):26 - 28.
③ 程孝良,倪师军,曹俊兴. 研究生学术不端行为成因与对策探讨:基于社会学理论的视角[J]. 学位与研究生教育,2009,(8):16.
④ 肖文英,胡晓艳. 从研究生培养体系看研究生学术道德建设[J]. 学位与研究生教育,2007,(5):68 - 70.
⑤ 陆爱华. 高校研究生科研道德问题初探[J]. 高等工程教育研究,2003,(6):62 - 64.
⑥ 陈平. 论导师负责制与研究生学术品质培养[J]. 学位与研究生教育,2007,(1):62 - 65.

并将研究生的学术行为与导师业绩挂钩。①

朱彬等学者则认为科研资源投入不足(如缺乏科研经费和必要的科研条件)或配置不合理(如公共实验平台、开放实验室没有充分合理应用而流于形式),导致一些研究生要么低水平重复他人研究,要么虚报实验重复次数,将尚不成熟、可信度不高的实验结果当成最终成果,要么投机取巧人为编造科研结果。②

有从研究生招生出发来探讨的。如陈淑妮等认为研究生扩招是研究生学术不端频发的重要原因。研究生教育规模的扩大导致高校教育资源的紧缺,师资力量不足,导师没有精力对研究生进行学术规范教育。③ 卫炜认为研究生招考制度的欠完善,造成部分学生先天不足,这为其在学术活动中的不端行为埋下了"伏笔"。④

有从学术制度出发来探讨的。如傅立民等提出,当前研究生的评价制度和评价体系都存在缺陷,过分偏重量化考核,监管和惩罚机制又不健全,这难免使研究生走上学术论文的拼凑抄袭之路。⑤ 刘志波、孔垂谦则通过运用灰色关联分析了七个影响因素对研究生学术诚信影响程度,最后得出奖惩制度缺失对研究生学术诚信影响最大的结论。⑥ 为此,就需要采取相对应的措施,如完善相应的评价指标体系(郑重、郑忠梅⑦),加强发表论文和学位论文评审制度(李亚芳⑧),建立健全学术监督及惩罚机制(科哲等⑨;解志杰等⑩)等。

---

① 王建康,曹健.导师对研究生学术努力行为影响的实证分析———以某"211工程"高校文科硕士研究生为例[J].学位与研究生教育,2009,(6):59-64.

② 朱彬,刘英辉,刘念.学术不端与研究生学术规范教育[J].西南民族大学学报(人文社科版),2008,(8):268-269.

③ 陈淑妮,裴瑞芳,陈贵壹.研究生学术行为规范认知的实证研究及其影响因素与对策分析[J].学位与研究生教育,2010,(7):32-38.

④ 卫炜.研究生学术失范现象的产生及对策浅析[J].甘肃农业,2006,(7):208.

⑤ 傅立民,孙中华.部分在校研究生学术失范现象的原因探析[J].学位与研究生教育,2004,(8):43-46.

⑥ 刘志波,孔垂谦.研究生学术诚信危机影响因素的灰色关联分析[J].中国高教研究,2008,(2):33-35.

⑦ 郑重,郑忠梅.论研究生学术道德的失范与规范[J].北京理工大学学报(社会科学版),2006,(3):116.

⑧ 李亚芳.硕士研究生学术成果评价的理性思考[J].中国研究生,2007,(4):60-62.

⑨ 科哲,刘欣.学术道德失范的原因及对策探讨[J].学习月刊,2008,(6):28.

⑩ 解志杰,周来新.浅谈高校学术不端行为的成因与对策[J].西北医学教育,2007,(4):195-196.

有从学术规范教育出发来探讨的。如张万红①、劳俊华和段利强②等学者认为学校没有为研究生提供良好的获知学术规范的途径,研究生的学术规范的养成教育不够,许多研究生不知学术规范为何物。为此,就要重视研究生学风和学术道德教育。Lori Brown Lothringer 运用一个理论模型对学术诚信教育课程(Acadamic Integrity Training Course,AITC)的有效性进行了验证,并得出结论认为,高校应该开发一些有关学术诚信的教育和训练课程,这对培育研究生的学术诚信观念、防范学术不端是有效的。③ 钱茂伟认为,应以培养研究生专业研究习惯为核心,加强学术规范教育。④ 王学风则分析得更为全面,他认为研究生学术道德教育的主要内容有:学术精神教育、学术规范教育、学术责任教育和学术创新教育。其途径有:开设学术道德教育课程、开展各种学术活动、教师的人格、自我学术道德教育以及学术规范实践活动等。⑤ 此外,王沙骋从院校组织的层面,认为减少研究生教育组织的中间环节和中间层次,加强部门间合作和信息交流,将有利于增强学术道德教育的效果。⑥

3. 聚焦于个体意识与心态的心理学取向

该研究取向基于"个体内在心理与外在行为之间具有紧密联系"这一心理学观点,从研究生群体中的某一个体出发,主要探讨其个人的学术态度、意识或价值观念与学术不端行为之间的联系,并据此分析和解决问题。

有归结于学术道德意识或情感缺失的。如钟芳芳等学者从学术道德情感的角度对研究生的学术不端行为进行了分析。他们认为,研究生之所以在学术道德上有不同的行为反应,很大程度上与其对学术道德的情感有关。对学术不道德行为"深恶痛绝"的学生,道德情感的形成,驱使他们对自己的行为作出正确的选择。对学术不道德表示"无所谓"的学生,他们可能对不道德行为实施者产生一种同情的道德情感,也可能抱着投机心理、侥幸心理而做出学术不道德行为。至于那些能够"接受"学术不道德行为的学生,由于他们在道德情感上对学术不道德行为持认

---

①　张万红. 重视研究生学风和学术道德教育[J]. 江苏高教,2000,(3):83-84.

②　劳俊华,段利强. 研究生学术规范素养的调查与思考[J]. 学位与研究生教育,2006,(10):16-18.

③　Lori Brown Lothringer. Evaluation of the use of an academic integrity training course as a proactive measure encouraging academic honesty[D]. Iowa State University,2008:xvi-xviii.

④　钱茂伟. 研究生学术规范教育初探[J]. 学位与研究生教育,2010,(9):47-50.

⑤　王学风. 论研究生学术道德教育的内容和途径[J]. 学位与研究生教育,2008,(1):45-48.

⑥　王沙骋. 研究生学术道德和学术规范教育长效机制研究[J]. 思想教育研究,2011,(1):68-71.

可、肯定的态度,这将很可能导致他们故意地、有预谋地实施学术不道德行为。①

有归结于学术规范意识缺失的。如任凯歌和黄菊②认为研究生缺乏知识产权观念和引文意识、学术规范意识是其学术不端行为发生的一个重要原因。他们把研究生学术规范意识分为认知体系、知识体系和经验体系三个部分,认为这三个部分互相交叉、互为依托,形成了研究生控制自己科研行为的特殊心智能力系统。

有归结于个人不良心态的。如黄国彬认为研究生学术不端可以归结为三个方面的不良心态:急于积累学术资本,将写文章作为一种暂时工具以及缺乏换位思考的意识。③ 贺建军、张璐平认为研究生普遍有一种"以恶小而为之心态"的心态,即"学术不端是那些学术名家、社会名流等有名气人士应该注意的,而对于他们来说,基本上没有人关注,也就不存在什么不端行为,不会站在专家高度来审视自己"。④

有归结于价值观的错位的。如崔连昌认为在人生观、价值观上出现迷失是一些研究生"读书功利、学术道德腐败"的重要原因。⑤ 学者 John G. Bruhn 也认为学术失范大多是由于个人的"价值错乱"(value dissonance)引起的。⑥

有归结于心理动机、压力、感知或认知的。如郑茂平认为个人成就动机较低等心理是学术不端的主要原因。⑦ L. H. Rees⑧、Barbara K. Redman⑨ 等学者认为科研人员为了得到聘用和提升,为了发表更多文章以及获得更多认可,或由于经济压力,是导致学术失范发生的根源。贾德奎认为,在目前的培养体制下,我国研究生是肩负着一项正常情况下不可能完成的任务踏上其学术之路的,如除去专业课程和英语等课程的学习时间、找工作的时间,另外还有发表论文的任务,真正用于写

---

① 钟芳芳,肖文英. 基于道德认识谈研究生的学术道德建设[J]. 学位与研究生教育,2008,(1):41 - 44.

② 任凯歌,黄菊. 试论研究生学术规范意识及其培养机制[J]. 中国高教研究,2010,(10):51 - 53.

③ 黄国彬. 研究生学术创作中不端行为的心态原因及对策分析[J]. 学位与研究生教育,2007,(10):36 - 38.

④ 贺建军,张璐平. 学术不端行为检测系统应用中研究生学术不端行为的防治[J]. 昆明理工大学学报(社会科学版),2011,(6):90.

⑤ 崔连昌. 对研究生德育工作评估的若干思考[J]. 江苏高教,2001,(6):25 - 26.

⑥ John G. Bruhn. Value Dissonance and Ethics Failure in Academia:A Causal Connection? [J]. Journal of Academic Ethics,2008,(3):17.

⑦ 郑茂平. 高校学术失范的心理动因及学术规范的心理调控[J]. 西南师范大学学报(人文社会科学版),2005,(3):65 - 70.

⑧ L. H. Rees. Fraud and Misconduct in Medical Research:prevention[A]. S. Lock,F. Wells & Farthing M. Fraud and Misconduct in Biomedical Research[C]. London:BMJ Publishing Group,2001:225 - 243.

⑨ Barbara K. Redman & Jon F. Merz. Evaluating the Oversighting of Scientific Misconduct[J]. Accountability in Research,2005,(12):157 - 162.

论文的时间有限,在这种压力下,有人难免会走抄袭之"下策"。[①] B. C. Brian[②] 等学者则通过实证研究发现学术不端与科研人员感知不公平(be treated unfairly)之间存在着正相关,而且职业生涯、性别和婚姻情况均对学术(伦理)失范行为存在影响。学者 Storch Eric 和 Storch Jason[③] 则从心理学的角度分析了学术不端行为发生的原因,认为学术不诚信源于对学术不端行为和态度的认知失调。

至于问题的解决,则主张"维护并保障研究生个人的学术权力"[④],"引导研究生树立长远的学术事业意识"[⑤],"树立因人而异的教育机制,注重学术训练,加强道德选择教育"[⑥],等等。

4. 聚焦于个人特征与背景的人种学取向

这种研究取向主要集中在西方学术界,即把研究生的人种学因素(demographic factors)(如年龄、性别、家庭背景、学科专业、民族、文化背景、宗教信仰等)认为是影响其学术不端行为发生的一个重要变量。

如在年龄方面,Sheard[⑦]、Dawkins[⑧] 以及 Robinson[⑨] 等学者的实证调查研究都认为,年龄大的学生要比年龄轻的学生在学术不端的诱惑中有更强的自控力。

在性别方面,Andalo 调查了 119 所大学的 1022 名研究生,在受到指控的学术不端行为中,涉案男、女研究生所占的比率明显不同,即男研究生所占的比率要高

① 贾德奎. 研究生学术失范与道德缺失现象探析[J]. 探索,2005,(5):116 – 117.

② B. C. Martinson,M. S. Anderson & Raymond D. E. Vries. Scientists' Perceptions of Organizational Jutice and Self – reported Misbehavior[J]. Journal of Empirical Research on Human Research Ethics,2006,(1):51 – 66.

③ Storch Erie & Storeh Jason. Academic Dishonesty and Attidues Towards Academic Dishonesty Acts:Support for Cognitive Dissonanee Theory[J]. Psychological Reports,2003,(1):174 – 176.

④ 肖起清. 研究生学术权力的保障[J]. 中国高教研究,2007,(6):28.

⑤ 黄国彬. 研究生学术创作中不端行为的心态原因及对策分析[J]. 学位与研究生教育,2007,(10):36 – 38.

⑥ 任凯歌,黄菊. 试论研究生学术规范意识及其培养机制[J]. 中国高教研究,2010,(10):51 – 53.

⑦ Sheard, J., Markham, S., & Dick, M. Investigating differences in cheating behaviors of IT undergraduate and graduate students:the maturity and motivation factors[J]. Higher Education Research & Development,2003,22(1),91 – 108.

⑧ Dawkins, R. L. Attributes and statuses of college students associated with classroom cheating on a small – sized campus[J]. College Student Journal, 2004,38(1), 116 – 129.

⑨ Robinson, E., Amburgey, R., Swank, E., & Faulkner, C. Test cheating in a rural college:Studying the importance of individual and situational factors[J]. College Student Journal, 2004,38(3), 380 – 395.

许多。[1] Kisamore 等学者也认为,与女生相比,男生更倾向于在学业中剽窃他人作品。[2]

在学科专业方面,Smyth 等学者认为商学院的学生发生学术不端的比率要高于其他专业的学生。[3] Callahan 等学者通过对美国 31 所大学的调研发现,有高达87% 的商科学生有过不同程度的学术不端行为。该研究还进一步地认为,与其他专业(如工程、人文科学)相比,商科专业的学生有更多学术不端行为的可能性。[4]

在文化背景方面,有不少学者认为,不同文化背景的人对"什么是剽窃"这一问题的看法是不同的。[5] 比如,一些人就认为复制(copying)他人的作品就是一种学习的途径。Leask 就认为,与具有西方文化背景的学生相比,非西方文化背景的学生受到学术不端指控的比率要高一些。[6] 张保生也认为中国国内学术传统中缺乏引文意识,长期缺乏知识产权观念,这是造成学术不端盛行的一个重要原因。[7]按照 Langlais 说法(或许是带有歧视性的——笔者注),在中国之所以学术抄袭盛行,主要是因为该国的文化中很少有知识产权和尊重原创者的观念。按照这种逻辑,一些学生就不会把抄袭或剽窃看成是一种伦理(ethical)问题。[8]

在宗教信仰方面,尽管有些学者(如 Vowell 和 Chen)认为学术不端行为的发生跟出席宗教活动的次数有一定联系(negative relationship)[9],但是大多数研究都倾

---

① Andalo, D. Guardian Unlimited [EB/OL]. http://education. guardian. co. uk/higher/news/story/0,, 1731577,00. html,2006 - 03 - 16.

② Kisamore, J. L., Stone, T. H., &Javahar, I. M. Academic integrity: the relationship between individual and situational factors on misconduct contemplations[J]. Journal of Business Ethics,2007, 75:381 - 394.

③ Smyth, M. L., & Davis, J. R. Perceptions of dishonesty among two - year college students: Academic versus business situations[J]. Journal of Business Ethics, 2004,51(1), 63 - 73.

④ Callahan, E. S., Dworkin, T. M., & von Dran, G. M. The impact of prioritizing academic integrity in business schools: a comparative perspective[J]. Journal of Legal Studies Education,2008,19(2):187 - 202.

⑤ Rothstein - Fisch, C., Trumbull, E., Isaac, A., Daley, C., & Perez, A. I. When " helping someone else" is the right answer: Bridging cultures in assessment[J]. Journal of Latinos and Education, 2003,2(3):123 - 140.

⑥ Leask, B. Plagiarism, cultural diversity and metaphor—implications for academic staff development[J]. Assessment & Evaluation in Higher Education 2006,31 (2), 183 - 199.

⑦ 张保生. 从学术规范到学术失范[J]. 社会科学论坛,2005,(3):33 - 34.

⑧ Josephson, J., & Josephson, E. The ethics of American youth. 2004 report card: press release and data summary[EB/OL]. http://www. josephsoninstitute. org/Survey2004/2004reportcard_pressrelease. htm,2005 - 05 - 17.

⑨ Vowell, P. R., & Chen, J. Predicting academic misconduct: A comparative test of our sociological explanations[J]. Sociological Inquiry,2004, 74(2), 226 - 249.

向于认为二者之间并没有任何直接联系。①

5. 聚焦于成本与收益的经济学取向

该研究取向基于博弈理论中的人总是倾向于追求效用或收益的最大化这一理论假设,认为研究生都是有限理性的个体,是否做出符合学术道德的行为,取决于其对成本与收益的考量。换句话来说,只要研究生觉得学术不端行为的预期收益大于行为成本,即有利可图,他就会铤而走险。这一研究取向主要存在于国内学界。

如江新华就认为,如果一种违规行为既难以被发现,且即便被发现不用支付任何违约成本,那么要求研究生守约恐怕只能是一张难以兑现的"空头支票"。② 高雪芳认为,对于学术越轨的惩治必须让当事人和旁观者感到切肤之痛。只有当学术越轨招致的严重后果即越轨成本远远高于学术越轨的收益时,才能让学术越轨的当事人和旁观者感到得不偿失,最终产生硬性的约束力。③ 郭德侠也认为,目前监督机制和处罚力度不够,使研究生存在学术违规的侥幸心理。要改变这种现状,除加强学术道德规范教育、完善研究生的学术评价制度之外,还必须加大违约成本和处罚力度。④

6. 聚焦于技术与工具的科技哲学取向

科学技术从根本上改变着人类生活的环境,人类的生存方式、思维方式和情感方式也都发生了很大变化。人类在享用科技带来的增益的同时,也面临着前所未有的可能的风险。该研究取向正是基于这一观点,认为目前适用的一些科技工具或技术(如互联网中的下载、复制、粘贴等功能)不仅为研究生的学术不端带来了便利,而且还使研究生对学术道德的标准产生了与传统不一致的看法,这些都使学术道德面临挑战。如 Kellogg 就通过一份调查发现,随着数字技术的不断发展,人们普遍形成一种观念,即认为因特网上的信息都是共有的资源,摘抄网上的材料就不能被认为是抄袭。⑤

但是,一些学者则认为,技术与工具虽可以使抄袭、剽窃他人学术成果的学术

---

① Brown, B. S., & Choong, P. A comparison of academic dishonesty among business students in a public and private Catholic university[J]. Journal of Research on Christian Education, 2003, 12(1), 27 - 48.

② 江新华. 研究生学术道德失范:表现、根源与对策[J]. 科学学与科学技术管理,2003,(1):73.

③ 高雪芳. 研究生学术道德建设的现状及其改善途径[J]. 社会科学管理与评论,2008,(4):75 - 76.

④ 郭德侠. 研究生学术道德失范与制度构建[J]. 高教发展与评估,2010,(1):78 - 86.

⑤ Kellogg, A. P. Students plagiarize online less than many think, a new study finds[J]. The Chronicle of Higher Education, 2002, 48(A):44.

不端行为变得越来越迅速和简便,但同样也可以利用它们来促进有学术道德的行为发生。如杜瑛等认为,高校可以借助现有的校园网建立专门预警防范研究生学术不端行为的网站,负责学术行为规范知识的普及,并采集举报研究生学术不端行为的材料。①

(三)目前研究生学术道德问题研究:特点与问题

以上研究取向对研究生学术不端问题的解释看似完美,但却都存在着不同程度的理论缺陷,如社会学取向对个人因素的忽略,心理学取向对外部社会环境以及制度因素的忽视,经济学取向对道德作用的抹杀等,都是这些取向在阐释研究生学术不端问题时不得不面对的困惑。除外,以上几种研究取向大都侧重于研究生学术不端行为的原因分析,而就问题的解决来讲,要么避而不谈,要么简略地一笔带过,要么仅仅是提出希望。如就文中第一种研究取向来讲,学者一般主张借助外在环境的改变或优化,为研究生营造良好的社会环境和学术氛围。但是如何改变或优化,则大都只是提出一种愿望或希望,未能提出解决问题的路径或具体的操作措施。

目前(尤其是近三、四年来),学术界对研究生学术道德问题的研究同样聚焦于研究生学术不端行为的探讨,但与前期研究相比,问题意识更强,多了系统的理论主张,注重研究方法和程序的完备性,并重视对研究生学术价值观及道德素养问题的探讨,具体表现在以下三个方面:

第一,倾向于通过某一理论把不同的学科路径统合起来,不仅探讨研究生学术不端问题存在的社会、心理、经济行为以及规律,而且其主要专注点已由"探索学术不端行为发生的原因"转向了"如何防范学术不端行为的发生",即由"理论阐释"转向"行动建构",积极探寻促进研究生学术道德行为的制度化路径。如程孝良和向玉凡②、万聪③等学者根据社会失范理论,认为研究生学术不端行为的产生是个体道德水平、社会制度、文化等因素共同作用的结果,其解决途径就是加强研究生的学术道德规范教育、健全学术不端行为监督机构、完善制度以及加强正面的舆论宣传导向作用;加利福尼亚大学学术诚信协调专员 Tricia B. Gallant 教授基于系统理论,认为研究生的学术不端实际上就是一个系统化的问题,既有个人和组织的因

---

① 杜瑛,刘念,冯小明.论研究生学术行为的引导与规范[J].学位与研究生教育,2007,(8):27-30.

② 程孝良,向玉凡.研究生学术失范成因与治理路径探微[J].中国高教研究,2011,(3):29-31.

③ 万聪.基于社会失范理论视角的研究生学术不端行为思考[J].内蒙古农业大学学报(社会科学版),2011,(2):242-249.

素,也有教育的、学术的或其他社会的原因,而问题的解决则需要整个学术生态系统的优化;[1]张凌洋等从博弈论这一理论出发,分析了研究生与学校、用人单位以及学术期刊之间的博弈关系,认为研究生与学校、用人单位以及学术期刊之间的博弈是产生学术道德问题的三个主要原因。规范各行为主体的行为、规避彼此之间的博弈是解决该问题的有效途径,即改革学校的评价机制、改善就业单位的选才标准、规范学术期刊的道德行为、提高学生自身的道德修养、建立学术监督机构是解决当前研究生学术道德问题的有效选择。[2]

第二,侧重实证性研究,以强调研究结果的客观和普遍有效。他们往往通过搭建精致的分析模型,借用比较大型的调查数据库,以验证前人的相关理论观点或研究结论,或提出一些修正性观点。如 Grace McCarthy 和 Ann Rogerson 通过悉尼商学院(Sydney Business School)研究生使用"图尼丁"软件(Turnitin,一种论文查重、反剽窃软件——本书注)案例的实证调查发现,不管是国内还是国外的研究生,不管是否是以英语作为母语的研究生,通过在学习和研究过程中自主使用"图尼丁"软件,不仅能预防学术不端行为的发生,而且还能提高研究生的学术诚信意识。[3] Lori Brown Lothringer 则运用一个理论模型对学术诚信教育课程(Acadamic Integrity Training Course,AITC)的有效性进行了验证。该研究抽取一所大学的商业管理系四个金融专业班级的 86 名研究生作为实验组,社会科学系四个心理学专业班级的 68 名研究生作为对照组。该研究虽然未能对学术诚信教育课程的有效性持续时间的长短(即随着时间的推移,这种有效性是否会递减或消退)做出说明和判断,但是一个比较明确的结论是,在学术诚信的理解、可预料的伦理性学术行为、学术诚信与今后职业诚信的联系方面,受过该课程教育的研究生明显强于没有受过此类教育的研究生。为此,该研究认为大学应该开发一些有关学术诚信的教育和训练课程,这对于培育研究生的学术诚信观念、防范学术不端是有效的。[4] 深圳大学

---

① Tricia Bertram Gallant. Creating the ethical academy: A systems approach to understanding misconduct and empowering change in higher education[M]. New York: Routledge,2011:36.

② 张凌洋,易连云,杨公安. 从博弈论角度看研究生学术道德问题[J]. 现代教育科学,2011,(3):96 - 98.

③ Grace McCarthy & Ann Rogerson. Links are not enough: Using originality reports to improve academic standards, compliance and learning outcomes among postgraduate students[J]. International Journal for Educational Integrity,2009,5(2): 47 - 57.

④ Lori Brown Lothringer. Evaluation of the use of an academic integrity training course as a proactive measure encouraging academic honesty[D]. Iowa State University,2008: xvi - xviii.

人力资源研究所教授陈淑妮等人通过其编制的量表,对 1691 名在校研究生有关学术行为规范的认知状况进行了评定,分析了研究生学术行为的特点及其影响因素,并从社会、高校与导师三个层面提出应对研究生学术不端行为的对策。①

第三,重视对研究生学术价值观及道德素养问题的探讨,即不再把学术道德作为学术规范的附属物,开始关注研究生学术不端问题中的"道德"及"价值"因素。如彭江把学术道德上升到一种意识形态的高度,认为研究生的学术道德作为学术意识形态的重要内容,具有协调学术关系、维护学术秩序、开发和利用学术道德力量、创造优异的学术业绩等重要作用,为此学校必须采取渐进的方式让研究生逐渐接受新的积极的学术意识形态。② 范小梅则从学术人格的角度来论述研究生的学术道德问题。她认为研究生学术人格的至高境界当是"独立自主"四字,然而,研究生作为知识分子对前人和他人学术成果过度依赖,在选题、行文上过度借鉴,甚至过多引用,是诱发学术不端行为的重要原因,为此,必须及时加以矫正,养成研究生良好的学术人格。③ 学者 Sarah Roberts - Cady 则表达了其对学术价值观念的反思和强调。他认为,目前大学一般都采用两种解决研究生学术不端问题的模式,即行为修正策略(behavior modification strategy)和性格发展策略(character development strategy),但这两种策略却都存在着一个严重的缺陷,即未能教育学生深刻反思学术的一些价值观念。为此,有必要把批判性的反思(critical thinking)融入学校的学术诚信政策之中。④

以上特点表明目前有关研究生学术道德问题的研究在理论框架建构、研究方法和手段等方面比早期的研究更加完备,也更加精致,但仍存在着一些无法回避的问题,而且随着经济社会发展所带来的高等教育社会化程度的加深以及研究生与导师、学校关系以及自身地位的变化,这些问题就越发显得突出。依笔者的归纳,主要存在以下几个方面:

第一,研究问题集中但却视角狭隘。以上研究虽然集中于探讨研究生的学术

---

① 陈淑妮,裴瑞芳,陈贵壹.研究生学术行为规范认知的实证研究及其影响因素与对策分析[J].学位与研究生教育,2010,(7):32 - 38.

② 彭江.研究生学术道德规范教育:内容、层次、原则与对策[J].学位与研究生教育,2008,(11):16 - 21.

③ 范小梅.刍议研究生学术人格的偏位与养成——从研究生的新生知识分子身份说开去[J].广州大学学报(社会科学版),2009,(11):53 - 56.

④ Sarah Roberts - Cady. The role of critical thinking in academic dishonesty policies[J]. International Journal for Educational Integrity ,2008,4(2):60 - 66.

道德问题,但却都把研究的逻辑起点放在学术不端这一副学术道德现象上面,把研究视角都局限于现象的原因分析及其防范手段的构建,如此这样,在构建研究生学术道德规范体系时以惩戒学术违规为导向,忽略了学术创新这一学术活动的本质要求。

第二,提出观点大都理想化,无法提供解决问题的突破口和着力点。如此这样,每件事情都重要,每件事的解决依赖于另一件事的解决,最终问题不了了之。如徐刚和李炎芳认为研究生学术道德的养成机制是一项系统工程。在这项系统工程中,环境是基础,制度是根本,自律是核心,技术是保障。其有效运行,需要环境、制度、自律和技术四个方面相互促进、协调发展,形成良性互促的局面。① 但作者只是简要地介绍了这四种策略,它们之间如何相互促进、协调发展,却没有论及。

第三,一些研究者虽然有意识地基于某一理论建构问题的分析框架,但大都只是浅尝辄止的探索,其意义仅限于多提供了一种分析问题原因的角度。如运用社会失范理论对研究生学术不端问题的探讨,无论是外、内在原因的分析,还是在此基础上两种解决路径(外在制度约束与内在道德修养)的建构,看似很全面很完整,但二者之间却缺乏内在联系的探讨,导致其提出的观点最终只是以上社会学和心理学两种研究取向的简单拼凑。

第四,对研究生这一特殊群体缺乏完整科学的认知。一方面,一些学者把研究生完全等同于一般的研究者(如大学教师),这样有关大学教师学术道德问题的分析框架就简单地移植到研究生这一群体当中,而忽略了研究生既作为研究者又作为学生、受教育者的特殊性;另一方面,有学者把研究生等同于本科生,把研究生的学术不端问题等同于本科生的考试作弊问题,实际上,诸如在研究活动中的作假、抄袭等问题要远比考试作弊复杂得多。这样,就无疑屏蔽掉了研究生学术道德问题中一些很本质的内容(如合作、创新等)。

第五,专注于学术体制和学术规范制度本身,对个人的主体性却缺乏分析。如在分析研究生学术道德问题的各个责任主体时,罗列式地泛泛而谈,忽略它们之间的内在联系,从而造成具体责任追究的泛化、空洞化。这正如来自澳大利亚学者Jon Yorke 等人在评价学术不端问题的研究文献时所指出的那样,"研究生学术不端的原因(因素)自然与其表现形式一样多,但问题是,在分析学术不端问题时所

---

① 徐刚,李炎芳.环境助推,制度控制,道德自律,技术防范——研究生学术道德养成机制探析[J].长江论坛,2011,(1):93-95.

提出了这些因素,只是为了提供一种'平衡各种可能性的模式'(balance of probability)。"①这也就是说,在纠错时,"各打八十大板",问题最终也不了了之。

第六,缺乏对学术道德及其内化等这些实质性问题的深入论述。如不少学者虽然对学术不端问题采取一种道德或价值的立场,但并不能很明确地阐述清楚,只是对学术实践活动中出现的个别道德问题(如学术诚信问题)进行情景性的故事描述或反思,更没有形成完善的、针对问题解决的理论体系。② 新西兰大学的两位学者 Kay Fielden 和 Donald Joyce 通过分析从 1998 至 2008 年期间澳大利亚学者共公开发表的 125 篇有关学术诚信问题的论文,发现学术不端行为中的道德或价值判断问题虽屡屡被提及,但并没有具体论述,仅仅局限于行为层面,并且大都站在一个大学教师或学者的立场上来看待研究生的学术不端问题。③

(四)研究生学术道德问题研究的范式转换:方向与前景

研究范式一般被认为是在进行科学研究时所遵循的模式与框架。以上在目前研究生学术道德问题研究中存在的问题与缺陷,使转换现有研究范式在逻辑上成为必要,否则就会导致这个领域的研究空间得不到释放而最终无法为实践中的研究生学术治理工作提供正确的理论指导。

与此同时,目前研究生教育发生的一些现实变化(如研究生教育的社会化和多元化),也使固守原有的研究范式面临挑战。当然,笔者所讲的并不是刻意追求研究的颠覆效应,或者追逐后现代主义的解构时尚,而是主张在已有理论及经验积累的基础上,拓宽研究视域,引入新的学科知识,从问题的原点出发,把以往的研究模式进一步地整合起来,超越传统范式,转向新的研究范式。

为此,本书拟提出一种以"学术伦理"(Academic Ethics)为核心构念的、分析与解决问题的框架,以图为这种探索提供一条出路。这些内容将在本书以下各章中得到具体阐述。

---

① Jon Yorke, Kathryn Lawson & Graham McMahon. Can we reliably determine intent in cases of plagiarism? [J]. International Journal for Educational Integrity Vol. 5 No. 2 December, 2009,5(2):40.

② Kay Fielden & Donald Joyce. An analysis of published research on academic integrity[J]. International Journal for Educational Integrity, 2008,4(2): 14.

③ Kay Fielden & Donald Joyce. An analysis of published research on academic integrity[J]. International Journal for Educational Integrity, 2008,4(2): 4 –24.

三、研究目标与内容

本书志在把"学术伦理"这一核心构念引入到研究生的学术道德问题中,以图使问题得到更好地分析和解决。本书的研究目标有二:一是在阐述有关理论基础、搭建有关理论框架的基础上,理清和分析研究生的身份、所涉及的学术伦理关系及其所面临的伦理困惑,并论证研究生学术伦理规制的必要性和可行性、规制原则和实现框架;二是在上述理论研究的基础上,结合目前我国研究生学术道德建设的实际,建立一套内有价值基础、外有制度保障和组织操作的研究生学术伦理规制体系。根据以上研究目标,本书的研究内容主要包括以下三个方面:

第一,研究生学术伦理关系的呈现。在有关学术伦理的理论阐释的基础上,从研究生的学术人身份出发,分析学术伦理关系中研究生所面临的伦理困惑及其现实表现。然后,在此基础上考察现实环境条件下研究生学术伦理的水平现状。这部分内容主要安排在本书的第一章、第二章以及第四章第一部分。

第二,研究生学术伦理关系的解析。从研究生这一伦理主体的外在(学术伦理关系现实状况)和内在(伦理主体对这种伦理关系的认知和感受)两个层面出发,解析研究生学术伦理关系遭受破坏状态情况下(学术伦理失范)的外、内在伦理动因。这部分内容主要安排在本书的第四章第二部分。

第三,研究生学术伦理关系的建构。在充分探讨学术伦理之于学术活动的作用与机理的基础上,研究学术伦理关系调整研究生学术活动的方式和手段。然后,从学术伦理关系的理论品性出发,建造修补研究生学术伦理关系问题的具体解决路径。这部分内容主要安排在本书的第三章、第五章、第六章、第七章和第八章。

四、研究思路与方法

本书从主体的研究视角和伦理关系的研究层面出发,分析研究生学术活动所存在的伦理关系和伦理问题,展示目前研究生的学术伦理水平现状和内外在伦理动因,然后在此基础上,并结合实地调研访谈,从价值基础、制度保障、组织机构、操作实施等几个方面建立一套以学术创新为导向的、动态的、多方参与的研究生学术伦理规制体系(如图 0 - 2 所示)。基于这一研究思路,本书采用的主要研究方法是:

```
研究生学术道德问题
        │
        ▼
      研究生 ◄──── 学术人（研究者）
        │
        ▼
    学术伦理水平
        │
       问题
        ▼
┌─────┬─────┐      ┌─────┐      ┌─────┐      ┌───────┐
│ 投射 │ 原因 │ ⇒  │ 伦理 │ ⇔  │ 学术 │ ──── │ 价值观 │
│ 检验 │ 解析 │      │ 关系 │      │ 伦理 │      ├───────┤
└─────┴─────┘      └─────┘      └─────┘ ──── │ 规则方法 │
        │                                       └───────┘
       启示
        ▼
    学术伦理规制 ◄─────────────────────────────────
        │
       解决
        ▼
┌─────┬─────┐      ┌─────────┐            ┌───────┐
│ 确立 │ 组织 │ ──── │ 伦理制度形成 │          │ 伦理评估 │
│ 价值 │ 与  │      ├─────────┤          ├───────┤
│ 观  │ 实施 │ ──── │ 伦理组织建设 │          │ 伦理教育 │
└─────┴─────┘      └─────────┘          ├───────┤
                                          │ 伦理宣传 │
                                          ├───────┤
                                          │ 伦理问责 │
                                          ├───────┤
                                          │ 伦理支持 │
                                          └───────┘
```

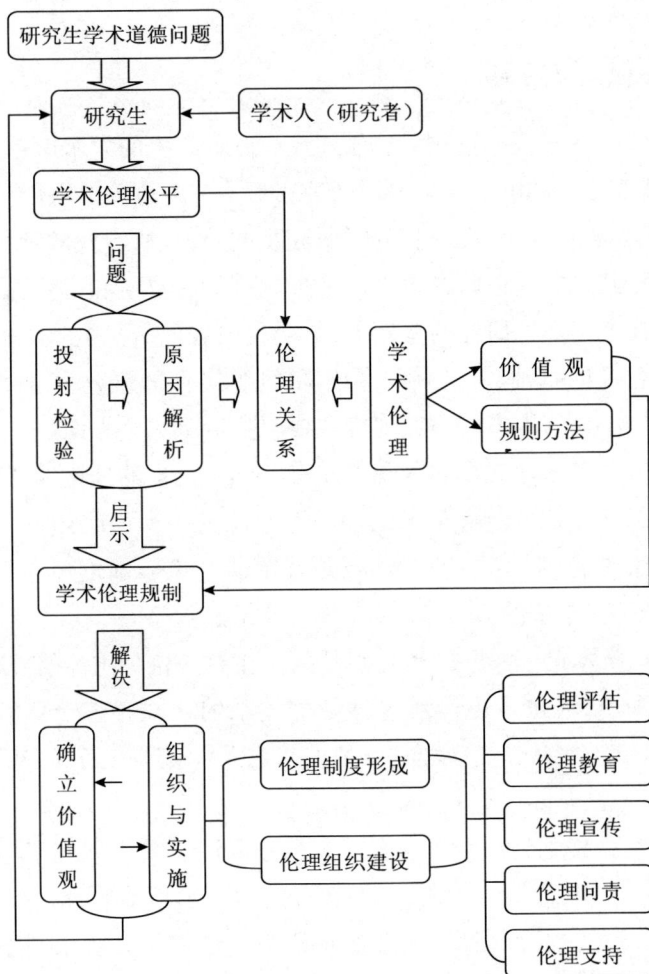

图 0 - 2　本书逻辑结构图

其一,文献研究法。由于学术伦理规制在一定社会环境下具有复杂性、继承性、发展性以及融合性的特点,为此查阅、整理并分析国内外已有的相关文献资料,对形成本书的观点或结论非常重要。本书将通过多种渠道尽量收齐、收全与本研究主题相关的书籍、论文、报告、新闻报道以及法律、规章和制度,内容涉及多个学科领域,然后据此提炼出具有一定理论深度和现实针对性的研究观点或结论。

其二,调研访谈法。调研访谈是本研究做出准确判断的必要前提。本书一是通过自编的情境故事问卷,抽取一定数量的的研究生进行投射检验,以摸清他们各个层面、维度的学术伦理水平状况;二是选取一些有代表性的院校机构以及研究生进行深度访谈,以了解有关研究生的学术道德建设状况及其存在的问题。

五、研究价值与创新

与已有的相关研究不同,本书将充分借鉴应用伦理学、规制经济学中的相关理论,通过建立一套以提升研究生的学术伦理水平为基础、学术创新为导向的研究生学术伦理规制体系,把研究生学术活动所处的环境、体制、制度、道德等范畴统合起来,以图为我国目前处在困境中的研究生学术管理的研究与实践提供一些好的借鉴。

第一,对拓展学术道德问题的研究视角、夯实学术制度研究的理论基础具有重要的理论意义。

学术伦理是大学学术文化的核心,也是学术创新的原动力。本书将在研究生学术道德问题的研究中导入伦理关系式的解析与建构,凸显学术的"崇高性"和"自由性",并形成一套内有价值基础、外有制度保障和组织操作的、支撑整个高校研究生学术活动良性运行的学术伦理规制体系。这样做,将有助于拓展学术道德问题的研究视角,完善学术规范的研究方法,丰富学术规范研究的内容,为完善我国研究生培养制度研究奠定理论上的基础。

第二,对完善我国研究生教育培养制度体系、推动大学创新文化的培育具有重要的实践价值。

随着我国研究生规模的不断壮大,研究生实际上已经成为我国学术研究的重要力量,特别是博士研究生已经成为导师学术创新团队的主要成员和工作者。他们的学术伦理水平状况直接影响到其学术本质力量能否体现以及体现的程度,影响到高校整个学术氛围的形成,影响到高校人才培养的质量,也影响到我国科技事业发展的未来。而有关研究生学术伦理规制方面的研究成果则可以为我国研究生教育培养制度体系的完善以及大学创新文化的培育提供可资借鉴的思路和具体方法。

本书可能的创新之处主要在于:为研究生学术道德问题的分析与解决搭建一个更具解释力的框架。这一框架一方面能有利于以一种新的概念框架来统合不同模式的研究路径,消除作为个体的微观研究与作为整体社会环境的宏观研究之间的二元对立;另一方面,能提供一种新的研究与探讨学术道德问题的视域,为其后续系统、深入的理论研究以及目前处在困境中的院校学术治理实践提供提供一种新的思路和好的借鉴。

第一章　概念基础与理论阐释

毋容置疑的是,本书的研究主题就是研究生的学术伦理规制问题。但是,任何一项研究的系统性展开,都是从对其核心构念的界定和理论的阐释开始的,这一核心构念便是"学术伦理"。但如何认识与理解学术伦理,这既是本书分析与解决问题的最基础工作,也是建构本书理论框架与实践体系的理论基础。为了更全面地界定与阐释学术伦理,本章的任务主要有四:一是从业已形成的"科技伦理"和"学术道德"的强势语境中理出学术伦理;二是对学术伦理的主体关系进行分析,以建构整个研究的理论基点;三是分析学术伦理的内在结构,以搭建整个研究的理论框架;四是在以上基础上,分析学术伦理的属性和功能。

一、学术伦理的概念认知①

学术作为一种实践活动,从来都不是价值无涉的。而与此相随的有关学术伦理(Academic Ethics)的讨论,也并未淡出过学者的视野②。尤其是 20 世纪末以来,学术圈内屡被披露的学术不端事件以及社会民众对学界学术创新力不足的抱怨,使学术伦理逐渐从科技伦理、学术道德等语境中剥离出来,成为日益受人关注的一个话题。而在中国,最近几年也时而有论者提出要以学术人的"专业伦理"或"职业伦理"取代以往常用的"学术道德"概念。这种转换,被认为是适应了当前整体的话语体系。如工程管理、技术人员的"工程伦理",医疗卫生界人士的"医疗伦

---

① 本部分借鉴或引用了笔者的博士学位论文《大学学术伦理及其规制问题研究》及其相关成果《学术伦理诠释》(《现代大学教育》2012 年第 2 期)。除作特别说明之外,以下本书再以此借鉴或引用的内容,不再一一注明。

② 如学者叶扬认为,学术抄袭不是法律问题,而是伦理问题;任祥则提出要树立正确的学术伦理观念,这样才能为营造良好的学术生态环境打下基础;而来自上海社会科学院的刘长秋在谈到学术腐败问题时也认为,"学术之所以会出现腐败,其内在原因在于学术研究者研究目的上的伦理模糊。换言之,由于学者们未能严格把握学术研究在目的上的伦理界限……"参见:盛韵、叶扬.中国的学术伦理有待重塑[J].东方艺术,2010,(11):132;任祥.大学学术道德传统的探讨与反思[J].高校理论战线,2010,(1):60;刘长秋.学术腐败的伦理学分析及其对策[J].科学・经济・社会,2009,(4):79.

理"和"生命伦理",政府行政管理人员的"行政伦理",教师的"教育伦理"和"教学伦理"、产业界人士的"经济伦理"、"企业伦理"和"商业伦理"等。

那么,究竟何为学术伦理呢?

目前学界对学术伦理这一概念的认知却有些杂乱,比较常见的有以下几种:一是把学术伦理理解成一种学术思潮或一种学派。这主要散见于一些有关文学或哲学的著述中。如胡伟希教授在谈到 20 世纪中国哲学思潮时,就认为"……这些具体哲学思想和内容背后更基础的东西,也即学术伦理。因为哲学思想和哲学观念多变,而学术伦理一旦形成,则有相对的稳固性和延续性,会成为一种学统"①;二是借用西方学者的提法,认为学术伦理就是学术诚信(Academic Integrity②),包括大学生考试作弊都属于学术伦理问题③;三是把学术伦理混同于科技伦理(Technological Ethics)或研究伦理(Research Ethics)④,这同样常常存在于西方学者的研究文献中;四是把学术伦理等同于学术道德(Academic Morality)。如有学者就认为"所谓学术伦理,就是学术共同体内形成的学术研究的基本道德规范"⑤;五是把学术伦理等同于学术行为规范(Academic Code of Conduct)。如有学者认为,"学术伦理就是做学术的人应该遵循的行为规范"⑥;六是把学术伦理简化为一种学术品质。如有学者就认为,"它(学术伦理)更普遍地存在于学者的自觉行为之中,或者说,学术伦理是学者的内在品质。"⑦此外,还有一些学者认为学术伦理就是学术腐败、学术违规。

本书认为,以上学者给学术伦理所作的解释,大都只是就学术活动中出现的个别伦理问题(如学术诚信问题)作出一些现象性的描述或理论上的反思,并不是基于系统性地研究学术伦理而作出的,因而就不可避免地带有一些局限性。以下本

---

① 胡伟希. 20 世纪中国哲学的学术伦理:"旧神类型"与"酒神类型"[J]. 学术月刊,1999,(3):36.

② 许多西方学者的论述中,academic integrity 与 academic honesty 往往是等同或混用的。但美国密西根大学研究伦理与研究诚信中心主任尼古拉·斯丹尼克却认为,integrity 含义是"整体"或"完全",用于描述人的品质时,特别与真理、公正、正直、诚实和真诚相关。在国内,"academic integrity"一般都被翻译成"学术诚信"。参见:N. H. Steneck. Fostering integrity in research:definitions, current knowledge and future directions[J]. Science and Engineering Ethics,2006,(12):53 – 74.

③ McCabe,D. L. ,et al. Honor Codes and Other Contextual Influences on Academic Integrity:A Replication and Extension to Modified Honor Code Settings[J]. Research in Higher Education,2002,43(3):357 – 378.

④ Denzin,N. K. Ethics in the Academy[J]. International Journal of Politics, Culture, and Society,2000,13(4):673 – 681.

⑤ 杨玉圣. 贵在自律——做学问应坚守学术伦理[J]. 学术界,2002,(1).

⑥ 杨功. 关于学术伦理的对话[J]. 社会科学管理与评论,2002,(2):30.

⑦ 王晓辉. 学者伦理,学者内在的品质[J]. 比较教育研究,2012,(9):2 – 3.

书首先从学术、科技伦理、学术道德这些学界常用的概念入手,来初步认识什么是学术伦理。

(一)从与学术的连带关系中来理解

讲到学术伦理,自然离不了这个词的定语——"学术"。按照德里克·博克的经典说法,所谓学术,即包括"真实地回顾并公正地评价已有的研究、寻找问题与问题之间可能的关系、搭建理论与实践之间的桥梁,并有效地传播知识"①但这只是说明了学术的任务或者学术的活动内容,并没有界定清楚什么是"学术"。本书认为,学术是一个很难界定的概念,一是因为时下人们已经形成了对其含义的杂乱理解,二是"学术"一词在长期的历史变革过程中,词义发生了很大的演变。

英文"学术"(Academic)一词来自词根 Academy,Academy 是古代雅典城外的一间健身房,柏拉图将其改为学习中心。在 17 世纪,英国及法国的宗教学者常用 Academy 一词来表示高等教育机构,而 Academic 则泛指高等教育和研究。后来,Academic 一词主要有两个词性,一是形容词"学院的"、"学术的";二是名词,主要是指"大学教师"(an educator who works at a college or university)。目前,Academic 主要是指跟"学术有关的事物或活动"(associated with academia or an academy),如 academic exchange(学术交流)、academic community(学术界)、academic periodicals(学术刊物)等。② 在我国,无论是上海辞书出版社的《辞海》(1979)和《辞源》(1984),还是中国台北三民书局的《大辞典》(1986),"学术"一词主要是指"较为专门、系统的学问"。③

以现代立场来看,以上对"学术"的定义明显存在着缺陷:一是对"学术"作过于狭窄的理解。根据《韦伯斯特第三版国际大辞典》给出的定义,"学术不仅指专门的学问或知识,也指学者的品质与特性"④;二是仅从静态上理解学术,把学术认为是一种知识积累的结果。其实早在我国近代,梁启超在论述"何为学术"时指出:"学也者,观察事物而发明真理也;术也者,取所发明之真理而致诸用者也。"⑤他虽把"学术"理解为"科学真理"和"技术应用"两个层次,但他显然是把"学术"

---

① Bok,D. Beyond the Ivory Tower:Social Responsibilities of the Modern University [M]. Cambridge,MA:Harvard University Press,1982:16.

② 以上主要参见王同亿主编译. 英汉辞海[Z]. 北京:国际工业出版社,1987:19;剑桥国际英语词典[Z].上海:上海外语教育出版社,2001:12.

③ 以上主要参见辞海[Z]. 上海:上海辞书出版社,1979:2576;大辞典[Z]. 台北:三民书局,1986:1158.

④ 转引自梁治平. 学术·思想·文化霸权[J]. 中国书评,1995,(6):57.

⑤ 邓九平. 谈自学[M]. 北京:大众文艺出版社,2000:14.

作为一个过程来理解的;三是学术的主体不明确。学术的主体究竟是像大学教师这样的专业人士,还是涉及学术活动的所有人员。

本书从目前"学术"涉及的实际问题出发,倾向于从动态上、更为全面地来理解"学术",也是为了与我们日常生活中常用的"学问"、"科学"以及"技术"相区别,即把学术定义为:受过专业训练的人探究真理的态度和活动过程。这个定义应至少包含以下几层含义。

第一,学术的场域是学术界(或称"学术共同体")。

第二,学术的主体是学术人(或称为"研究者")。学术人既需要系统的学习或训练,也要有相对应的人格品质。大学教师、科研人员都被认为是学术人,但至于本书的研究对象——研究生是不是学术人,本书将在第二章节具体分析。

第三,学术的内容是高深知识,即系统的科学知识。

第四,学术的表现形式主要体现为对高深知识的生产、交流、传播、评价和应用①。

至于什么是学术伦理,本书结合上文对"学术"一词的解读,可以把它认知为,学术伦理一定是有关学术的伦理,一定是伴随着学术,并在学术活动的过程中形成的。

第一,就学术的场域来讲,学术伦理一定是学术界需要关注的学术伦理,这类似于医疗界需要关注"医疗伦理"和"生命伦理"、工程界需要关注"工程伦理"一样。

第二,就学术的主体来讲,学术伦理一定是有关学术人的伦理。

第三,就学术内容和表现形式来讲,学术伦理一定是学术人在有关高深知识的生产、交流、传播、评价和应用过程中产生的伦理问题。

(二)从与科技伦理的区分中来理解

原子能技术、生物与基因技术、互联网络等高科技的深入发展,从根本上改变着人类生活的环境,人类的生存方式、思维方式和情感方式也都发生了很大变化。人类在享用科技带来的增益的同时,也面临着前所未有的可能的风险,如生物与基因技术领域中的克隆技术、辅助生殖技术等。以上这些科研过程中出现的"两难"

---

① 一般看来,学术是集中于基础性的理论知识,即"为学术而学术"。但本书认为,随着学术与社会的联系愈来愈紧密,学术还应拓展到应用的层面。这正如美国知名学者博耶(Ernest L. Boyer)所提出的那样,"还有一种应用知识的学术,即发现一定的方法去把知识和当代的问题联系起来。"参见:欧内斯特·L·博耶.关于美国教育改革的演讲[M].涂艳国,等译.北京:教育科学出版社,2002:75.

困境,直接催生出应用伦理学的一个研究领域——科技伦理。目前,中外众多的哲学家、伦理学家都把自己的研究视野投向这一领域,使科技伦理研究呈现出一派繁荣的景象。然而,这些研究存在的问题也是非常明显的,如含义不清(科技伦理是科技发展的合理性问题,还是面对科技的发展和挑战人们的伦理观念问题?)、提法混乱(把"科学伦理"、"科技伦理"、"科学道德"、"科技道德"、"技术伦理"以及"技术道德"等都混同在一起)等。这就如同有学者在评价科技伦理的研究状况时所讲的那样,"科技伦理的说法是模糊不清的,似乎包括了从科学到技术的所有方面,眉毛胡子一把抓。"[①]

本书认为,在科技伦理研究中之所以会出现上述的混乱局面,主要在于其所研究的对象不明,是科研本身,还是科研行为的操作主体? 基于这一思路,笔者把有关科研活动的伦理(即科研伦理)划分为两大领域:第一,有关科研方式及科研结果应用过程中的伦理问题,即人们常说的"科技伦理",如科研过程如何维护人的权利与尊严,科技进步怎样才能服务于人类而又不能危害人类自身,是否优待试验动物等[②],它的关注点集中在科研方式和科研结果;第二,有关科研行为的操作主体即学术人自身学术品性方面的伦理,即本文所要探讨的"学术伦理",它的关注点则集中在学术人。

事实上,学术伦理已在一些学者的论述中被留意,只不过是没有被明确地从科技伦理这一范畴中区分或划分出来。如学者马智在谈到国内外科技伦理的研究现状时说,"人们所争论的主要还是科学技术有无伦理的问题,还没有从总体上准确把握科技伦理的实质与核心,还没有从根本上确立起某些基本的理论前提和一般的方法原则,还没有形成明确有效的伦理准则和道德观念。"[③]学者郭刚在探讨科技伦理时更是明确地认为,"科学认识和技术活动没有善恶之分,善恶只在于掌握科技的人手中。"[④]这也就是说,科学与人类价值观发生冲突的根源并不是科学本身有什么过错,而是行为人有违价值观的操作。在科研活动中肯定还存在着一种先于科技伦理、比科技伦理更为本原、更为基础性的伦理准则或道德观念。如学者卢风和肖巍就认为科研人员应该具有诚实、严谨、理性、公开等道德规范,否则,就

---

① 赵南元. 科技伦理和责任分析——兼评《科技伦理——联系科学和价值》[EB/OL]. http://zd. 54yjs. cn/zhexuelunwen/20080419 – 34718. html,2008 – 04 – 19.

② Somnath Mishra,S. G. Deshmukh & Prem Vrem Vrat. Matching of Technological Forecasting Technique to a Technology[J]. Technological Forecasting & Social Change,2002,69(1):92 – 93.

③ 马智. 科技伦理问题研究述评[J]. 教学与研究,2002,(7):66.

④ 郭刚. 科技伦理化何以可能? [J]. 科学学研究,2010,(11):1602.

无法促进科技与伦理的良性互动。①

　　在本书看来，以上这些"道德规范"直接与学术人自身的学术品性相关，即涉及本文所要关注的学术伦理问题。与生态伦理、生命伦理、核伦理、工程伦理以及网络伦理等诸如此类的从科研活动的外围来探讨伦理问题的科技伦理不同，学术伦理关注的学术人自身在从事科学知识的生产、传播、交流以及评价等科研活动过程中所具有的伦理问题，即学术人作为学术人所面临的"何为学术人"以及"学术人该何为"这样的伦理问题。

（三）从与学术道德的联系中来理解

　　由于伦理与道德在一般的研究语境中往往是混用的，所以学术伦理往往就被理解成是学术道德。为此，就有必要利用它与学术道德的关系来加深对"学术伦理"这一概念的认知。

　　第一，学术伦理是学术道德的内核和本质。学者王仕杰结合国内外有关"伦理"与"道德"的研究成果，认为"伦理是道德形成的前提与依据，是道德的内核和本质，而道德是伦理的表象和必然指归，接受伦理的指导和约束。"②所以，从严格意义上讲，学术伦理是学术人在处理各利益关系时所应遵循的"理"，是理性的应然，体现了一种普遍的、客观的、不容违背的"法"精神。而学术道德只是学术人在学术活动中通过"悟其理"，并将之"化于心"，然后所表现出来的个人学术"品性"，是知性的实然，体现出一种个体的、主观的"德"意识。这也就是说，学术伦理要高于学术道德，它突出条理，更具理性层次，更具抽象概括性；另一方面，如果说学术道德是学术人在学术实践活动中所应遵循的道德规范，那么学术伦理则是确立这一规范的价值内涵和逻辑起点。这说明，学术道德不能独立或散沙式地存在，而必须处于更为一般、更为普遍的学术伦理关系之中，循伦理而道德，否则，学术道德就会成为无源之水、无本之木，即使已经生成的学术道德也难以继续存活下去。

　　第二，学术伦理是进行学术道德评判的最终标准和依据。学者龙宗智认为，"在目前这种平等且多元的现代社会中，必须设定人们最基本的道德义务，这也可以说是社会的基准线。"③这就给人们提出一个问题，即这个"社会的基准线"是什

---

①　卢风,肖巍.应用伦理学导论[M].北京:当代中国出版社,2002:223-251.
②　王仕杰."伦理"与"道德"辨析[J].伦理学研究,2007,(6):45.
③　龙宗智.道德的底线[N].检察日报,2000-06-27(6).

么？但在历史上,"所谓的'道德'从来就没有一以贯之的标准"①,有时趋于激进,有时又像哲学家尼采(Nietzsche)所说"道德很不道德"②式的保守。进入现代社会,随着经济全球化、信息多元化的不断深入发展,大学成为各种道德观念交汇的地方,学术人的学术道德观念更是发生了巨大的变化,一些新思想、新观念还将进一步挑战他们的学术道德观念。什么是符合学术道德的,什么是不符合学术道德的界线日益模糊。这也就说,学术道德在目前学术生态背景下已很难在学术生活中充当判断是非标准的角色。为此,就有必要给学术道德划定一个评判标准,即在学术伦理关系中既表明其基本褒贬立场,又不能束缚学术人的思想,让他们能张扬自身优秀的本质力量。而学术伦理则恰恰具有超越现有学术道德的时效性,体现了一种客观的自在精神,这既是学术道德的客观评判标准和依据,也是学术行为规范合理化的内在基础。

此外,学术伦理也可以说是体现学术本真意义或规律性的"道",在中国传统文化中就是超越了器物功用与形象层面,甚至是可意会而不可言传的某种东西。与一般的学术道德相比较,学术伦理更像是学术人在治学过程中所体现出的一种境界。这种境界一旦形成,还有助于形成一种有利于整个学术活动良性发展的伦理文化氛围。

综合以上两个方面的分析,本书认为学术伦理是伴随学术活动的出现而出现的、关涉到大学等学术组织及其成员生存与发展的最基础、最本原性的问题。它既是学术道德的内核和本质,也是进行学术道德客观评判的标准和依据。

二、学术伦理的主体关系

(一)学术的多重性:从学术的归属样态谈起

作为一种探求真理的活动,学术在实际的运行过程中,其归属样态表现出一种多重的属性,它既是个人的,也是集体的,同时也是社会的。

第一,学术的个人性。学术的个人性表现为学术属于个人的一项独立志业。而在学术活动中,其主体也就是学术人可以独立地开展科研活动,如大学这一学术机构中的大学教师可以自行确定研究方向、选择研究课题、制定研究计划等等。这

---

① 汪振城,钟丽茜."大伦理"与"小道德"——从艺术与道德的关系看《英国病人》[J].杭州师范学院学报(社会科学版),2007,(2):109.

② [德]弗里德里希·尼采.权力意志[M].张念东、凌素心译.北京:商务印书馆,1991:242.

种独立性可以说是学术人学术工作方式的一种行为特征,也是学术人的一种本然的活动状态。

一方面,由于学术人归属于不同的学科和专业,学科建制上的隔阂和专业的差异性使他们的活动大多呈现出一种离散的状态。除了必要的专业内的沟通和社会活动之外,他们更喜欢以一种相对独立的工作状态来维持对自己工作领域的自主性支配地位,学术活动自然也不例外;另一方面,学术活动是围绕着特殊的智力材料——高深知识组织起来的,掌握着某些高深知识的学术人需要对自身的学术活动有着独立的控制权(如可以自主决定从事学术工作的具体内容和方法等等)。这种独立的控制权可以使他(她)凭借自己的专业知识,独立地思考现实中的问题,以达到对既有知识的反思、批判、解密和拓展。此外,这种独立的控制权也是一种学术人基于学术自由理念而必需的工作条件。学术活动的独立性既是保障其学术性的基础,也是体现其自由性的表现。学术活动没有独立性就没有自由性,没有自由性也就没有学术性。

第二,学术的集体性。学术的集体性,表现为学术属于学术共同体或的共同活动。所谓学术共同体(academic community)就是指有着相同或近似的价值、传统文化和目标的学术人群体。从广义上讲,学术共同体可以指学院(系、所)、大学、研究院(所)、专业学会乃至整个学术界,而狭义的学术共同体主要指某一学术人所供职的某一学术机构。

一方面,学术的现实发展需要学术共同体。学术共同体能够把学术人从事学术活动所需的一些客观因素统合起来,形成一种学术人个人单独无法获取的学术功能。在目前社会背景下,随着学科知识往着日益专门化、综合化的方向发展,学术的发展更加需要学术共同体用某种共同的标准对学术人的学术成果进行组织(同行)评议,并以组织的便利为他们提供更多的学术交流的机会,以形成持续的学术研究能力;另一方面,学术人个人价值的体现需要学术共同体。作为一个学术人,他(她)存在价值的形成及其价值量的大小是建立在学术共同体关系基础之上的。换句话来说,学术人虽然需要独立,但却不能孤立,他(她)必须在某一学术机构框架内占据一个明确的位置。因为学术共同体是他们参与学术活动的重要组织形式和实现形式,也是他们获得学术承认、累积学术声望、进而施加社会影响力的必不可少的重要平台。

第三,学术的社会性。学术的社会性表现为学术属于一种社会活动。随着学术人所从事的学术活动与社会生活的联系日趋紧密,成为维持自身生存与发展的一个专业,学术的社会性也就日益凸显出来。学术的社会性是社会分工的产物,也是学术人生存与发展的基础。

学术职业化就是学术社会性的一个最突出的表现。早在 20 世纪初,德国社会学家马克斯·韦伯(Max Weber)便已预测到了这个趋势并提出了"学术职业"(Academic Profession)这个概念,他认为学术不仅是有着丰富精神内涵的"一种志业",而且也是一种社会上"物质意义上的职业"。① 如就大学教师这一主要的学术人群体来说,目前无论是欧美、亚非还是拉美,大凡是建立起现代大学制度的地方,大学教师都难以避免地被称为职业人士。随着大学的发展与变迁,学术作为一种职业的类型、模式和职能发生了很大的变化,教师的身份、地位和职责也因为各个国家大学体系的不同而有所不同,但是学术作为大学教师的职业这一特性并没有因此而改变,而且这一职业化的趋势还愈来愈明显。可以明确的是,这一趋势必然会带来学术社会性的加强。

(二)表现为一种关系的学术伦理

以上对学术的归属样态的分析,为学术伦理的分析奠定了基础,也引出了一个问题:学术伦理是什么伦理? 这是一个涉及学术伦理研究理论基础的关键问题。如上文所述,学术属于一项个人的独立志业,这使它跟侧重个人修养与人格完善的德性伦理或美德伦理相符合;学术属于学术共同体的集体活动,说明它很符合以集体客观性的制度规范约束组织内部成员的规范伦理;学术属于一种特殊的社会职业,又表明它类似于侧重某一社会从业者履行自身角色义务的职业伦理。这也就是说,学术伦理是一个涉及个人、学术共同体、社会这三个实体的一种复杂伦理关系,它们相互依存,相互向对方提供前提条件或提出要求。

为了便于叙述和理解,本书依照上文对学术归属样态的分析,把复杂的学术活动主体抽象为学术人个人、学术共同体、整个社会三个主体,而学术伦理则表现为这三个主体之间的一种交互式的伦理关系,这种由主体间活动所形成的伦理关系也有与之相对应的三部分组成:学术人个人的学术修养或德性(本书简称"德"),学术共同体的学术规范或价值导向(本书简称"善"),社会对学术人和学术共同体

① 马克斯·韦伯.学术与政治[M].冯克利译.北京:三联书店,1998:155-161.

必然性的要求(本书简称"理")。①

这种伦理关系以学术人个人的"德"为基轴,以学术人个人的"德"、学术共同体的"善"以及社会必然性的"理"三者统一为基线,就像一个"车轮"②一样,共同推动了学术的发展(如图1-1所示)。

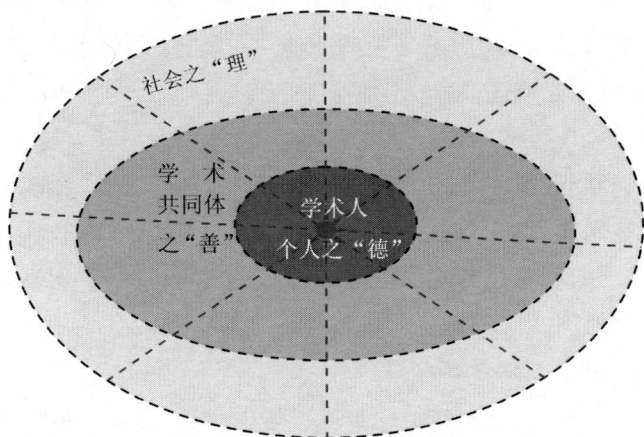

图1-1　学术伦理关系之"轮"

第一,学术伦理是学术人个人"德"与社会必然性"理"的统一。在学术伦理关系图中,学术人个人"德"处在圆心的位置,这意味着若抽掉学术人个人具体的德性,任何社会"理"的规定都会流于形式。社会"理"只有落在学术人个人"德"的层面上去,成为人格化、个体化的东西,成为个体的共识,才具有现实性意义。因为,学术人个人"德"是社会"理"建构性要素,没有相关的个人"德",也就没有相关的社会"理"。缺乏相应的个人"德",都在一定程度和一定意义上败坏着这种社会"理",从而有损于社会整体目标的实现;而另一方面,社会"理"又客观性地规定和制约着学术人个人"德"的特性。学术人个人"德"如果离开社会"理"的规定,就是

---

① "德"、"善"和"理"在一定意义上讲都是指同一个东西,或同一东西在不同层面上的不同体现。本书作此区分,其实主要是为了叙述的方便。个人的"德",即"德性",是指亚里士多德所指出的那种"使人成为善良,并获得优秀成果的品质";在此基础上,共同体的"善"可理解为共同体的"德",是个体德性的统一体,是一种维系共同体社会存在的必要特质;社会的"理",取自"公共理性"中的"理",它可理解为全社会的"德",是人类在长期的社会实践中形成的、对个人以及共同体的普遍愿望或要求。

② 把学术伦理关系形象化为一个"车轮",源自本文对《说文解字》一书中有关"伦理"中的"伦"字的理解:"伦者,轮也。军发车百辆为辈,一车两轮,协耦万民,亦指人群之交往。"参见:许慎.说文解字[M].北京:中华书局,1990.

抽象的"德",而失去其存在的价值与意义。因为学术人个人"德"不仅是个人责任的承担,而且也离不开社会"理"的规范性认同。任何学术人个人"德"只要超出现实社会所认同"理"的规范,那么其个人"德"就会成为霸道的工具,就不能够保障和谐学术生态的实现。

所以,只有学术人把个人"德"与社会必然性"理"的统一起来,或者把个人主观"德"融入社会客观"理"的规定当中,二者互为前提与条件,才具有各自存在的价值与意义,才具有交互主体性所体现出的伦理内涵。这种"统一"与"融入"后所形成的、既具有"自我"的主观又具有"他我"的客观的整体性的东西就是学术伦理。这正如黑格尔曾经明确指出的那样:"主观的善和客观的、自在自为地存在的善的统一,就是伦理。"①

在这里,需要补充说明的是,学术人个人"德"与社会必然性"理"相互影响与相互制约的联结点在于学术实践。(学术人个人的"德"与学术共同体的"善"之间的联结也是如此,以下不再赘述。)虽然任何一种学术实践都是具体的、客观的社会活动,其展开都需要有相关的社会形式和组织,都需要有相应的社会机构以及相应的技能,如学术委员会、实验室、研究方法等。然而,它们要能存在和发展下去,就必须有学术人个人"德"的存在以及社会"理"的规定。只有这样,才能指向学术上的"善"。

第二,学术伦理是学术共同体"善"与社会必然性"理"的统一。任一共同体,都是具有一定的伦理关系的社会性团体。而共同体的"善",却是超越狭隘的团体或群体利益意义上的社会普遍意义上的"善",这种"善"构成了社会的"理"的基础。应当看到,没有一个共同体的存在是不追求自己的"善"的,但这并不是说共同体本身的"善"就意味着具有社会必然性的"善"。如果共同体的"善"仅仅是一个狭隘的实体利益而言的善,如黑社会,那么它就不具有社会普遍善的意蕴,就会对社会必然性的善造成危害,成为社会性的恶的伪善。

学术伦理关系亦是如此。学术共同体的存在仅仅得到其成员的伦理支持和保障是远远不够的,它还必须在价值目标上与社会必然性"理"保持一致。如果一个学术共同体所追求的目标与学术伦理关系内在所蕴涵的必然性的社会要求相冲突,那么,其存在的合法性将受到质疑。以上说明,学术共同体作为社会共同体的一种,其目标(或者价值目标)都在于某种善,而区分真善与伪善的标准不在于学

---

① ［德］黑格尔.法哲学原理［M］.范扬、张企泰译.北京:商务印书馆,2007:162.

术共同体所自认为的善,"只有能够真正体现社会伦理精神、具有社会必然性的善,同时也能够给实体中的个人带来善的伦理实体,才是真实的伦理实体。"①这种真实的伦理实体,也就是我们所称之为的"道德共同体"。这也就是说,学术共同体所体现的"善"不仅是学术人的共同的善,在实质上也是与社会必然性"理"相统一的。因此,"共同体的善,既是其自身的善,也是社会的至善。或者说,是社会的至善在共同体中的体现。"②

第三,学术伦理是学术人个人"德"与学术共同体"善"的统一。不论是何种性质的、何种伦理层次上的共同体,就其存在的内部条件而言,都为参与者(个人)的一定的伦理意识,即"德"所维系,都有参与者一定的"德"在起作用,否则就会缺乏与这种"德"相应的这种共同体所要求的行为,从而败坏这种共同体。如对于现代家庭这一共同体来说,夫妻双方的忠贞是一个关键性的"德";就军队这一共同体而言,军人的勇敢是一个关键性的"德"。而就学术共同体而言,如果学术人个人所具有的、为维系学术共同体所需的"德"发生了变化,变得与这种共同体赖以存在的"善"不相符合,那就意味着,他(她)要么脱离这一共同体或被这一共同体所排斥,要么这种共同体因此而解体。

另一方面,共同体作为社会存在物,通过其在某一历史阶段形成的价值认同维系着它的存在,并获得了自身相对独立的主体性地位。学术共同体亦是如此,它是每一参与者(学术人)必须面对的现实,它内在地要求学术人个人"德"必须提升到学术共同体"善"的层面,体现出一种共同性的"善"。这种共同性的"善"在现实中则表现为一种具有交互主体关系的伦理秩序,它对其参与者的要求具有一种必然性,其成员只有认识并实践这种必然性,才能在与学术共同体内其他成员的互动协作中实现自身的价值。这正如马克思所说的那样,自由是对必然性的认识。"个人只有把自身的特殊性与这一团体的共同性、必然性同一化,才可成为这样一种伦理实体的成员",才能在这一共同体中获得某种自由和发展。

总之,学术伦理表现为学术人个人、学术共同体、社会这三个主体之间的交互式的伦理关系,它既主观地隐藏在学术人个人"德"之中,也客观地存在于学术共同体"善"和社会"理"之中。在这个关系中,具有个别性的学术人个人"德"作为学术共同体"善"的一个必要的内在环节和社会"理"的基础而存在,而具有必然性的

---

① 龚群.社会伦理十讲[M].北京:中国人民大学出版社,2008:36.
② 龚群.社会伦理十讲[M].北京:中国人民大学出版社,2008:36.

社会"理"和学术共同体"善"则作为学术人个人"德"的外在框架而存在。与此同时,学术共同体的"善"蕴涵了社会的"理",社会的"理"寓于学术共同体的"善"之中。这种伦理关系以学术人个人的"德"为基础,体现了学术人个人"德"、学术共同体"善"和社会"理"三者的辩证统一。

三、学术伦理的结构关系

学术伦理应包含哪些方面的内容? 或者说学术伦理应该研究什么? 这是在分析好学术伦理的主体关系之后,本书第二个需要亟待解决的重要问题,即学术伦理研究的理论架构问题。作为与伦理学紧密相关的研究范畴,学术伦理研究应包括庞大的理论体系,涉及方方面面的问题,这就需要明确一个能达到本书研究目的的具体研究模式,以把整个研究贯穿起来,达到研究的逻辑性与说理性的统一。本书认为,作为学术人在学术实践中运用并伴随其中的伦理关系,学术伦理理应属于应用伦理学(applied ethics)①研究的范畴。这也就是说,有关对应用伦理学这门学科进行理论建构的观点,对同样作为应用伦理学之一的学术伦理来说,同样具有启示性意义。

(一)有关应用伦理学的两种观点

20 世纪八九十年代以来,被认为是"沟通理论伦理学与人类现实生活的桥梁"的应用伦理学的研究在我国伦理学界逐渐得到重视,经济伦理、生命伦理、环境伦理、网络伦理等应用领域中的伦理学都成为研究热点。而有关对应用伦理学这门学科进行理论架构的观点,却很不统一,总结起来,以下两种最具有代表性。

一是基本价值观说。该观点认为应用伦理学实际上就是一个价值学说,应专注于基本价值观在伦理关系中的基础与灵魂作用。如学者江畅在《从当代哲学及其应用看应用伦理学的性质》一文中突出了应用伦理学所蕴涵的基本价值观意义,认为"由于现代社会日益多元化、复杂化,哲学要充分发挥其批判、规范和引导功

---

① 自 20 世纪 70 年代以来,应用伦理学研究迅猛发展,形成了一个世界性的"应用伦理学运动",不仅哲学界聚焦于应用伦理学领域,而且还有许多其他学科(如管理学、经济学)的学者介入其中,这使应用伦理学成为当代的"显学"。一般看来,应用伦理学就是把某一伦理学原理应用于个人的行为以及事件,直接的目的就是为解决实际的伦理纷争,以求得一个伦理社会所要求的共识和集体的行为选择。参见:江畅. 从当代哲学及其应用看应用伦理学的性质[J]. 中国人民大学学报,2003,(1):35;廖申白. 什么是应用伦理学? [J]. 道德与文明,2000,(4):7.

能,还必须把所确立的根本生存理念、一般价值原则和基本行为准则延伸到或应用于个人和社会生活的各个领域,确立不同具体领域的具体生存理念、具体价值原则和具体行为准则,并构建不同领域的具体理论观念体系,从不同的角度、领域和层次为人们提供具体的指导和规范"①。因此,他认为应用伦理学应该与哲学联系起来研究,要创造性地把哲学中的价值理论运用于实际领域,使整个伦理学成为富有活力和现实感的完整理论价值体系。

江畅强调应用伦理学的价值性及其价值体系的规范作用,并以此来不断提升人类的生存境界。可以说,他的这一观点把握住了应用伦理学的基础与核心,即发挥其改善市场经济社会无信仰或信仰危机的精神氛围的作用。这正如学者陈泽环就此所评价的那样,"这是每一个应用伦理学学术人首先应该解决的问题,也是每个道德生活实践者都面临的,并且必须对此做出选择的问题。"②但由于江畅对当代伦理生活的复杂性以及应用伦理学基本规范的重要性等认识不足,所以他对应用伦理学学科理论架构的理解似乎不能说已经很全面了。

二是规则方法说。该观点从体现现代法制精神的角度,强调解决伦理问题的基础、首要任务就是建立解决该问题的"正当程序"。如学者甘绍平在《应用伦理学:冲突、商议、共识》一文中认为,在目前社会民主化程度越来越高的情况下,"应用伦理学的任务在于分析现实社会中不同分支领域里出现的重大问题的伦理维度,通过伦理委员会的建构为这些问题所引发的道德悖论的解决创造一种对话的平台,从而为赢得相应的社会共识提供伦理上的理论支持,同时也力求使道德决断在一种严密的集体性的理性决策程序中获得质量保障。"③即在当代多元民主社会中,构成应用伦理学理论架构基础的,不是一种包揽无遗的普遍宇宙观,而首先只能是一种规范的处置程序的共识。

这种观点突出了应用伦理学要适应时代需求,强调其首先应是一种集体性决策程序,而不是相对于个人的内在"理性"决策行为,这样才能保证"道德质量"。很明显,这种观点强调了当代道德生活的民主性、开放性和反思性,这对于改变传统伦理学领域中的"权威主义"、"独断主义"观点是十分有益的。但是,这种观点除了肯定自由、民主、权利等价值观念以外,似乎对人类社会生活的基本价值观属性(如责任、合作、诚信)认识不足、强调不够,对一个社会或共同体所需要的价值

---

① 江畅.从当代哲学及其应用看应用伦理学的性质[J].中国人民大学学报,2003,(1):37.
② 陈泽环.基本价值观还是程序方法论[J].中国人民大学学报,2003,(5):37.
③ 甘绍平.应用伦理学:冲突、商议、共识[J].中国人民大学学报,2003,(1):41.

观的"感染性"、"共鸣性"持较为消极的态度,有把它和政策程序、行为规范直接等同起来的倾向,这难免有失偏颇。

(二)学术伦理的理论架构

以上两种应用伦理学理论架构的观点,也同样给学术伦理研究提出了一个核心性的问题,即学术伦理到底是"基本价值观"还是"规则方法",还是两者兼而有之。

一方面,就我国或西方的学术伦理观念而言,虽然当代的社会变革深刻地影响了学术人的价值观念,但直至今天,一些基本性的伦理学意义上的学术价值观念仍然是带有传统色彩的"主导价值观",如严谨、创新等。如果把学术道德行为全部留给学术人自己去选择,就有可能放弃人类千百年来积淀而成的积极的学术伦理成果,从而难以在当代学术实践生活中取得建设性的成就。此外,如果一个学术共同体缺乏能够引起普遍共鸣或认同的实质性价值观念,学术人也就不会知道自己在商谈伦理的形式程序中所要达到的目标。如当代德国经济伦理学家彼得·科斯洛夫斯基(Peter Koslowski)就从文化的角度论证了伦理价值观的重要意义,他认为,"人们需要一种正确的社会与文化的总体图景,即使正确的社会理论相信理性是有限的,并认为应该为个体发展、个体责任提供出更多空间的可能性,也依然如此。"①即文化只有建立在基本信念基础上时,文化才可能永远有生命力。我国学者王树人在谈到哈贝马斯的交往理论时也认为,"哈贝马斯的交往理性超越观②是极其软弱无力的,不管借助语用学在'生活世界'中建立起怎样的互动的沟通和理解,却沟通和理解不出一种犹如'上帝'一样崇高的价值观念。"③

另一方面,我们也应该看到,随着我国市场经济体制的建立以及对外开放、全球化交往的日益深化,多元化、民主化已经成为我国学术伦理生活的一个重要的外部环境,也预示着今后学术伦理生活不可逆转的发展趋势。在这种历史条件下,需要选择能实现学者个人自由和学术规范相互协调、统一的伦理学范式。这就如同

① [德]彼得·科斯洛夫斯基著,毛怡红译. 后现代文化[M]. 北京:中央编译出版社,1999:188.
② 哈贝马斯(Juergen Habermas)在他的《交往行为理论》一书中提出通过交往行为的"合理化"来构建合理社会的方案。他认为只有发挥交往理性作用,重新"回到生活世界",才能避免当代资本主义社会公共领域结构转型中出现的异化现象,也才能实现社会的进化。参见:[德]哈贝马斯著,洪佩郁、蔺青译. 交往行动理论(第1卷)[M]. 重庆:重庆出版社,1994.
③ 王树人. 西方形而上学的当代命运——从 einai(to be , sein)的中文翻译说起[J]. 学术月刊,2002,(10):8.

一些伦理学者之前所告诫的那样,传统伦理学的演绎性论证方式("包揽无遗的普遍宇宙观")不可能完成这一任务。因为,"任何演绎性论证的起点,最终都是由某个主体的'决定'来确定的,而这就有可能走上教条和专制之路。"①因此,必须运用一种不同于传统的非演绎性论证方法,以解决对学术伦理规范的合理论证问题,那么这种方法就是能体现公正要义的规则方法。

如上所述,在应用伦理学研究的理论架构上,基本价值观说强调了伦理学价值观的基础与核心作用,但却缺乏"规则方法"的维度,在实践中容易造成"权威主义的独断论";规则方法说虽然强调"形式程序方法"的规范作用,但却忽略了应用伦理学的价值观性质,在实践中容易造成"激进的道德多元论"。所以,在进行学术伦理研究的理论架构中,有必要坚持一种基本价值观和规则方法相统一的观念,以实现这两种基本特性的良性互动:在一种共同性的学术基本价值观的前提下,充分运用"程序方法"、"分析工具"等特性;而在其"程序方法"、"分析工具"的基础上,合理地形成符合学术伦理关系的基本价值观。这也就是说,学术伦理表现为以基本价值观为基础和核心的、基本价值观与规则方法的辩证统一,它的形成,既是吸取民族精神和人类思想史的积极成果,对当下学术道德生活运行进行理论概括的结果,也是倾听来自学术实践的呼声,顺应当代学术道德生活的客观要求以及学术交互主体之间积极互动的结果。此外,还需把坚持本民族的"伦理定向"和对其他社会伦理的尊重和宽容结合起来,把各学术主体成员的道德差异和整个学术共同体的学术道德和理想结合起来。如此这样,才是建构一个完整的、分层次和维度的、具有时代价值的、立足本土与面向世界相结合的交互主体性学术伦理理论体系所需要的。

为此,在本研究中,本书把学术伦理的"基本价值观"与"规则方法"这两者结合起来,作为本书的理论架构,同时也作为本书的研究模式。本书也由此认为,"基本价值观"与"规则方法"是建构学术伦理规制体系的最主要的两个组成部分,同时也是建设一个理想和谐的交互主体性学术伦理生活世界所迫切需要的。为此,本书第五章将建立起研究生学术伦理规制所需的内在基本价值观体系。在此基础上,本书第六、七、八章将分别论述学术伦理制度的构建、学术伦理委员会的组建、学术伦理评估、学术伦理教育、学术伦理审查等一系列具体的外在规则方法体系。

---

① 陈泽环.基本价值观还是程序方法论[J].中国人民大学学报,2003,(5):40.

四、学术伦理的属性与功能

本书认为,学术伦理既是学术文化的核心,也是科研创新的原动力。而这一作用则体现在学术伦理本身所具有的属性和功能上。

(一)学术伦理的属性

以上对学术伦理内涵的多维度分析,给总结学术伦理的属性奠定了基础。以下本书仅从学术人这一伦理主体角度,将其属性归结为以下三个方面。

第一,层次性。美国道德心理学家劳伦斯·科尔伯格(Lawrence Kohlberg)把人的道德发展划分为三个层次:前传统层次、传统层次和自主性层次,它们分别代表道德发展的不同水平和标准。[①] 根据学术人学术德性的不同发展水平,学术伦理也可从低到高划分为不同的层次,其规制也要相应地采取不同层次的结构框架。为了叙述的方便,本文只论及学术伦理的两种层次——底线伦理(最低层次)和上标伦理(最高层次),其他未涉及的都可以算作是处在底线伦理和上标伦理之间的伦理层次。

学术伦理的"底线伦理"是学术伦理的最低价值规范,是学术活动的准入门槛,是延伸高一层次伦理乃至"上标伦理"的基础和前提,也是区分"伦理"与"非伦理"的临界点,如在学术上不能抄袭作假就是一种"底线伦理"。由于"底线伦理"选择的价值规范是从事学术活动应具有的最低标准的规则和要求,是要求所有学术人都必须做到的。所以,其内容一般是防止性的、惩罚性的"硬性"规定;学术伦理的"上标伦理"是学术共同体乃至整个社会共同确认的最高学术追求,其规范的内容是理想性的,在学术实践中并不要求所有的学术人都能做到。如在学术活动中力求创新就是一种"上标伦理"。所以,其内容一般是引导性的、激励性的"软性"规定。所以,在对学术伦理建设实践中,如果不谈"底线伦理",只讲"上标伦理",那么学术伦理终将是虚悬空洞的;反之,如果不谈"上标伦理",只讲"底线伦理",那么就会降低学术伦理的崇高性以及引导和激励价值。这也就是说,学术伦理的"底线伦理"与"上标伦理"在实践中是统一的、相互促进的。

---

① [美]里查德·T.德·乔治.经济伦理学[M].北京:北京大学出版社:2002:42-45.

第二，多重性。学术伦理既具有内在的自律性，又具有外在的规范性，同时还蕴含有社会职业伦理的某些特质，表现为一种多重性的伦理。

一方面，与其他伦理形式一样，学术伦理也是"自我约束性的道德力量和自我完善的价值取向"①，即学术伦理具有内在自律性的特质。学术人作为具有较高文化素养和思维能力的伦理主体，当他（她）在学术实践活动中逐渐产生或加深对学术伦理关系的认知时，就会将埋藏在内心深处的价值观，以善的学术行为体现出来，即使在面对外界强大的利益诱惑或压力时，他（她）由于业已形成的德性仍能避免出现失职行为和逃避责任的现象发生。这也就是说，学术伦理是学术作为一种志业对学术人的内在要求，是学术人对学术组织与社会的共同约定的遵循，它源自于学术人个人内心本真的道德认同、意志选择和生存需要，而不是出于任何外在的强制力量和社会舆论压力，体现了学术人个人学术担当的主动性和自觉性，而这也正是学术伦理内在自律性的生动表现；另一方面，学术伦理作为一种客观的关系之理，必然表现为一种外在的组织或社会关系，表现为行为所遵循的组织或社会规则。② 这种关系或规则包含着组织或社会对学术人的行为预期、行为标准及对行为后果的评价与处置标准，如果学术人违背学术伦理，也必然会受到学术组织或社会舆论的道德评价乃至制度上的惩罚。这就体现了其具有客观性和强制性的特点，这些特点与学术道德的个体性和主观性形成了对照，学术伦理也相应地具有了外在规范性的特质。此外，学术伦理还具有社会职业伦理的某些特质。目前，学术人被认为其所从事的也是一种"物质意义上的职业"③。如大学教师的这种学术职业虽以高深知识为基础，围绕教学、科研和社会服务而展开，但依托的必须是社会认可的职业规范。而这种规范恰又是他们在学术活动中所应遵循的伦理关系要求。学术人必须遵循这种伦理关系要求，方能在学术职业化的发展过程中形成自身在社会整体交往关系中的自主性和合法性。

第三，全程性。在学术实践活动中，学术伦理不仅仅是事后的伦理追究，更是一种事前的内在规约和行为上的引导，体现出一种全程性。

一方面，学术伦理引导着整个学术实践活动的发展历程。由于学术活动具有继承性、发展性和预见性等基本属性，因此，在整个学术活动中，学术人必须以获取真理为目的，批判地吸收和继承他人的学术成果，并通过对现实世界的把握，形成

① 田秀云.当代社会责任伦理[M].北京：人民出版社，2008：178.
② 罗志敏.大学学术伦理规制：内涵、特性及实现框架[J].清华大学教育研究，2010，(6)：52.
③ [德]马克斯·韦伯.学术与政治[M].冯克利译.北京：三联书店，1998：155-161.

新的对现实和未来社会有指导意义的规律性认识,以此为人类社会在经济、政治、文化、科技等各方面的发展提供方向。这是因为学术伦理不仅要求学术人对当代学术共同体及社会公众履行义务、承担责任,而且这种伦理意识还应扩展到对已有学术成果的尊重以及对未来社会发展的关注上。否则,学术的目的也就达不到,即使达到也是不完整的;另一方面,学术伦理伴随每一具体学术实践活动的始终。这集中体现在学术伦理充当的"道德法庭"的职能上。学术伦理是由学术人特定的社会角色的本质规定与学术人个体的品质相结合而形成的,它既客观地存在于社会普遍性的规定和学术组织的共同要求之中,也隐藏在学术人主观性的个人德性之中。在学术人整个的学术活动中,学术伦理体现为一种学术良心,它把外在的学术责任和义务转化为学术人内心的情感和信念,从而形成一种内在的自我伦理意识及其支配下的学术责任感以及负责任的学术行为。即使在学术规章制度等外部手段难以发挥作用的情况下,学术伦理也会引导学术人并支配他(她)自我监督、自我克制以自觉承担应尽的学术责任,在行为前、行为中、行为后为其学术活动真正目的的实现提供全程保障。

(二)学术伦理的功能

以上学术伦理所具有这些属性,使它在学术实践活动中具有深入而又广泛的渗透和干预功能,以下本书就着重从三个方面来阐述学术伦理的功能。

第一,事关学术人立学做人的基础。人的安身立命要靠伦理的维持,古今中外的一些贤哲们也都表达过这一思想。如西方著名哲学家海德格尔(Martin Heidegger)认为"伦理"即"人居住在神的近旁"①。人只有近神而居,方能展示其人的本质。我国的孟子也说"仁,人之安宅也"②,即"仁"伦理是人安心居住之所在。这些无疑都是对人之为人的根本揭示。即使人是被目前所普遍认为的"经济人",其安身立命也需要有伦理的维持。虽然注重或追求自身利益是人的本性,是推动个人发展的最强大的动力,也是现代社会得以生存进而发展繁荣的一块根本基石。但"经济人"追求自身利益的最大化,绝不意味着就是利己主义,也不是什么善与恶的问题。英国著名经济学家马歇尔在探讨"经济人"时就认为,"即使生活中最纯粹的营业关系也是讲诚实与信用的。"③这也就是说,"经济人"虽以经济利益作为个人的行为动机,但绝不是说他(她)除了唯利是图的念头以外再也没有其他的

---

① 转引自何锡蓉. 事关伦理[N]. 社会科学报,2002 - 07 - 11(4).
② 孟子·离娄上[M].
③ [英]阿弗里德·马歇尔. 经济学原理(上册)[M]. 朱志泰译. 北京:商务印书馆,1981:43.

考虑。因为"经济人"也必须具有一定的公共理性——伦理,而这种伦理是共同体内的各个"经济人"在经受反复博弈成败的过程中形成的。"经济人"在这种伦理氛围中,会使自己像关注财富与利益一样关注其自身活动的价值目标,以实现与共同体乃至整个社会的伦理要求相统一,最终实现由"经济人"不断向"伦理人"的提升。

与伦理对人之为人的重要性一样,学术伦理也是一个学术人之为学术人的道德基础和客观依据。如果没有学术伦理或违反了学术伦理,那么学术人就会渐失作为一个学术人的存在根基,就会丧失道德的正当性而最终失去存在的意义。在学术实践活动中,基于学术发展的需要,也基于学术自由的原则,学术人的活动空间与其他社会职业人士相比,具有更大的自由度,经常处于他人无法监督的情境之中。这就尤其需要有一种伦理上的约束,从内在的伦理观念和外在的伦理氛围、伦理制度两个层面监督、评价学术人,督促其学术活动沿着合理的方式、向着正确的方向发展。

当然,学术伦理的存在并不是要抹杀学术人的主体能动性,而是主张对其主体性加以适度限制,予以合理规约。这种限制和规约,有助于学术人心灵的净化、人格的完善,特别是在人的主体性已相对得到很大张扬的今天,更为必要。①

第二,事关学术自由的实现。从一定意义上讲,伦理就是一种自由。黑格尔就曾强调伦理关系所体现出的自由性,他说:"伦理是自由的理念,它是活的善。"②在这里,黑格尔所强调的自由是一种克服了自我意识的狭隘性而使得个体特殊性达到与伦理规定的普遍性相统一的自由,是一种人类意识从自在走向自为的、不断向自身的伦理关系的本质回归的过程。这也就是说,伦理与自由在本质上是同一的。但自由不是任意的自由,而是个人由于履行伦理关系的规定而获得的自由。这种自由既是黑格尔所说的那种个人精神上的自由③,也是个人行动上的自由。在这里需要强调的是,个人履行伦理关系的规定,并不意味着个人因受到约束而不自由。实际上,个人自觉地意识到了伦理规定的必要性,伦理规定也就从他律转化为自律,履行伦理规定的行为也就成了自由的行为。对此,有一句话说得很好,"自由只有在真正的善中,才能展现它的本质规定。"④

---

① 罗志敏.学术伦理的力量[N].中国教育报,2011-02-21(4).
② [德]黑格尔.法哲学原理[M].范扬、张企泰译.北京:商务印书馆,2007:164.
③ [德]黑格尔.历史哲学[M].王造时译.上海:上海世纪出版集团,2001:16-20.
④ 龚群.社会伦理十讲[M].北京:中国人民大学出版社,2008:43.

循着这一逻辑,学术作为人类通过求取真知以获得解放的一种最有力的手段,其目标与人的自由本质是一致的,即求得自由。为了达到这个目标,必须赋予学术以自由,这样才能获得真知。① 但学术自由也必须是合乎学术伦理关系的理性自由,而不是依从学术人自我感性的任性自由,否则,就会破坏学术自由的基础,而使学术人不自由。这也就是说,学术自由与学术伦理相伴相生、相互制约,二者统一于学术的实践过程之中:学术自由是合乎学术伦理关系的理性自由,学术伦理则是学术自由的前提和保障。学术人享受的学术自由的范围越大,所应履行的学术伦理规定的范围也就越大。

学术自由是学术组织发展的一个必要条件,也是学术人的一项基本权利。社会之所以相信并拥护学术自由,在很大程度上是因为公众相信学术组织及其成员能够在合乎学术伦理关系的范围内从事知识探求的活动。但是,目前学术自由面临的最严重的威胁之一就是学术伦理正在受到侵蚀和损坏。如在当前的高等教育界,学术活动中充斥的种种急功近利、粗制滥造甚至抄袭剽窃等学术不端行为,可以说是背离了学术伦理的规定。虽然,这些不良现象还只是发生在少数人身上,但即便是少数人对学术伦理的背离,也已导致公众开始怀疑大学能否真正履行推进知识进步的责任,同时也动摇了多年来人们对学术自由价值的信任。因此,这种背离学术伦理的"自由"必将损毁学术自由的价值根基,导致外部权力(如行政权力)过多地介入学术,从而使学术变得更不自由②。

第三,事关整个学术事业的发展与繁荣。陈独秀针对国民性的改造说过这么一句话,"伦理的觉悟,为吾人最后觉悟之最后觉悟"③;美国著名伦理学家阿拉斯戴尔·麦金太尔(Alasdair Macintyre)针对当代人类所面临的道德危机,认为其主要原因在于:"(1)社会生活中的道德判断的运用是纯主观的和情感性的;(2)个人的道德立场、道德原则和道德价值的选择是一种没有客观依据的主观选择,道德权威的力量在现代社会消失了;(3)德性从传统的中心地位退居到社会生活的边缘。"④从麦氏的分析可以看出,他是把道德危机的根源归结于人们对具有客观性

---

① [美]菲利普·G.阿特巴赫.变革中的学术职业——比较的视角[M].别敦荣译.青岛:中国海洋大学出版社,2006:206.

② 如有学者通过对国内设有研究生院的50所高校的教师的调查发现,相对于西方学界,近年来我国相关政策的调整反而使得学术为行政所控制的局面得到进一步强化。参见:阎光才.我国学术职业环境的现状与问题分析[J].高等教育研究,2011,32(11):1-9.

③ 中国社会科学院近代史研究所."五四运动"文选[C].北京:三联书店,1959:17.

④ 转引自戴兆国.德性伦理论要[J].伦理学研究,2007,(2):32-33.

的德性即伦理的背离。以上二人从正反两个方面说明一个道理,即伦理对个人道德及社会发展所起的屏障性的基础作用。学术伦理作为社会伦理体系中的一种,自然会对学术的繁荣与发展起基础性的支撑作用,这是其社会价值的最直接的体现。

任何一种伦理关系,既是一种客观的物质性活动,同时也是一种价值关系的展开。虽然这种价值关系处于不同的社会文化背景条件下,会有不同的表现形态和规范性规定,但不论是怎样的表现形态与规范性规定,都需要主体自觉自主地遵从,这是社会存在的客观前提。否则,人类的生存本身就会面临危机。当代西方著名哲学家尤尔根·哈贝马斯(Jurgen Habermas)有关交往关系的深入阐述,对于理解学术伦理的基础性作用,很具有启发意义。他认为人类社会实际上就是一种交往关系,而维持交往合理性的关键就是社会规范,并以规范的内心化为前提。而要达到这一目的,则需要使这种交往关系达到普遍性的程度,即达到伦理化的程度。只有这样,才会有社会规范性的存在,进而才有社会的存在。① 这也就是说,规范本身是由于交往的需要而产生、而存在,同时又给交往确立了伦理规范。"哈贝马斯正是从伦理意义上界定了交往关系与交往活动。或者说,他意识到,没有相应的伦理规范,也就没有合理的交往活动的展开。"②

如上文所述,学术也是一种交往活动。学术交往合理性的维持自然也需要把持一定的伦理规范,即学术伦理。学术伦理不仅能动地反映与追随学术生活和实践,而且高度积极地引导学术走向进步,并且维护学术健康而协调地发展。在学术与社会、与市场日益密切的现时代,对学术伦理需求,较之专注于个人主观性的学术道德,将更为迫切和必要。目前,学术界频频披露的学术不端现象,破坏学术的公信力,也动摇了学术发展的根基。这已让学界中人为之蒙羞,社会也为之惊醒。于是,"学术不端的根源在于学术伦理的缺失或丧失"已逐渐得到越来越多社会公众的认可。如 2009 年 4 月中国青年报社会调查中心通过题客调查网,对全国 12575 名公众进行的一项调查显示,有"41.9% 的人认为职业操守和职业信用的意识还没有深入到人心是职业操守底线一再被突破的首要原因"③。这说明的一个道理就是,学术伦理作为学术人的操守,不仅要固化在学

---

① Jurgen Habermas. Technik und Wissenschaft als Ideologie[M]. Frankfurt,1968:83.

② 龚群. 社会伦理十讲[M]. 北京:中国人民大学出版社,2008:21.

③ 李颖,黄冲. 哪些职业失去操守现象最严重?[N]. 中国青年报,2009 - 04 - 28.

术制度和规则中,还应该融汇进学术人的血液和良心中。"失范只能意味着道德转型,意味着新的伦理权威(需要)确立。"①为此,就需要在学术实践活动中导入学术伦理并确立学术伦理的权威,从而为整个学术事业的繁荣与发展提供持久的动力。

---

① 龚群.社会伦理十讲[M].北京:中国人民大学出版社,2008:20.

第二章　身份与困惑:学术伦理视域中的研究生

如第一章所述,学术伦理是关于学术人的伦理。那么,研究生是不是学术人呢? 这一问题的回答即关涉到研究生与学术伦理何以关涉的问题(即研究生是否受学术伦理规约),也是本书整个研究的逻辑起点。为此,本章的首要任务是厘清目前研究生教育领域中一个比较模糊的问题——研究生的身份,然后在此基础上,分析研究生学术道德失范问题的表现及实质、研究生的学术伦理关系及其所面临的伦理困惑。

一、研究生的身份定位

谈到研究生,目前不管是学术界还是研究生教育机构,一般都把它作为定语来理解的,如"研究生学位"、"研究生导师"、"研究生课程"、"研究生科研"、"研究生教育"等,很少把它作为一个主语来加以研究和探讨,这种局面导致我们普遍对研究生这一身份的定位模糊不清,间接造成其构建的理论与实践体系缺乏清晰的逻辑。为此,明确研究生的身份定位,对本书整个理论与实践体系的建立就至关重要。

(一)研究生的身份:从一位研究生的迷茫谈起

对一位研究生来讲,明确自身的身份很有必要,即他(她)必须首先知道他(她)是谁,以及作为一位研究生他(她)到底是做什么的? 否则,就会感到迷茫而无所适从。下面,不妨先看一位硕士研究生对此身份的迷茫:

说实话,没读研以前,我对研究生有一种深深的崇拜,看到他们在校园里那么独立、自在、潇洒、自信,不需要背课堂笔记、记英语单词,更不用担心每个学期的课程是否被"挂科",一毕业还能进好的单位,我很羡慕他们,以为研究生比本科生有水平、有档次,现在自己也读了,都读一年多了,感觉完全和当初所想的不一样。好不容易把那些研究生课程一门一门地应付完了,该松口气了,导师就要求我们抓紧时间开始准备毕业论文选题了,否则明年找工作时应付不过来。这让我真是很失望,感觉自己也没学到什么东西,身边的同学各有各的打算,但感觉大多都在混学历,没有几个人在潜心做学问的。研究生难道就是这样子? 再一想到现在生活的机会成本如此之高,研究生的就业压力如此之大,我就更焦虑,自己今后能找到什么样的工作,心里也真没什么底气。所以,从这学期开学到现在,我就这样生活在焦虑当中,我这个研究生是不是白读了……(根据访谈录音整理)

　　从这位研究生字里行间的真情表露中,他对自己作为一位研究生的身份是模糊的、不明确的,所以就"生活在焦虑当中",尤其是在面对"生活的机会成本如此之高,就业压力如此之大"的现实时,更是如此。目前,由于社会的转型发展,多元文化的冲击,许多研究生在纷繁复杂的世界面前迷失了自我,情绪抑郁、学术浮躁、不知所以等现象比比皆是。为此,要真正地完成研究生应践行的使命,就必须一改当前其身份定位的偏差和迷茫,明确研究生的身份定位①。那么,研究生的身份是什么呢?

　　(二)研究生的学术人身份:多个维度的考察

　　所谓身份(identity),有两个可以予以解释的层面。其一,是指"个体所有的关于他这种人是其所是的意识"②,即某人把自己同他人或某个群体进行联系和区别以彰显自身,标识自己为其自身而非他的一种标记或象征③。它隐含着认同的概念,"与人们对他们是谁以及什么对他们有意义的理解相关"④;其二,是有关这一群个体在社会生活中的标识、位置及其社会属性的制度安排。如当一名警察以执法身份行使警察权时,其行为便为公务行为,产生的法律责任由其所在警察机关承担,其权益受国家法律的特殊保护。否则,就是一普通公民的身份,其实施的行为就是个人行为,其法律责任由他本人承担,其权益保护等同于其他普通公民。

　　结合以上分析,本书认为研究生这一身份应区分为自我认同和社会定义两方面,分别是指个体对自身名称和特征的确定,以及相邻群体及其所在地域的各种社会力量对该群体的界定。这也就是说,研究生的身份,除了研究生本人需要给予清晰的认知、积极的体验之外,对他人来讲,如研究生管理机构、研究生指导教师、社会大众等,也需要清楚研究生这一标识所体现的社会地位及其社会责任。

　　但是,正如上文访谈文本中的那位研究生一样,许多研究生并不清楚自己作为

---

① 余妍霞.高校特殊的知识分子[J].学位与研究生教育,2005,(2):20.
② Straffon,P.&Hayes,N.A student's Dictionary of Psychology[M].London:Edward Arnold,1988:86.
③ 刁采霞,孙冬梅.大学教师身份的三重标识[J].现代大学教育,2011,(5):22.
④ [英]安东尼·吉登斯.社会学[M].赵旭东等译.北京:北京大学出版社,2003:38.

研究生的这一身份。如笔者在调研中发现,大多研究生在回答"什么是研究生"这一问题时,都认为,"研究生比大学本科高一级,本科是学士学历,研究生是硕士、博士学历,比本科生好找工作";调研还发现,一些研究生教育管理部门的管理人员、研究生导师在谈到研究生时,大致都认为:研究生有导师具体指导,在上课形式上更灵活、自由,有时需要跟导师一起做课题,在毕业时需要提交一篇大篇幅的论文,等等。以上这些,显然只看到研究生这一身份的表面,而没有看到问题的实质。

本书认为,研究生是作为一种从事科研活动的人即"学术人"①的身份而出现的,虽然这并不能说这是他们唯一的身份。本书还认为,判断某一群体或个人的身份,可以从其日常社会称谓、国家或社会组织的规定、社会地位等方面来确定。本书对研究生身份的考察,也正是如此。

1. 从其日常称谓方面来考察

称谓是由于身份、职业等而建立起来的名称,是一种人们约定俗成的称呼。称谓可分为亲属称谓和社交称谓两大类型。亲属称谓指的是以本人为中心确定亲族成员与本人关系的名称,是基于血亲姻亲基础上的亲属之间相互称呼的名称、叫法,如父亲、弟弟、舅舅等;社交称谓是指除去亲属称谓以外的,反映人们在社会生活中相互关系的称谓习俗,包括职务类(如经理)、军衔类(如上校)、职称类(如工程师)、职业类(如医生)、学历或学位类(如中学生、学士学位)等。

研究生显然也是一种社交称谓,按字面意思可以表述为"从事科研活动的学生"。如果单从"生"这一维度来理解或推导,我们可以说研究生跟小学生、中学生、大学生一样,也属于"学生"这一类别,即学生是他们的社会身份。但是,从"研究"这一维度来看,研究生还应该是从事研究活动的人,由于学术人是从事科研活动的人,即学术人最具典型性、代表性的特征是其研究性。而研究生就是从事科研活动的学生。而学生又属于人,那么,研究生也就属于学术人,学术人也是他(她)的社会身份。

2. 从法律法规方面来考察

根据一个国家或组织的法律法规的规定来判断一个群体或个人的身份是一个最简便直接的做法。如对于"高校教师"这一社会身份,我国《中华人民共和国高等教育法》(以下简称《高等教育法》)第五章第四十六条规定:取得高等学校教师

---

① 本书认为,学术人最具典型性、代表性的一个特征是其研究性,即以科学知识生产、交流、传播、评价及应用为主要活动内容。它既是一个集合概念,指学者、知识分子、大学教师(教授)、研究者等群体的共同抽象,也是一个个体概念,指他们之中的某一成员。

资格证书是认定其高校教师社会身份的条件。[①] 即只要某个人拥有高等学校教师资格证书,他(她)便是高校教师。而对于研究生这一群体来讲,一些国家或机构虽然没有对研究生的身份作出明确地规定,但从其对研究生学位以及研究生教育属性等方面的描述来看,研究生是属于研究者或学术人这一范畴的。

如联合国教科文组织第 29 届大会批准的《国际教育标准分类法》将研究生教育置于六个层次教育的最高层次,其主要标准就是"研究取向",它是为"获得高级研究资格的殊荣",并"由此投身于先进的独创的研究"[②];法国《高等教育法》把研究生阶段规定为:"是为了从事科学研究和通过科学研究而进行培养的阶段"[③]。而单就研究生专业学位来讲,英国研究生教育委员会将"专业博士学位"界定为"一种高级学习和研究计划"[④];澳大利亚研究生院长委员会规定,"专业博士项目应有至少相当于一年全日制的学术研究"[⑤]等。

在我国,《高等教育法》第二章第十六条规定:硕士研究生教育"应当使学生具有从事本专业实际工作和科学研究工作的能力",而博士研究生教育"应当使学生具有独立从事本学科创造性科学研究工作和实际工作的能力";[⑥]《中华人民共和国学位条例》则规定:授予硕士学位的条件须包括"具有从事科学研究工作或独立担负专门技术工作的能力",而授予博士学位的条件需包括"具有独立从事科学研究工作的能力;在科学或专门技术上做出创造性的成果"。[⑦]

以上介绍和分析,不管是对研究生教育属性及任务所做的描述,还是仅从学位授予条件所做的规定,都给出了一个基本事实就是:但凡想获取被称为"象征其学术水平的标志"[⑧]的学位,不管是什么类别或规格,研究生都必需有学术人所需进行的科研活动,都需要体现出某种程度的科研能力和水平。换句话来说,研究生也是一种学术人。

3. 从其科研地位来考察

目前,研究生尤其是博士研究生已被越来越广泛地认知为科研队伍中重要生

---

① 中华人民共和国高等教育法[Z]. 中华人民共和国主席令[1998]7 号.

② UNESCO. International Stnadard Classifieation of Edueation[Z]. 1997;1333.

③ 李兴业. 法国高等教育文凭与学位制度改革[J]. 比较教育研究,2006,(1):2.

④ UK Council for Graduate Education. Professional Doctorates[Z]. Dudley:UKCGE,2002.

⑤ 周富强. 美、澳、英专业博士教育模式浅论[J]. 学位与研究生教育,2006,(6):68–73.

⑥ 中华人民共和国高等教育法[Z]. 中华人民共和国主席令[1998]7 号.

⑦ 中华人民共和国学位条例(修订版)[Z]. 中华人民共和国主席令[2004]27 号.

⑧ 陆叔云."学位教育"不当用词的辨析[J]. 高教探索,2010,(4):12.

力军。如在德国,很多高校的科研成果事实上就是博士生的博士学位论文,很多科研项目(包括受到政府和其他社会机构资助的科研项目)主要是由博士生来完成的,"这些博士生的学位论文是社会项目的一部分,有时候甚至和项目本身就是一码事"。[①]

清华大学前校长顾秉林等人的调查研究显示,清华大学70%以上的博士生在学期间参研两项以上国家"863计划"、"973计划"、国家自然科学基金项目等重大科研课题,以研究生为第一作者在国际顶尖学术期刊发表的论文占全校的60%,每年约1700篇。[②] 而根据"中国博士质量分析"课题组的调查,在第一届"最具影响力的百篇国内、国际学术论文"中,博士生为署名作者的约占1/3,为第一作者的超过1/10。在获"卓越研究奖"的24篇论文中,博士生参与13篇,占总数的54.2%,为第一作者的10篇,占总数的41.7%。2005年,中国生物学学者以第一作者身份在世界三大著名期刊《自然》、《科学》和《细胞》上共发表9篇论文,其中5篇论文的第一作者为博士生。中国科学院神经科学研究所博士生蒋辉2005年以第一作者身份在《细胞》杂志发表论文,打破了中国学者自1981年来在该期刊零发表的纪录。[③]

以上数据表明了研究生凭借学术论文、学位论文、专著、发明专利等科研产出,在高校等学术机构或国家科研体系中所处的那种无可替代的地位,这正如我国已故著名高等教育研究专家蔡克勇在谈到研究生教育时所认为的那样,"研究生是科研工作的基层力量,参与了全国70%的重大项目,……他们的研究质量将对我国学术研究质量有着巨大的影响。"[④] 与此同时,研究生在科研上的地位,也使他们的社会地位从整体上明显高于或好于本科生,甚至在高校已获得像大学教师等研究者一样的地位,如他们享有更多的自主权力,拥有更广泛的获取资源的途径,更多的发展机遇等。

如从其就业状况来看,虽然目前有越来越多的研究生毕业后并不从事学术职业(如在大学或研究院所工作),但其起薪水平和职业发展整体上还是优于本科毕

① Schimank U. & Lange S. Germany: A Latecomer to New Public Management[A]. Paradeise C. , Reale E. , Bleiklie I. , et al. University Governance: Western European Comparative Perspectives. Springer,2009:51 – 76.

② 顾秉林,王大中,汪劲松,等. 创新性实践教育——机遇高水平学科建设的创新人才培养之路[J]. 清华大学教育研究,2010,(1):1 – 5.

③ 陈洪捷,等. 中国博士培养质量:成就、问题与对策[J]. 学位与研究生教育,2011,(6):43 – 44.

④ 蔡克勇. 我国研究生教育发展与改革走向[A]. 研究生培养模式改革与质量工作交流研讨会论文集[C]. 中国高等教育学会,2007:12.

业生。个中的原委不难理解,那就是与本科生相比,研究生有更高的素质,这种素质主要体现在研究能力上。换句话来讲,正是由于研究性活动的纳入,才赋予了研究生与本科生相比高一些的社会地位、声誉乃至独立。对此,也有人士的体会更深,"如果一个本科生研究能力不强,人们可能会原谅他。但是如果一个研究生缺乏应有的研究能力,那么用人单位就不会原谅他,理由不言自明。许多雇主之所以招聘研究生,很大程度上是看中了研究生的研究能力。"①

研究生的科研地位及其相应的社会地位和发展机遇实质上就是其作为"学术人"这一身份的最直接体现。可以预见的是,随着研究生越来越深入、广泛地参与科研活动,其学术贡献也越来越被学术界所关注,研究生被认为是"学术人"的提法也将达到更大程度的共识。

4. 从其学习活动性质来考察

学生最主要活动就是学习,研究生虽然也是学生,也要学习,但研究生的学习则是研究式的学习,即"在研究中学习、在学习中研究"②,体现出很强的学术性。

如就其师生关系来讲,研究生虽然跟其他学生一样也需要老师,但其老师(包括导师和其他任课教师)一般都是高校或其他科研机构内部科研能力强的师资。他们更多地是鼓励研究生不是完全盲从教师的观点,而是在学习、研究中形成自己独特的理解。作为研究生,需要从教师那里获取更多的不是一般的学科知识,而是需要去作进一步探讨与思考的问题以及学术思想与科研方法。再一个,与其他学生(如本科生)不同的是,研究生在学期间有老师伴随的时间少,独立行动的时间多③。

从其课程设置来看,研究生课程大多是以实际问题锻炼学生思维能力的研究型课程。这种课程在设置上凸显课程的研究性、探索性,包含了该学科领域内的一些研究热点、难点以及尚存争议性的问题和前沿性问题。

就其学习方式来讲,研究生以交流、探索为主要途径,有时需要在教师的指导下进行,有时则是独立进行,但更多的在"研","学"也是为"研"而学。

就其学习评价来讲,研究生评价已不再是以知识为中心、以考试为主要手段、以分数为主要衡量标准,而更多的是考察他们的理解力、创新力和问题意识④。换

---

① 徐剑,赵晨.对研究生的三种属性的认识与思考[J].中国研究生,2011,(3):39.
② 刁承湘.研究生德育论[M].上海:复旦大学出版社,2004:53.
③ 余妍霞.高校特殊的知识分子[J].学位与研究生教育,2005,(2):21.
④ 余妍霞.高校特殊的知识分子[J].学位与研究生教育,2005,(2):22.

句话来说,研究生的学习质量主要是通过专门系统的研究训练(如参加课题研究、进行专题调研)反映出来的。

就其学习权力来讲,研究生拥有比其他学生更多的自主权,如他们没有排得满满的课程表,没有确定的教材,甚至没有明确的阶段性学习目标与任务。这使他们拥有比本科生更多的时空自由,这种自由正是科研活动所需要的(如科研所需要的学术自由)。

总而言之,以上研究生在学习活动中各个方面所体现的学术性,恰恰是表明了研究生所具有的"学术人"身份。

5. 从研究生教育的属性来考察

作为一种教育形式或种类,学者周泉兴等通过对中外研究生教育哲学的、历史的和现实的考察发现,其属性表现为:它的活动主体是"有志于成为研究者的文凭获得者",它的活动目标是培养"科学接班人",它的活动方式是充当科研助手或直接从事科研,它的活动结果是学生的科研能力得到提高,并要"提交一篇有创见性的论文"来证明。① 冯增俊于是认为,"研究生教育在不同的时代有不同的含义,但它最基本的含义就是一种培养研究人员的教育,忽视了这一点,就会给研究生教育乃至整个教育带来不利的影响。"② 薛天祥也在其主编的《研究生教育学》一书中认为,"研究生教育与本科教育或其他阶段教育的最大区别就在于,研究生教育主要是通过研究生参加必要的研究活动如参加课题研究、进行专题调查等,使其在本学科、专业领域具备一定的研究能力和创新能力。"③ 美国学者伯顿·克拉克(Bunon Clark)也认为,研究生教育"以科研为首要的成分。"④

回望 1919 年,马克斯·韦伯(Max Weber)在德国慕尼黑大学为青年学子们做了"以学术为志业"(wissenschaft als beruf)的著名演讲,学术也从此作为一种信仰将更多的人聚集在学术理想的旗帜之下。直至今日,学术环境与韦伯那个时代相比已相差甚远,纯粹的学术研究已不多见,而更多地与个人的职业以及更广泛的社会需求结合在一起。但是,从研究生教育的起源和发展来看,学术始终与研究生教育紧密结合在一起,既是研究生教育的核心,也是研究生教育质量的根本保证。这

① 周泉兴,王琪.研究生教育的本质:历史、现实和哲学的考察[J].中国高教研究,2009,(2):38-40.
② 冯增俊.现代研究生教育研究[M].广州:广东高等教育出版社,1993:41.
③ 薛天祥.研究生教育学[M].桂林:广西师范大学出版社,2001:64.
④ [美]伯顿·克拉克.探究的场所——现代大学的科研和研究生教育[M].王承绪译.杭州:浙江教育出版社,2001.

正如有学者在评价美国研究生教育的成功之处时所总结的那样,"从研究生教育的发展和变革来看,尽管存在诸多争议或问题,但一个重要的事实却是:它在对科学技术以及公共利益做出积极回应的同时,也从未放弃对保持高水平研究应负的责任。"①

这些介绍和分析,给出了一个基本事实就是:但凡是研究生,不管是什么类别或规格,都不能排除在科研之外,都体现着一定程度的科研能力和水平,都是建立在严格的科学训练和考核基础之上的。这也就是说,学术性是研究生教育的一个根本的属性。作为研究生教育的主体——研究生,也必然是体现这一属性的学术人。

6. 从知识生产、管理与应用来考察

学术人也称为"知识人"或"社会知识分子",研究生是不是学术人,可以从知识的生产、管理与应用来看其是不是知识人这一维度来判断。

对此,美国学者罗伯特·罗兹(Robert Rhoads)分析得很全面:从知识的生产来讲,研究生有时参与教师的研究课题以发展自己的研究兴趣,有时担任研究助理,有时则独立主持一些研究活动;从知识管理方面,研究生也有其影响。例如,研究生选择专业和研究领域,这项决策具有重大意义,因为它能够影响知识获取的形式或合法性。这是一个知识管理的重要方面,许多领域和专业都需要研究生的支持;在知识的应用方面,研究生也扮演重要的角色,主要通过各种各样的活动及其承担的任务。例如,研究生在其科研活动中将学科与跨学科知识应用于实习、兼职活动。许多研究生应用其拥有的学术知识通过大学活动直接参与并解决社会问题,如社区咨询服务等。②

以上研究生在知识生产、管理、应用中扮演的角色,说明研究生是作为学术公民的身份参与到学术活动中来的,尽管他们参与的程度与层次不同。与此同时,其生活并非仅仅囿于高校校园或其他科研机构,还体现为对社会公共事物较为深刻的关切与体认,这使他们也可以被称为知识人或社会知识分子,因而也是学术人。与此同时,研究生所具有的"学术人"这一身份,也附和社会对研究生业已形成的"角色期待"。目前,研究生群体中存在的学术抄袭、造假等现象之所以屡遭社会诟病,就是因为这些现象显然是辜负了社会民众对这种角色的期待。

---

① 黄海刚. 以学术为业——美国博士生教育本质之争[J]. 清华大学教育研究,2009,(12):89.
② [美]罗伯特·罗兹. 大学与学术公民身份——基于全球参与和社会转型视角的探索[J]. 北京大学评论,2011,9(3):5.

以上六个方面的分析所得出的启示就是,研究生不管被称为是"学习型研究者"、"新生的知识分子"、"准研究者",还是唐纳德·肯尼迪所认为的"学术接班人"①以及哈佛大学荣誉校长陆登庭教授所称呼的"处于实习阶段的学者和研究者②",都无法回避的一个事实,研究生是作为一个"学术人"的身份而出现的,是一种很特殊的学生群体,而不能简单地看成是本科生在时间和学历上的延续。研究生这种"学术人"身份是自研究生教育的产生之初便具备的,不随研究生教育的培养层次、培养类型、培养形式的变化而改变,也不能随研究生将来从事什么职业而改变。与此同时,研究生所具有的"学术人"这一身份,也使"学术成为研究生生活的灵魂③",成为研究生凭此并以此与社会进行地位、荣誉与金钱做交换的主要资本。为此,应牢固树立研究生作为"学术人"的身份定位,这一身份不仅要得到研究生本人的认同,还要得到学术共同体乃至全社会的认同。因为只有这样,才能形成这一身份背后的角色期待以及随之附着的相应行动。

二、研究生学术道德失范的表现及实质

学术人是研究生的身份,而研究生正是凭借身处学术组织中的"学术人"这一身份,不仅是学术本质的体现者而成为一国科研事业发展的重要力量,而且还必须是学术道德规范的践行者并凭此开展科研活动以实现自己的人生价值。这也就是说,凡是学术共同体在长期学术生活实践中形成的学术道德规范,研究生都需要遵守,而不管其是什么层次或类型④。否则,就是对学术价值追求的违背而必须受到某种形式或程度的惩罚。但现实的情况是,总有那么一些研究生并不能承担起"学术人"这一身份应该承担的责任——遵守学术道德规范,而出现了学术道德失范问题。

(一)学术不端:学术道德失范的表现

研究生的学术道德失范集中表现为其在学术活动中对某一或某些学术规范的

---

① [美]唐纳德·肯尼迪.学术责任[M].北京:新华出版社,2002:4.
② 杨兆莲.学者"会诊"学术不端:科学道德是一门基础课[EB/OL]. http://www.nxnews.net/zc/system/2011/09/30/010077122.shtml,2011-10-31.
③ 徐剑,赵晨.对研究生的三种属性的认识与思考[J].中国研究生,2011,(3):38.
④ 就拿我国设定的"专业硕士"这一培养类别来说,其培养目标是"培养能够创造性地从事实际工作的高层次应用型专门人才"。这之中的"创造性"意味着这种应用型人才绝不是一般的技术工人,而应是有着严谨并富有开拓性意识的创新型人才,而这正是学术道德规范的要义所在。参见:国务院学位委员会.关于印发《硕士、博士专业学位研究生教育发展总体方案》的通知[Z].学位[2010]49号.

违背(如抄袭或剽窃他人学术成果),即人们常提及的学术不端。不管是国外还是国内,无论是过去还是现在,大量的调查或研究报告都在说明一个事实,那就是,研究生的学术不端普遍地存在于大学校园之中①。

如在美国,1990 年美国高等教育委员会(American Council on Higher Education)发布报告,在包括研究生在内的学生群体中,有学术抄袭、剽窃等学术不端行为的比率有逐年上升的趋势。② 到了 21 世纪,仍有许多研究证实这种趋势的存在。③ 2004 年美国一份全国性的调查显示,有超过一半的学生(包括研究生)承认至少有一次学术不端行为。④ 2006 年,有一份专门针对约 5300 名美国和加拿大研究生的调查报告中,有 56% 的商科专业研究生和 47% 的非商科专业研究生在上一学年里至少有过一次学术不端行为。⑤ 2007 年,北卡罗来纳州名校杜克大学富卡商学院出现校史上最严重的一起集体学术不端事件,34 名研究生受到重罚。⑥ 在英国,一份来自 tertiary institutions 调查揭示,有 80% 的受访者认为,自 20 世纪 90 年代中期以来,高等教育中学术不端行为发生的比率也有一个逐年增长的趋势,涉及的人群自然也包括研究生。⑦ 2008 年,《伦敦时报》公布的一项调查结果显示,剑桥大学近半数学生承认曾经有过剽窃等学术不端行为,其中法律专业学生学术不端比例最高,占 62%。⑧ 在国内,大规模、多规格培养条件下的研究生学术道德问题同样令人担忧。如据《光明日报》报道,中国政法大学在 2006~2008 年三年所抽查的 3836 篇硕、博研究生学位论文中,有抄袭行为的高达 240 篇。⑨ 2011 年,中国

---

① Vidar Gynnild,Patricia Gotschalk. Promoting academic integrity at a Midwestern University:Critical review and current challenges[J]. International Journal for Educational Integrity,2008,4(2):41.

② Nowell,C.,& Laufer,D. Undergraduate student cheating in the fields of business and economics[J]. The Journal of Economic Education,1997,28:3 – 12.

③ Baker,R. K.,Berry,P.,& Thornton,B. Student attitudes on academic integrity Violations[J]. Journal of College Teaching & Learning,2008,5(1):5 – 13.

④ Rawwas,M. Y. A.,Al – Khatib,J. A.,& Vitell,S. J. Academic dishonesty:a cross – cultural comparison of U. S. and Chinese marketing students. Journal of Marketing Education[J]. 2004,26(1):89 – 100.

⑤ Mangan,K. Survey finds widespread cheating in M. B. A. programs [EB/OL]. The Chronicle of Higher Education. . http://chronicle. com/daily/2006/09/2006091902n. htm,2011 – 11 – 23.

⑥ 法制晚报. 校史最严重作弊,重罚 34 名研究生[EB/OL]. http://news. sohu. com/20070502/ n249833949. shtml,2007 – 05 – 02.

⑦ Larkham,P. J.,& Manns,S. Plagiarism and its treatment in higher education. Journal of Further and Higher Education,2002,26(4),339 – 349.

⑧ 剑桥大学近半数学生承认曾经剽窃他人的论文[EB/OL]. http//:news. cqnews. net/gj/gjsx/200811/ t20081104_2494178. htm,2008 – 01 – 04.

⑨ 来扬. 防止学位论文抄袭校方导师需严格把关[N]. 中国青年报,2009 – 06 – 08.

教育网专门就此问题做了问卷调查,结果显示目前我国研究生群体中仍然存在着较为普遍的论文抄袭和伪造等学术不端行为。[①]

那么,什么是学术不端？研究生的学术不端又有哪些形式呢？

1. 学术不端的内涵

"学术不端"至今没有一个通用的、确切的定义。"学术不端"英文一般有"search misconduct"、"academic dishonesty"、"academic misconduct"、"academic offences"等不同提法,中文里也有"科研不端"、"科研作伪"、"学术造假"、"学术违规"、"学术失范"、"科研不正当"等不同说法,其概念的内涵和外延都是模糊的、变动的。人们对"学术不端"这种现象的解读也多从描述或列举入手,且具有很大的争议性。以下列举的一些国家或学术机构对"学术不端"的界定[②]就很能说明这一问题(见表2-1)。

表2-1 一些国家或学术机构对"学术不端"的界定

国家或机构	学术不端的界定
美国科研道德建设办公室下属的科研道德建设委员会	盗取他人的知识产权或成果、故意阻碍科研进展或者不顾有损科研记录或危及科研诚信的风险等严重的不轨行为
美国白宫科技政策办公室(OSTP)	在计划、实施、评议研究或报道研究结果中伪造、篡改或剽窃
美国国会组织领导的"科研诚信委员会"(CRI)	不尊重他人智力劳动成果或知识财产、有意阻碍研究进展或危害到歪曲破坏科学记录或损害科研工作的诚实性的严重恶劣行为,包括僭越擅用、干扰破坏和歪曲发表
美国国家科学院(NAS)	申报、开展或报告研究项目过程中的伪造、篡改、剽窃
麻省理工学院	伪造或篡改数据、窃取他人思想或直接剽窃、故意干预他人工作的完整性等

---

① 中国教育网. 关于"学术不端"行为的调查报告[EB/OL]. http://www.edu.cn/zong_he_311/20110225/t20110225_581381.shtml,2011-02-25.

② 对"学术不端"的界定主要参见陈琼,沈颖,孙中和. 国外防止学术不端行为的措施与借鉴[J]. 科学新闻,2008,(1):34;朱燕,吴连霞. 麻省理工学院对学术不端行为的处理程序及评析[J]. 世界教育信息,2008,(3):24;张立,王华平. 学术不端行为的模型化研究[J]. 科学学研究,2007,(1):32.

续表

国家或机构	学术不端的界定
德国马普学会	在重大的科研领域内有意或因大意做出了错误的陈述、损害了他人的著作权或者以其他某种方式妨碍他人的研究活动
澳大利亚国家健康与药品研究所和校长委员会	虚构、伪造、剽窃或其他有关的行为
瑞典	有意捏造数据来修改研究进程的行为；剽窃其他研究者的原稿、申请书、出版物、数据、正文、猜想假说、方法等行为；用以上方法之外的方法修改研究进程的行为
丹麦	修改、捏造科学数据的行为；纵容不端行为
挪威	在进行科学研究的申请、实行、报告时，明显违反现行伦理规范
芬兰	有违科学研究良心，发表捏造、篡改或不正确处理研究结果的论文发表行为
中国科技部	提供虚假信息、抄袭、剽窃以及其他不端行为，还包括涉及人体的研究中违反知情权以及违反实验动物保护规定的内容
中国科学院	研究和学术领域内的各种编造、作假、剽窃和其他违背科学共同体公认道德的行为，滥用和骗取科研资源等科研活动过程中违背社会道德的行为

　　从表2-1可以看出，在世界范围内对"学术不端"的界定尚无统一的标准，除了"造假"（fabrication）、"篡改"（falsification）、"剽窃"（plagiarism）这些公认的学术不端行为外，各学术机构都根据自身的需要对其他不端行为互有取舍，从技术操作层面上对学术不端作出狭义的理解，其意图是对学术不端的惩戒提供明确的依据。但是，学术作为一项复杂的社会活动，其在申请、开展、报告等过程中，可能发生的

不端行为远不止表 2 – 1 所列举的这些。① 再者,某些学术行为是不是"学术不端",也是仁者见仁,智者见智。这就给学术不端行为的查处带来了"两难":明确学术不端的行为种类,但总有一些学术不端者会钻空子而逃脱惩罚;而把学术不端的内涵扩大,则会使一些学术不端行为难以辨别而使责任人逃脱处罚。

本书认为,要准确把握"学术不端"的内涵,不能采取"非此即彼"的做法。对学术不端概念的界定过窄,不利于全面整治学术不端,但定义过于宽泛,又会使学术不端的整治缺乏可操作性。因此应从界定行为当事人的基础上,完整地(分类别、分维度、分层次)、明确地把握其内涵。基于此,本书主张从学术人的态度和行为两个方面来把握"学术不端"的含义:所谓学术不端,是指学术人在学术活动中为获取不正当利益而实施的一切背离学术价值与追求的态度和行为。具体包括以下几个方面的含义:

- 学术不端的主体:学术人,如大学教师,专职科研工作者,研究生等
- 学术不端的区域:学术界(学术组织或学术共同体,如大学)及其延伸地带
- 学术不端的媒介:学术论文、著作、科研项目申请书、研究报告、学历学位证书、科研申明或鉴定等
- 学术不端的形式:"显性的"学术不端和"隐性的"学术不端
- 学术不端的目的:获取不当利益(荣誉、地位与金钱)
- 学术不端的后果:背离了学术的价值与追求

2. 研究生学术不端的形式

研究生学术不端就其形式来讲,与大学教师等学术人相比,既有相同的地方,如学术抄袭、剽窃,也有研究生群体特有的学术不端行为,如以不正当手段获取学

---

① 如美国科研诚信办公室(ORI)顾问斯丹尼克(Nicholas Steneck)就认为,除了公认的 FFP(捏造、篡改和剽窃)这样的学术不端行为之外,QRP(有问题的研究行为)也是学术不端行为。2007 年 9 月 17 日至 19 日在葡萄牙首都里斯本召开的首届世界科研诚信大会上,与会的各国学者关注的 QRP 主要有:在研究计划方面,有偏差的设计、选择的方法和对照有利于得出结果、未能揭示利益冲突、未能向审查委员会提供诚实的信息;在研究实施方面,记录数据的程序不当、未能很好的监督、未能遵守研究方案、特别是不能遵守保护人类受试者的规定;在研究结果解释方面,统计方法不适当、数据和对照选择不当、结论得不到辩护或得不到支持;在研究结果发表方面,荣誉和虚假署名、误导的或不确切的注释和摘要、扣压关键信息;在研究评审方面未能保密、匆匆审阅、对特定的同行或领域有偏见等。他们认为,QRP 虽够不上目前定义的不端行为而对其进行处罚的线,但它们却能影响科学结论、浪费时间和资源、削弱对年轻学者的教育并销蚀人们对科研诚信的信心。他们还通过实证调查发现,FFP 发生率虽然不高,为 0.1% ~1%(斯丹尼克认为,证据并不支持这一比率,大多数科研不端行为没有被发现、报告和调查。),但 QRP 发生率却高达 10% ~50%,而符合科研诚信高标准的研究行为仅为区区的 0.1% ~1%(参见曹南燕、邱仁宗. 促进负责任的研究——记首次世界科研诚信大会[J]. 自然辩证法研究,2008,(5):108 –109.)。

分或影响论文答辩等。本书把研究生学术不端的形式分为"显性的"和"隐性的"两大类。

第一,"显性的"学术不端

"显性的"学术不端就是人们常说的"学术(行为)失范"①,即可以看得到、查处得到的学术违规现象。目前,国内一些高校大都根据这一维度列举研究生学术不端的形式,其意图是为后续的惩戒提供明确的依据。但是,要想把全部的学术失范的现象都一一列举出来,却是一件非常艰难的事情,这也正是目前研究生学术管理部门在处理学术不端过程中经常会遇到的一个难题。如就研究生的学术造假这一学术不端行为来讲,不同的环境和背景下就会产生不同的学术造假行为,一位研究生对此总结得很全面②:

其一,适当造假:无关痛痒,偏差不大。论文中做了年龄、性别匹配的正常成人DNA对照,实际用脐血DNA做对照;论文中正常对照做了200例,实际做了150例;论文中有显著性差异,实际也有显著性差异,但均值的差别没有论文中那么大;论文中随机分组,实际上随意分组;论文中给动物行无菌手术操作,实际是只把部分器械在消毒剂里泡了泡。

其二,被动造假:忍辱负重,有苦难言。师兄的论文发表了,导师让伊接着做,伊没有重复出来,但伊不能说师兄的论文有问题,伊在隐瞒事实的基础上做了更"深入"的研究;导师想要什么结果,伊就能做出什么结果;毕业前的几个月很多人的实验变得异常顺利,该出来的都出来了。

其三,客观造假:无意而为,缺乏常识。论文中报道一个新的缺失突变,据说伊只挑了一个克隆测序;一个本该重复数次的实验没有重复就拿去发文章了。

其四,主动造假:急功近利,风雨无阻。论文中的一张电泳照片来不及重做,借别人的一张差不多的照片顶替;酶切的时候,有一条带应当完全切掉,但总切不干净,伊用PHOTOSHOP把它涂掉了;论文中的PCR工作量很大,但PCR使用登记本上只有一次记录;论文中$p=0.041$,实际$p=0.055$,把对照组中的一例阳性观察去

---

① "失范(normness)"一词意为"差异和混乱"、"无规范"。它最早由法国社会学家埃米尔·杜尔克姆(Emile Durkheim,1858~1917)提出。他认为失范代表了社会秩序紊乱和道德规范失衡的反动倾向,但同时也是一种可以治愈的反常现象或病态现象。(参见[美]杰克·道格拉斯.越轨社会学概论[M].张宁等译.石家庄:河北人民出版社,1987:45.)

② 佚名.我做科研的几点体会(五)[EB/OL].http://blog.renren.com/share/269711800/8651655641,2012-07-22.

掉就得到 0.041 了。

其五,积极造假:追逐名利,几近疯狂。伊在一年中发表第一署名的论文 50 篇;先有论文后有实验记录。

以下本书仅从个人、组织、社会这三个维度对研究生学术不端的形式作一简要分类。

①个人维度:如剽窃(直接或间接剽窃),造假(如主观取舍数据、篡改原始数据、编造实验数据、拼凑数据等),弄虚作假(如编造虚假学术经历,伪造推荐信、鉴定意见、评阅意见),不诚实地利用他人成果(如知而不引、断章取义等),论文写作杜撰参考文献等。

②组织维度:如在某一学术共同体内(如科研小组)缺乏合作,包庇、隐瞒或合谋掩盖所知道的学术不端行为,不当署名(如在未参与工作的研究成果中署名,未经他人许可使用他人署名),对外泄露课题组还处在保密阶段的学术成果或事项,未经同意擅自发表所在课题组的学术成果,以不正当手段获取学分或影响论文答辩等。

③社会维度:学术不端延伸到社会的公共层面,主要是指在学术活动过程中发生的"学"与"钱"、"学"与"权"等不正当交易。如在社会场合为企业或其他社会团体进行违背科学事实的宣传,贿赂学术刊物的审稿编辑,请或作为"枪手"代写论文等。

第二,"隐性的"学术不端

"隐性的"学术不端体现在研究生对待学术的态度上,即研究生在科研工作中缺乏严谨意识或创新动力。"隐性的"学术不端处于研究生个人的价值观念层面,具有很大的隐蔽性,一般很难察觉,但也可从其外在的学术行为表现上得到一定程度的反映。此外,"隐性的"学术不端也时时预示着"显性的"学术不端的方向和结果。本书仅从两个层面对研究生"隐性的"学术不端作一简要描述。

①轻微的:在学术上不思进取,缺乏学术创造动力和精心钻研精神,重数量轻质量,重眼前轻长远。如在学术研究中,东拼西凑,粗制滥造,低水平重复。这种"隐性的"学术不端是目前学术行为规范无法"规范"的地方。

②严重的:抱着狭隘的学术利益观,没有学术良知,立志于投机钻营、捞取学位与地位、荣誉。这种"隐性的"学术不端在研究生没有进行行为操作或已付诸实施但没有暴露之前,也是目前学术行为规范无法"规范"的地方。

(二)学术伦理失范:学术道德失范的实质

目前,对于研究生学术道德失范问题,社会媒体以及学术界主要有以下几种比较常见的解释。

其一,影响知识的传播与增进。如郑重①、王学风②等学者认为,研究生的学术道德失范必定会污染学术环境,阻碍学术进步,使学术研究失去国际竞争力。从一定的意义上讲,这种说法不无道理,但从实际的学术活动来看则不尽然。如就研究生群体中普遍存在的抄袭或简单照搬他人学术成果这种学术不端行为来说,虽然是违反学术道德规范的,但正是由于得到众多研究生的抄袭或简单照搬,却在客观上促进了被抄袭或被简单照搬的学术成果被他人留意、重视、传递、思考乃至发掘的机会增加。这正如有学者为此所评论的那样,"如果被抄袭的成果本身是学术发展中未能被注意的创新成果,那么抄袭同样也增加了这种创新融入现有知识体系的可能,从而对学术发展起到积极作用。在这个意义上说,抄袭不利于学术发展并不一定成立。③"

其二,影响国家科技事业的发展。如樊泽恒等认为,"(研究生)这一群体的学术诚信与学术道德水平的高低不仅关系到研究生个体的成长,更关系到国家、民族的兴衰。④"这一看法也有一定道理。但经验表明,学术不端并不一定会影响国家科技事业的发展。如美国高校中研究生学术不端的现象也并不少见,一些名校(如哈佛大学)也时不时会曝光一些涉及多人的、类似抄袭、剽窃的学术丑闻,但其科技实力仍然在全世界独占鳌头。"事实上,更为合理的看法应该是,只有当学术不端现象的普遍性达到一定程度时,才会对国家科技事业的发展产生负面影响。⑤"因此,认为研究生的学术不端影响国家科技事业发展的观点同样不能成为人们反对学术不端的普遍理由。

其三,违背学术规范。学术规范就是指学术同体内各个成员在科研活动中应该遵守的基本规范,如北京大学 2007 年出台了《研究生基本学术规范》。从这个意义上讲,研究生在科研活动中的抄袭、剽窃等学术道德失范问题显然是违背了学术规范。但是,这并不能成为学术规范不可违背的终极理由。因为人们依然可以追

① 郑重,郑忠梅.论研究生学术道德的失范与规范[J].北京理工大学学报(社科版),2006,8(3):115.
② 王学风.论研究生学术道德教育的内容和途径[J].学位与研究生教育,2008,(1):45.
③ 梁卿.论学术职业人员抄袭的不正当性:一种契约论的解释[J].江苏高教,2012,(3):28.
④ 樊泽恒,司秀民.研究生学术诚信与学术道德养成机制[J].学位与研究生教育,2006,(12):39.
⑤ 梁卿.论学术职业人员抄袭的不正当性:一种契约论的解释[J].江苏高教,2012,(3):28.

问:难道遵守了某个机构制定的学术规范就应是研究生应尽的责任? 如果仅仅做到不抄袭、不剽窃,或者按规定标注引文、著录参考文献等就算遵循了学术规范,那么对学术研究而言,其境界很可能只是"不求有功,但求无过"①。再如,什么样的学术规范才是应该被遵守的? 为什么违背学术规范就是不应该的? 学术规范难道都是学术发展所需要的吗? 现实情况是,有些学术规范由于妨碍了学术自由而已被学者们所诟病。

其四,违反法律法规。该观点根据《中华人民共和国著作权法》等法律认为抄袭、剽窃等学术道德失范问题也是一种违法行为,主张加强相关立法,以儆效尤,以达到最终整饬学风的目的。但是,现实情况却是,绝大多数学术道德失范问题都不能算是违法,即便是一些性质比较严重的学术不端行为也是如此。如花钱雇人作为"枪手"替自己写学位论文就是一个典型例子。如果双方签有论文买卖协议,卖方又出让署名权,显然不能说是违法。再一个,学术抄袭、剽窃等行为即使被他人发现,但"民不告",则"官不理",违规者也因此不会受到法律制裁。在这种情况下,提及"学术道德失范违反法律法规"这样的问题就失去了实质性的意义。这说明,把研究生的学术道德问题说成是违法问题显然不够全面。这也如学者谭雄伟所评价的那样,"指望以法律手段制裁所有的学术剽窃行为,甚至靠增设刑法罪名来消除'学术腐败'现象,恰恰反映出一些人观念中的'法律崇拜'倾向。他们觉得只要能够达到某种良好的目的,就应该可以动用一切法律手段,这显然是一种简单化的'法治'逻辑,与真正的法治精神相去甚远。"②

以上这几种解释显然不能给研究生的学术道德失范问题提供普遍的、终极性的解释。本书认为,学术道德问题归根结底是人的问题,研究生的学术道德失范问题虽然表现为一些学术不端的思想与行为,但这些学术不端的思想与行为不仅是对学术道德规范的一种违背,从实质上讲是研究生的学术伦理出现了问题,即在某种程度上破坏了学术伦理关系,或是学术伦理关系遭受破坏后的一种表现或结果。这也就是说,它不单单是研究生作为学术人在行为上和道德上背叛了学术的价值与追求,而且也在伦理上背叛了学术的价值与追求。

如本书第一章所述,学术伦理是各利益相关方在长期的学术交往活动中形成的一种伦理关系,表现为学术人在科学知识的生产、交流、传播、评价及应用过程中

---

① 朱大明.学术规范不能忘了创新和求真[N].科学时报,2008 - 02 - 29.
② 谭雄伟.学术剽窃主要是道德"罪行"[N].社会科学报,2005 - 08 - 25(1).

所应遵循的内在价值关系要求。在这个关系过程中,各利益相关方便产生了相应的在各利益主体之间达成某种价值共识的需求,即确立某种价值规范,以约束各利益主体自身的行为。与此同时,作为社会伦理体系中的一个类别,学术伦理这一价值关系是在长期的学术实践中、经过多方主体反复多次博弈的基础上形成的,所以具有不能随意改变的客观性。研究生作为学术人群体中的一个类别,在学术活动中必须自觉遵从这种伦理关系的调节,否则,其任何层面、任何形式的学术道德失范问题,从最根本的意义上讲都是破坏了这种伦理关系,即学术伦理失范。

与其他学术人群体类似,研究生的学术伦理失范具有以下几个方面的特点。

第一,责任背叛性。对学术伦理关系中各个主体来讲,总表现为一种各自需要履行的学术伦理责任。这种伦理责任除了包括一般意义上的实体责任(即法律、制度能规范到的)之外,更多的是道义上的责任。在学术伦理关系中,伦理责任处于主导地位,是各主体及其成员认识和处理学术伦理关系的出发点,即各主体成员应该按照自己的主体身份履行相应的职责与义务,但与强调权利与责任对等的法律关系或制度关系不同的是,伦理责任的履行不以他人对等履行责任为条件。如研究生导师不能因为教学与科研任务重而不去履行有效指导与管理研究生的责任,研究生也不能把所受压力大作为其实施学术不端行为的理由。所以,从这个意义上讲,研究生的学术伦理失范就是对其所应履行伦理责任的、某种程度的背叛。

第二,多重破坏性。如本书第一章所述,伦理关系体现为学术人个人"德"、学术共同体"善"和社会"理"三个主体的统一体,也是学术实践活动得以合理展开的伦理基础。如单就研究生这一学术人主体来说,他(她)必须以其自身的"德"为基础,在学术活动中自觉遵从这种伦理关系的调节,否则,表现为学术造假、剽窃等形式的学术伦理失范,显然是破坏了这种伦理关系的规定,即在丧失了个人自身的"德"的同时,违背了学术组织"善"的要求,其最终也为社会"理"所不容。所以,从这个意义上讲,研究生学术伦理失范对个人、学术共同体乃至整个社会都会产生破坏性的效应。如从研究生的个人角度来看,学术伦理失范不仅使他人(如同学科的研究生同学)处于不利的竞争地位,对学术共同体的整体声誉造成伤害,还会影响学术共同体乃至整个社会对其的期望值和认可度,而这又会对其未来的职业生涯带来消极影响。

第三,明确目的性。与其他研究者一样,研究生的学术伦理失范不能算是一种不良的行为习惯动作(如在公共场所随地吐痰、说脏话等),而是具有比较明确的目的性,即用不符合学术伦理价值规范的手段,以实现行为人的一种期待利益,如通过抄袭、剽窃、作假等手段获得学术荣誉、学位、工作机会等。这也就是说,在学术伦理失范这一动作从最初启动到最后发生的整个过程中,尽管行为人可能有各种理由,但学术伦理失范却是其故意而为之的。而对于那些在科研活动中不是故意的,但却造成了一些不良后果的行为,就不能算是学术伦理失范。如现实中有些研究生由于自身科研水平和实践经验不足等因素而造成非有意的实验数据不真实,尽管在客观上产生了同"实验数据造假"一样的结果,但并不构成对学术伦理的违犯。

三、研究生的学术伦理关系及困惑

研究生这一学术人的身份定位,不仅意味着他们也需要从事一些科研活动,还表明他们与其他类别的学术人(如大学教师、专职科研人员)一样,也会身处在一定的学术伦理关系之中,并会由此面临一些学术伦理困惑。

(一)研究生的学术伦理关系

人本质上是一种关系存在。有人群的地方,就会有伦理关系,只要一个人的行为对他人有影响,就有是否符合伦理关系要求的问题。在本书第一章有关学术伦理关系的阐述中,笔者把复杂的学术活动主体抽象为学术人个人、学术共同体、整个社会三个主体,而学术伦理则表现为这三个主体之间的一种交互式的伦理关系。这种伦理关系以学术人个人的"德"为基础,体现了学术人个人"德"、学术共同体"善"和社会"理"三者的辩证统一。但是,当我们将视野转向研究生这一学术人群体真实的学术活动场景时,就会发现这种伦理关系更为复杂。

研究生的学术伦理关系是以研究生主体为核心向外辐射的一个复杂的伦理关系网络,可以简单表述为其研究活动所涉及的、现实的社会关系及其展开过程。研究生从参与学术研究活动的第一天起,就要面对和处理其中的各种关系,主要包括研究生与导师之间的关系、研究生与同学、同行之间的关系、研究生与研究对象的关系、研究生与培养单位的关系、研究生和社会相关方面的关系等。

这种伦理关系既是一种权利与义务的关系,也是一种与利益相关者之间的利益关系。利益相关者越多,则研究生需要处理、协调好的伦理关系也会越多。从理论上把这种伦理关系梳理清楚,有利于在实践中把握研究生学术生活的状态。

其一,个人关系层面:如研究生与同门、同届、同专业、同学院同学的关系,与导师的关系,与其他课程老师的关系等。在这一关系层面,如研究生不能因为私人之间的情谊而祖护他人的学术不端行为等。

其二,组织关系层面:研究生与课题组(实验室小组)的关系,与院(系)学术团队的关系,与校学术共同体的关系。其中,课题组以导师(课题组负责人)为核心,以同门师兄弟为主体;院(系)学术团队以学科为核心,以各任课教师和研究生导师为主体;校学术共同体主要指全校教师、研究生及其相关机构,如校学术委员会、研究生院。在这一关系层面,如研究生不能因为研究的自主性或竞争性而拒绝必要的合作,不能因为维护组织所谓的声誉而违背学术求真的价值要求等。

其三,社会关系层面:这一关系层面构成了研究生外部的学术交流、传播及应用的环境,实际上是指研究生这一主体与其他社会主体之间形成的伦理关系。如研究生与校外学界的关系、与期刊社的关系(学术成果的产出环境)、与企业等社会机构的关系。在这一关系层面,如研究生不能侵犯他人的知识产权,不能获得与同行相比不公正的竞争优势等。

(二)研究生的学术伦理困惑

人是一个矛盾体的存在。作为现实生活中的伦理主体,人必然会因为其主体活动目标、责任、利益诉求的不同而引发一些伦理困惑问题。这是因为,在一定的时空条件下,可能会有多个要求或规范同时对人发挥制约作用,如个人追求或信念、人与人之间的交往礼俗、机构的内部规定、市场的需求、社会的舆论导向等,而它们又可能是彼此冲突,无法同时遵循的。应该如何做、最好的行动过程为何,此时人"便面临着规范相互冲突带来的伦理困境"[①]。也正是由于人这种伦理困境的存在以及对其"道德感带来的冲击"[②],人在生活中的伦理困惑才更加清晰并突出起来。

作为一个社会实践主体,研究生难免会在社会生活中面临许多困惑[③],而且随着社会的发展、生活节奏的加快以及研究生社会交往关系的拓展,这种困惑还可能会增多。而同时作为学术伦理主体,研究生又总会处在一定的学术伦理关系中,面临着个人与他人(如导师)之间的矛盾、个人与群体(如课题组)之间的矛盾、个人与社会之间的矛盾,直接蕴含了义与利、善与恶、美与丑,理性与非理性、灵与肉、传统与现代等价值选择。而当研究生在学术生活中面临两个或两个以上相互冲突的

---

① Colnerud,G. Ethical conflicts in teaching[J]. Teaching and Teacher Education,1997,13(6):627-635.

② Campbell,E. The Ethical Teacher[M]. Philadelphia:Open University Press,2003:9.

③ 如利用百度(Baidu)进行搜索,含有"研究生困惑"的帖子或文献就有289万条之多。另外,含有"研究生郁闷"的341万条,含有"研究生苦闷"的170万条(检索时间2012年11月22日15时23分)。

价值选择时,便会产生学术伦理困惑。如学术诚信和同学之间的忠诚、友谊,学术的团队协作与个人发展,学术研究与就业以及事业的成功等。以下这位博士研究生对其学院研究生生活的观察和体会,就很能说明这一问题。

不要看我们学校是一个研究型高校,也就是所谓的"211"高校和"985"高校,但在我们这个专业或者范围再大一点——在我们这个学院,很多研究生,包括我们这些博士生,首先要考虑的是将来要找什么样的工作,没有几个人在用心搞科研。因为人首先要生存,生存不解决何谈科研?在这个问题上,导师的想法和我们研究生的想法就往往不一样,导师总认为,你研究生来了就是要搞科研的,就应该有点科研奉献精神;而研究生则大都有婚恋、家庭等问题所困扰,在职的还要忙于工作,只希望发几篇学校硬性规定的文章、毕业拿个学位了事。至于那些所谓的科研成果或学位论文,大多是匆匆忙忙赶出来的,没有多少是真正用心做出来的……(根据访谈录音整理)

以上访谈文本中主人公所描述的虽然是一种社会现象,但不容忽视的一个事实就是,许多研究生面临着是"学术重要"还是"婚恋、家庭或就业重要"的伦理困惑,在这种困惑中,许多研究生最终放弃的是学术,从而使"研究生"中的"研究"二字缩水。那么,什么是研究生学术伦理困惑呢?

结合上文对学术伦理关系的论述,本书认为,研究生学术伦理困惑是其在处理学术伦理关系时而出现的一种道德抉择困境。它即是当事人(研究生)面临的严峻考验,能否恰当处理这些困惑是衡量其学术伦理水平的最有效尺度。而从更大的层面来讲,研究生面临的学术伦理困惑也是当前社会背景下有关学术伦理的价值共识出现了问题,即作为学术人之一的研究生群体在学术活动中缺乏"共享的价值"①,即学术伦理价值观。本书第四章、第五章还将具体涉及到这方面的内容。

学术伦理困惑若得不到有效解决,就会使研究生陷入迷茫,学术上是非善恶难以分清,并使其学术价值观念模糊,学术伦理水平低下,从而最终影响其学术行为

---

① 谈到"共享的价值",加拿大学者德鲁克在谈到社会危机问题时曾提到,"一个健康的社会是这样一个社会,其公民被一种单一的正统或者一套共享的价值联合起来,他们相信这套共享价值优于其他任何文化的共享价值。"参见:[加]德鲁克.列奥·施特劳斯与美国右派[M].上海:华东师范大学出版社,2006:133.

选择,如研究生的学术不端其实就是其在面临学术伦理困惑时所作出一种破坏学术伦理关系的行为选择。这也就是说,研究生所面临的学术伦理困惑为其学术伦理失范埋下了"伏笔",会往往在一定的外部条件下显露或爆发出来,从而转换为某种学术不端行为。为此,有必要针对研究生在学术生活中所面临的伦理困惑,并分析其存在原因,在此基础上找出化解这些困惑的策略与具体方法。

第三章 何为规制:学术伦理规制的理论认识

我们通常只讲"坚守学术伦理的理念"或"遵守学术伦理规范",而没有"学术伦理规制"这一说。学术伦理是否可以进行规制呢? 其实,学术伦理同其他类型的伦理一样,对之进行规制不仅是可以的,而且也是必然的。没有规制的学术伦理最终只能是一种抽象的伦理理念或价值符号,而不是实际的伦理。在研究生的学术管理实践中,只有进行学术伦理规制,才能有针对性地解决研究生在学术活动中面临的伦理困惑,才能不断提升研究生的学术伦理水平,学术伦理的价值观念也才能最终转化为研究生的内在伦理行为机制。

一、学术伦理规制的内涵与特性

(一)学术伦理规制的内涵

作为研究生从事学术活动的内在价值基础,学术伦理只有通过规制才能具有现实性的价值和意义。那么,什么是学术伦理规制呢? 这自然需要首先弄清什么是"规制"以及"伦理规制"。

"规制"是目前管理领域(主要是指政府对企业的管理),来源于日本学者对规制经济学①中的一个重要词汇"Regulation"或"Regulatory Constrain"的英文翻译。法国学者米尼克(Mitnick,1980)认为"规制是针对私人行为的公共行为政策,它是从公共利益出发而制定的规则"。日本著名经济学家植草益(1992)与米尼克一样,也是从广义上来理解"规制":"规制是指依据一定的规则对构成特定社会的个人和经济活动主体的活动进行限制的行为"。他把规制分为间接规制(通过法律)和直接规制(通过行政)两种。其中直接规制又分为经济规制和社会规制;我国学者对规制的含义认识也不相同,但都基本上从政府管理的角度来把握"规制"一词

---

① 20世纪70年代以来,西方一些资本主义国家普遍采取对经济活动进行规制的政策,由此催生了一个新兴的学科——规制经济学,其代表著作有卡恩(A. E. Kahn)的《规制经济学》(The Economics of Regulation,1970)、贝利(E. E. Bailey)的《法规性制约的经济理论》(Economic Theory of Regulatory Constraint,1973)等。(参见:战颖.中国金融市场的利益冲突与伦理规制[M].北京:人民出版社,2005:211.)

的含义。如余晖(1997)认为,规制是政府机构对微观经济主体的直接干预和控制,陈富良(2001)把政府规制理解为政府部门依据有关的法规,通过许可和认可等手段,对企业的市场活动施加直接影响的行为。①

本人通过梳理其他国内外学者有关研究"规制"问题的文献发现,对于"规制"的含义,至今还没有一个标准的定义,而且与"管理"以及"法律"、"制度"等这些管理领域中的下位概念相混淆。本文认为,"规制"是"管理"这个大系统中的一个子范畴,是一种特殊的管理方式。"规制"包含有"调节"、"调整"、"制约"和"使有条理"的含义,它弱化法律、制度的"强制性"和"支配性",突出了方式方法上的"灵活性"。为此,本文参照一些相关文献对"规制"的理解,尝试给"规制"下一个定义:所谓规制,就是企图达到一定状态的矫正设计,即根据一定的方式方法,对某一行为主体(个人或组织)已发生或可能发生偏离正常轨道的某种状态施加一定力量,使之得到矫正或保持好的状态。

在一些规制理论学家看来,一切有可能发生个人利益与公共利益冲突的行为,都有必要严格规制。根据规制所采用的主要手段不同,规制可以分为法律规制、行政规制以及伦理规制等。目前国内研究法律规制和行政规制的成果非常多,其理论也比较成熟,而对伦理规制研究成果则非常少。那么,什么是伦理规制呢?

伦理规制从字面上理解就是从伦理层面上对某一主体的行为进行规制。被国内学者(南京师范大学哲学教授王小锡)认为创建了伦理规制概念的占颖博士在其所著的《中国金融市场的利益冲突与伦理规制》一书中认为,"伦理规制是伦理理念和精神的外化形式,是伦理规范及其特定的社会运行保障机制的统一。"②这一说法应该说比较全面地涵盖了伦理规制的含义,即其规制的手段是以其内在的理念和精神(价值观)为基础,以其外在规则和方法(制度约束)为保障,并在二者的统一过程中达到对行为主体进行规制的目的。

而学术伦理规制从字面上理解就是从伦理层面上对学术人的行为进行规制。根据上文对"规制"以及"伦理规制"的解读,本文认为,对这研究生这一学术人群体来讲,所谓学术伦理规制,就是学术伦理在研究生群体中的制度化和程序化,即

---

① 以上对"规制"一词的解释主要参见:Mitnick, B. M. The Political Economy of Regulation [M]. New York:Columbia University Press,1980;雷华.政府规制理论与实证研究[D].西安:西北工业大学,2007;吴英慧.中国转轨时期的政府规制质量研究[D].长春:吉林大学,2008;石涛.转型时期的政府微观规制行为研究[D].上海:上海社会科学院,2007.

② 战颖.中国金融市场的利益冲突与伦理规制[M].北京:人民出版社,2005:232.

通过学术伦理内在的伦理价值规范及其外在的制度约束使研究生的学术活动得到矫正或保持好的状态的一种学术管理活动。基于这一解释,研究生学术伦理规制的主体应是某种类别或级别的学术组织(如大学学术伦理委员会);规制的对象应是从事科研活动的研究生;规制需要解决的问题主要是学术行为的失范与学术创新力的不足;规制的手段主要是采取伦理的手段,即内在的伦理价值规范及其外在的规则与方法;规制的目的就是增强研究生的学术伦理意识以及由此带来的自我纠错能力和学术创新精神,以使个人和整个的学术活动得到矫正或保持好的状态。

(二)学术伦理规制的特性

与其他类别的规制相比,对学术活动进行伦理规制不仅是与学术伦理失范相匹配的一种价值性规制,而且符合学术运作的规律,契合研究生这些学术人的工作特点,具有比一般学术规范规制范围更广、规制力度更大的规约力。

第一,学术伦理规制是与学术伦理失范相匹配的治理措施。

学术伦理规制之所以有存在的必要,就在于有它需要解决的现实问题,这个问题就是学术不端。但近几年学术不端的现状以及在治理过程中所面临的困惑,已让越来越多的人认识到,学术治理绝不仅限于处理几件学术违规事件,以大学为代表的学术机构必须对启动的各种旨在推动学术发展的管理措施进行更深层的反思和批判:不管是学术制度规范、学术技术规范、学术法律规范还是学术道德规范,其从形成到执行,都应源自学术自身发展的需要,源自对学术不端问题的实质性把握。否则,不仅会导致更多的外在权力"侵入"需要"学术自由"的学术,也会由于其在实践过程中的种种弊端而让人感到困惑与失望。如阎光才教授2008年对北京7所著名高校的部分大学教师进行了一次问卷调查,调查结果显示,有超过70%的大学教师对学术不端的治理缺乏信心,即"在当前中国学术界,即使制定再多的学术规范,学术不轨的行为也不能得到遏止。"①

从本质上讲,学术不端绝不仅仅指一般意义上的那种"造假"、"剽窃"等学术失范行为,也应包括学术人学术创新意识的不足,如在学术研究中缺乏创造动力,缺乏精心钻研精神,重数量轻质量,重眼前轻长远,重经济利益轻社会贡献,等等。这也就是说,学术不端是指学术人在学术活动中以学术论文、著作、科研项目申请书、结题报告、学历学位证书、科研申明或鉴定等为媒介,为获取不正当个人利益而发生的一切背离学术价值与追求的态度和行为。以上这种态度和行为不仅是对作

---

① 阎光才.高校学术失范现象的动因与防范机制分析[J].高等教育研究,2009,(2):15.

为一个学术人应有个人品质的偏离,更是对学术共同体由此才能立足之根本以及社会为此支持之理由的背叛。换句话说,学术不端不单单是学术人在行为上背叛了学术的价值与追求,更多的是其对作为学术人应该遵循的价值关系规范亦即学术伦理的违犯。从这个角度来讲,学术不端从表面上看是学术行为上的失范,而从最根本的意义上讲则是学术人学术伦理意识缺失后的一种失范,即学术伦理失范。学术伦理失范,无疑从源头上破坏了大学赖以存在的公信力和学术创新力,腐蚀了学术风气,动摇高等教育发展的根基,也阻碍了国家竞争力提升的步伐。所以,必须对学术伦理失范采取与之相对应的治理措施,增强学术人的学术伦理意识以及由此带来的自我纠错能力和学术创新精神,以带动整个学术的良性发展。学术伦理规制的提出,则恰恰是回应了这一需求。

第二,学术伦理规制是一种以学术价值观内化为特征的价值性规制。

在 20 世纪 60~70 年代,无论是纽约大学教授路易斯·拉斯(Louise Raths)等人创立的价值澄清模式(The Values Clarification Model),著名心理学家和道德教育家劳伦斯·科尔伯格(Lawrence Kohlberg)等人建立的道德认知发展模式(The Cognitive Development Moral),还是由许多教育家、哲学家和心理学家创立的价值分析模式(The Value Analysis Model),这些理论都强调的一个共同点就是,价值观在形成伦理意识、解决伦理冲突中具有重要作用。为此,就有必要帮助人们获得一个明晰的价值观,以提升他们的伦理水平,从而提高他们处理道德问题和社会问题的能力。① 而建立价值观基础之上的伦理内化,则是个人对伦理基本价值原则充分理解与把握基础上的价值观内化,也是一种最高级的内化形式。个人把这些由价值观内化而成的伦理原则作为自己的义务,而不单单是为了某一具体的人或事项。他们的动机是获得一种自我奖赏,并避免自责和内疚感。因为在这种情况下,个人已经在心理内部形成了某种伦理机制。这种伦理机制具有抽象性、普遍性和权威性的特点。"所谓抽象性是指这些伦理原则已经摆脱了具体的道德情境,成为一种纯理性的东西;所谓普遍性,是指它适用于一切道德情境;所谓权威性,是指它们是高于一切的,其他一切都必须服从这些原则。"②

学术伦理规制就是一种以学术价值观内化为特征的价值性规制。如果这种学术价值观能顺应学术伦理关系的客观要求,并来自于学术共同体各成员之间的共

---

① 邱吉.历史视野中的道德内化思想及其对现实德育的启示[J].集美大学学报,2003,(3):37.
② 刘亦工.论道德内化的心理机制及其特征[J].伦理学研究,2007,(3):43.

识,那么在一定的外力作用下,它就能在学术共同体内引起普遍的共鸣或认同,成为学术人个人实质性的伦理价值观念和规范,从而形成学术人自身稳定的学术信念和学术行为,促使学术人不断往学术"善"的方向发展。所以,从这个角度来讲,学术价值观的内化就是学术伦理的内化①,学术伦理规制的目标是通过学术伦理的内化才得以实现的。

第三,学术伦理规制很符合学术活动的运作规律。

学术活动是一种创造性的人类实践活动,这既体现在学术人的实际学术操作中,也隐含在学术人的智慧和情感当中,这使它与一般的商品生产区别开来,具有非常特殊的运作规律:一是学术活动的结果——学术成果难以量化,其质量的评价也很难有一个确定标准。学术成果虽可以物化为一种状态,如论文、书籍、报告等,但更重要的是体现在行为人智慧的思考、敏锐的观察、新颖的观点、独特的视角以及严谨的论证之中。对于前者可以很容易地量化,而后者则很难量化;二是由于学术活动的具体实施者是学术人个人,所以,学术的成功与否不仅取决于外部的社会环境、科研条件、学术体制等外部因素,更重要的是取决于学术人个人的学术水平、个性特征乃至个人喜好甚至心情;三是学术人的具体学术行为很难划定起止界限,具有时空上的广延性。如我们很难去确定学术人应该什么时候去从事学术工作,应该在哪里从事学术工作以及什么时候得拿出学术成果等;四是学术活动因果关系不明显。学术活动往往是一个艰苦、复杂、长期、曲折的过程,学术人有时付出很大的努力,但由于种种原因,往往没有什么大的突破。但他的工作很可能为后人的学术研究奠定了基础,我们因此就不能认为他对社会、对人类没有贡献;五是难以从外围对学术活动进行控制,因为学术人的工作方式大多表现为分散式的个体劳动,具有很大的独立自主性。学术创作所需要的资源除了必要的物质条件以外,更需要的是学术人自身的知识、创意、想象力和意志力。这些特点决定着不能像工厂生产物质产品那样整齐划一地按工序进行管理。

---

① 20世纪中叶以来,随着社会经济的高速发展,社会的精神生活出现了下滑的迹象,诸多违反伦理的现象屡见不鲜。怎样解决这个问题,怎样使社会所倡导的主流价值观被社会成员所接受,就日愈成为人们关注的一个重点。于是,伦理内化就被提到与知识内化相同的高度,备受各国学者的重视。法国心理学家涂尔干(Emile Durkheim)最早提出了"内化"(internalization)这个概念,认为"内化"就是指社会意识向个体意识的转化。根据这一定义,本文认为,学术伦理内化就是学术伦理向学术人个体德性转化的过程。具体来说,就是学术人在学术实践中,经过自身的体悟和外在的教化,将具有集体理性的、客观必然性的学术伦理价值观转化为学术人的自我伦理意识,以形成自身稳定的学术人格特质和学术行为反应模式的过程。(有关涂尔干的部分参见朱智贤.心理学大词典[Z].北京:北京师范大学出版社,1989:451.)

　　以上说明学术活动的运作具有很强的个人主观色彩,具有很大的私人性、自由性和不确定性。如果单纯以强调单一化、精准化的法律制度进行规制,虽在"规范化"和"效率"上占据优势,但难免有无法避免的缺陷,在实践中也容易产生"过度规制"的现象(如损害学术自由),也不利于知识的积累和学术创新。而学术伦理规制侧重从规制学术人个人的内心入手,虽指向一定的目标(如创新性的学术成果),但更重视的却是学术的操作过程,同时还具有很大的灵活性、全程性和整体性。所以,从伦理层面上对学术活动进行规制,可以说是充分地照应了学术的特点和学术发展的规律,也很好地弥补了其他规制存在的缺陷,是一种更人性化的学术管理。

　　第四,学术伦理规制具有比其他规制手段更完整、更全面的规约力。

　　伦理规制是一种内在价值观与外在制度约束相统一的规制手段,这种内外统一的规制手段能很好地保障个人的德性稳定持久地实现。拿中国传统道德之一的"孝悌"这种典型的伦理规制来说,它除了其极力宣传倡导"孝"、"悌"这样的伦理价值观之外,还有一系列诸如法律制度(如《唐律》中的"十恶"之一就是不孝)、社会礼仪、道德教育以及社会舆论等外在机制的保障。"一个人如果敢逆孝悌而行,就置自己于大逆不道之境地,因而也就必须以牺牲自己的利益和幸福为代价。正是有了以上这些方面的内外制约,在当时社会环境下的人们不仅在主观上觉得孝悌是天经地义的,做到孝悌是理应如此的,而且在客观上也不能不孝悌,不敢不孝悌。"[①]从这个角度来讲,伦理规制要比法律等方面的规制"强悍"得多,至少更加完整和全面。这正如美国学者汤姆·彼彻姆所说的那样,"伦理以一些可接受的原则和动机来调节人的生活方式,如此广泛的命令式的要求为法律和礼仪所无法包容。因此,在个人生活中,伦理似乎较之法律和礼仪具有更大的重要性。"[②]

　　与其他类别的伦理规制一样,学术伦理规制不是硬性的律条限定,也不是纯粹的内心信念,这使它与一般的学术规范和学术道德区别开来。它以具有广泛认同性的学术伦理价值观为基础,以外在的制度约束体系为依据和保障,既有一种无形的内在引导,也有一种确定的、稳定的和强制性的外在约束。从这个意义上讲,与法律、行政、道德等单方面的规制相比,学术伦理规制的规制范围更广、规制力度更大。

---

① 战颖.中国金融市场的利益冲突与伦理规制[M].北京:人民出版社,2005:234.
② 汤姆·彼彻姆.哲学的伦理学[M].雷克勤等译.北京:中国社会科学出版社,1990:17.

第五,学术伦理规制很契合研究生这些学术人的劳作特点。

研究生虽然也被看成是学生,但是其科研活动的特点与其他科研人员相比并没有本质上的区别:一是其劳作具有更多的自主性。知识只有在自由流动中才能获得增进,真理只有在独立中才能获得坚持。基于这一学术的运作规律,学术人"只忠于学科,忠于知识,忠于真理,他可以不依附于一个国家,也可以不依附于一个组织"①。这也就是说,研究生虽然也需要学习,但其学术工作的开展主要还是依靠其自身的独立钻研、思考、探索和发挥,需要其有较强的自主性;二是研究生的劳作更多地体现为一种精神性的劳动,这些丰富的精神成为创造知识的真正的内在动力。这如同有学者所说的那样,学术劳动"不同于物质的生产,它更强调个人的社会责任感和学术自律等精神要素,一旦远离了这些精神,那么他们就如同失去缰绳的野马,走向失控和异化的危险境地"②。

以上说明研究生所从事的是一项特殊的活动,"更多的自主性"以及"更多的精神性"成为研究生劳作的显著特点。单纯以法律制度对这种职业进行规制,往往不仅容易使研究生"丧失自尊而消极应对",而且也会容易使他们产生"工作上的懈怠感"而不利于学术上的探索和追求。作为一种价值性的规制,学术伦理规制可以说是很好地照应以上这些特点。

二、学术伦理规制的机理和框架

(一)学术伦理规制的运行机理

如上所述,研究生学术伦理规制的目的就是增强研究生的学术伦理意识以及由此带来的自我纠错能力和学术创新精神,以使个人和整个的学术活动得到矫正或保持好的状态。那么,这一目的是如何实现的呢? 即学术伦理是如何达到它对研究生的学术活动所起的规约作用的? 要回答这一问题,就需要把学术伦理的运行机理搞清楚。

学术伦理规制的运行机理是从动态上分析学术伦理运动的、一个涉及心理学(包括解剖心理学)的复杂过程。这一复杂过程不仅与需要、动机、情感、意识、观

---

① 李志峰,沈红.论学术职业的本质属性——高校教师从事的是一种学术职业[M].武汉理工大学学报(社会科学版),2007,(6):848.

② 杨绍福.从高校近亲繁殖看学术责任的消解[EB/OL]. http//www.jerb.com/zywfiles/ca559993.btm,2006-12-04.

念、行为等多种因素密切相关,而且包含着认知、认同、内化多个环节以及接受、体验、践行等多个步骤,是一个学术人主体的内在因素与外部因素相互影响、相互作用的社会化过程。为了便于分析和论证,本书主张采用简化处理的办法,从以上多个因素、环节和步骤中抽象出"学术伦理意识"这个概念并着重分析。本文认为,"学术伦理意识"[①]是一种内化了的学术伦理价值观,是学术人融合了自身情感、认知、心理等因素的"自我认同",也是人心潜藏最深的道德法则,表现为对自身所处的伦理关系的认知和内在把握。"学术伦理意识"之所以重要,是因为它既是学术伦理效用实现过程的中心环节,也是学术伦理从"应然"走向"实然"的中介或桥梁(如图 3－1 所示)。

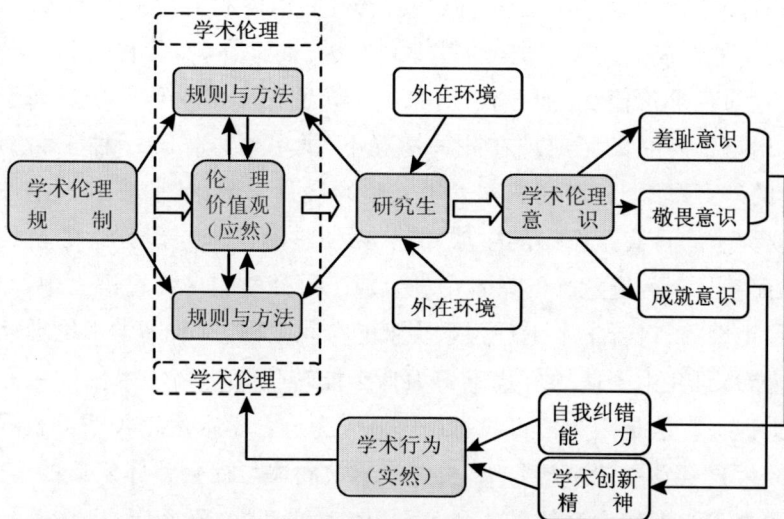

图 3－1　研究生学术伦理规制的效用机理

注:在推动学术伦理效用实现的过程中,当外部"环境"影响到学术人的"学术伦理意识"的生成效果时,就需要有针对性地改进学术伦理操作的"规则与方法",而"伦理价值观"则是需要恒定不变地贯彻到底。

如图 3－1 所示,在研究生的学术活动中,学术伦理效用的实现过程实际上就是研究生作为主体对外部所施加的德性影响(伦理价值观)进行认知——认同——内化,最终实现符合学术伦理关系的个人学术行为的过程。以"学术伦理意识"为中

[①]　本书所提及的"自我伦理意识",一般是指学术人在学术实践活动中所具有的、符合学术伦理关系的自我意识。

心,本书以下分两个阶段来阐述这一过程。

第一阶段:从"学术伦理"到"学术伦理意识"

学术伦理亦作为研究生在科学知识的生产、交流、传播以及评价过程中所应遵循的内在价值要求,引导着他们的自我创造,从这个意义上讲,学术伦理对研究生具有创造意义。但学术伦理创造了什么,显然不是研究生的肉体或学术作品(成果),而是研究生的人格和个性,具体表现为研究生的学术价值观念。这种价值观念就是上文所提及的"学术伦理意识",所以,学术伦理对研究生的创造,实质上是对学术人的学术伦理意识的创造。那么,学术伦理是如何创造出研究生的学术伦理意识呢?

作为一种能照应多方主体需求的、具有普遍共识性的交互主体式伦理,学术伦理不仅作为一种外在的约束力量(通过规制方法)而存在,而且也作为一种内在的推动力量(通过伦理价值观)而存在,研究生个人遵循学术伦理不仅是屈于外部的压力,更是出自于内心的意愿。在此种情况下,学术伦理作为一种正面的积极因素,在一定的外力作用下,直接推动了研究生的自我创造,推动着学术伦理的基本价值观在研究生的自我意识中的生成和建构,使学术伦理与研究生的自我意识达成一致,从而使具有普遍意义的学术伦理生成于研究生的自我意识之中,以致形成具有较强稳定性的、符合学术伦理关系要求的自我伦理意识,即学术伦理意识。

反过来看,研究生个体的自我意识为什么能转化为符合学术伦理关系要求的学术伦理意识呢? 这是因为把自我意识提升到为符合学术伦理关系的自我伦理意识既是研究生自身发展的主观要求,也是学术共同体与社会整体发展的客观情势。研究生个人自我意识作为个体的一种心灵状态,变动性、不确定、个体差异性是其突出特征,这一特征决定了个体自我意识必须提升为具有明确内容和普遍形式的学术伦理意识,才能获得表达和实现。研究生作为一个学术组织(如研究所、大学)和整个社会的存在物,离开了它们的认同,其一切思想和行为就不能取得预期的效果,甚至会遭受惩罚或排挤。

第二阶段:从"学术伦理意识"到"学术行为"

研究生形成了符合学术伦理关系的学术伦理意识,可以说是学术伦理发挥其应有效用的前提和重要环节。但研究生的自我伦理意识要在学术实践活动中发挥出实质性的作用,即研究生在行为中遵循和践履学术伦理,就必须使学术伦理最终同化到其学术行为之中,以在学术实践活动中展现出学术伦理所要求的标准和意义。依笔者的归纳和分析,在研究生的学术活动中,学术伦理意识是通过唤起其羞耻意识、敬畏意识和成就意识而达到使其在行为中遵循和践履学术伦理的目的的。

其一,羞耻意识。羞耻意识是古今中外伦理文化都褒扬的重要伦理要素。它是"主体将自我呈现在善、本质面前,且通过自我评价所形成的一种特殊的情感感受"①。在我国传统的伦理文化中,从孟子(前 372 ~ 前 289)的"耻之于人,大矣"(《孟子·尽心上》)、"无羞恶之心,非人也"(《孟子·公孙丑上》),到冯道(882 ~ 954)的"廉耻,立人之节。盖不廉则无所不取,不耻则无所不为"(《五代史·冯道传论》),到陆九渊(1139 ~ 1192)的"人之患莫大乎无耻,人而无耻,果何以为人哉"(《陆九渊集·与郭邦逸》),到朱熹(1130 ~ 1200)的"耻者,吾所固有羞恶之心也。存之则进于圣贤,失之则入于禽兽,故所系为甚大"(《四书章句集注·孟子》),到清初学者石成金的"耻之一字,乃人生第一要事。如知耻,则洁身励行,思学正人之所为,皆光明正大,凡污贱淫恶,不肖下流之事,决不肯为;如不知耻,则事事反是"(《传家宝·人事通》),再到顾炎武(1613 ~ 1682)的"人之不廉而至于悖礼犯义,其原皆生于无耻"(《日知录·廉耻》),……如此等,都在说明羞耻意识在人的行为中的重要性;在西方的伦理文化中,他们虽以罪恶感为主脉,但并没有否定"羞耻"意识对于人们道德行为的重要性。古希腊伟大的唯物主义哲学家德谟克利特(约前 460 ~ 前 370)就坦言:"对可耻行为的追悔是对生命的拯救。做了一件可耻事的人,应该首先对自己觉得惭愧。"②到了近代,康德之所以提出了著名的道德"自律令",就是因为有"耻感"这一隐形的道德机制,道德"自律"才能成为可能。站在人的自由与解放的高度,马克思更是深刻地指出:"羞耻是一种内向的愤怒","羞耻本身已经是一种革命"③。

如上所述,羞耻意识是个人在社会交往关系中最低、最基本的伦理意识,也是人之道德的最后防线和安身立命的根本法则。"有耻感,才有自律精神,才有自律能力,才有向善而行的勇气与力量。"④研究生的自我伦理意识中一旦有了羞耻意识,就会在心灵深处形成比知识更原始、更真实的"羞耻"这一根弦,就会形成一种最基本但却又最能激发学术良心的内在道德力量,从而把自己的学术行为限定在可以、应当的范围之内。孔子的"知耻近乎勇"(《中庸》)以及朱熹的"人有耻,则能有所不为"(《朱子语类·卷十三》)说明的就是这个道理。

---

① 高兆明.耻感与自由能力[N].光明日报,2006 - 07 - 31.
② 周辅成.西方伦理学名著选辑(上卷)[M].北京:商务印书馆,1984:74 - 76.
③ 马克思恩格斯全集(第一卷)[M].北京:人民出版社,1956:407.
④ 高兆明.耻感与自由能力[N].光明日报,2006 - 07 - 31.

　　除了人的本能羞耻意识（如性羞耻）以外，人的羞耻意识都是在后天教化的基础上形成的。研究生学术伦理意识中的羞耻意识亦是如此。但这种教化的方式应以伦理的方式为基础，通过唤起个人的学术伦理意识来进行，而不是权力性的强迫方式（如法律、制度）。在《论语·为政》中，孔子所强调的"道之以政，齐之以刑，民免而无耻。道之以德，齐之以礼，有耻且格"就是这个道理。

　　其二，敬畏意识。与羞耻意识一样，敬畏意识也是学术伦理意识中一种基本的伦理要素。所谓敬畏意识就是个人对其心目中的神圣事物或力量的崇敬和畏惧。它与一般的害怕、恐惧等心理活动的主要区别就在于它是出自于个人的内在的情感需要，与个人的伦理价值观念息息相关。

　　敬畏意识能够规范、警示着个人的思想和行为，使人得以"安身立命"，从而对自然、社会的合理有序发展起着积极的推动作用。为此，古今中外的贤哲们大多表达过他们的"敬畏"之情。如在我国，从孔子（前551～前479）的"君子有三畏"（《论语·季氏》）中对"天命"、"大人"和"圣人之言"的敬畏，到老子（约前580年～约前500）的"吾所以有大患，为我有身。及我无身，吾有何患"（《老子·十三章》）对"生命"的敬畏，再到朱熹的"是以君子之心，常存敬畏，虽不见闻，亦不敢忽"①对"道"和"天理"的敬畏；在西方，德国哲学家康德（1724～1804）敬畏的是"头上的灿烂星空和心中的道德律令"，海德格尔（1889～1976）敬畏的是"畏之所畏就是世界本身"②，法国哲学家保罗·里克尔（Paul Ricoeur）在谈到伦理的起源时也说，"经由害怕而不是经由爱，人类才进入伦理世界……由于它已经是伦理的畏惧，而不仅仅是肉体上的害怕，因此所畏惧的危险本身是伦理的。"③如此等等，无不说明"敬畏"意识在伦理关系中的普遍存在及其存在的必要。

　　敬畏意识的存在有助于个人心灵的净化、人格的完善，尤其是在目前人的主体性已得到很大张扬的今天，更是如此。作为有着崇高精神追求的学术事业来说，研究生的敬畏意识的必要性就更无须多言。研究生学术伦理意识中的敬畏意识是一个经过后天培养的伦理意识，它是基于对学术这一崇高志业产生"景仰"的基础上而对"亵渎学术"所产生的一种"畏惧"。这种敬畏意识具有很强的神圣性、警示性和规范性，它显现的是一种对研究生个人行为的警示和自省，即警示、约束研究生个人的言行，并赋予其善的德性，从而促使其道德自律——"自己为自己立法"（康

---

① 转引自郭淑新、王建华. 敬畏伦理与社会和谐[N]. 光明日报，2007 – 09 – 18(11).
② 转引自郭淑新. 敬畏伦理初探[J]. 哲学动态，2007,(9):23.
③ 转引自郭淑新、王建华. 敬畏伦理与社会和谐[N]. 光明日报，2007 – 09 – 18(11).

德语)。为此,就要以伦理的手段为基础,培育研究生对学术的敬畏意识。

其三,成就意识。成就意识可以被看成是个人在体验羞耻意识和敬畏意识之后的一种心理转向,是在心灵的煎熬过程萌发的一种更加积极的、主动的、正向的道德力量。这也就是说,若羞耻意识和敬畏意识都是一种"有所不为"的自我伦理意识,则成就意识是一种在"有所不为"基础上的"有所为"的学术伦理意识。

成就意识可以看成是主体活动的一种由潜在走向实在的能力,一种具有很强动力性的个人德性。它能克服自身有限理性所带来的缺陷,即克服那些由欲望所驱使的一切非理性冲动,以追求个人本质力量的自我实现。对研究生的学术实践活动来讲,成就意识就是一种研究生力图克服自身"恶"后的趋"善"意愿,表现为一种学术信念和学术意志,最终成为其在学术实践道路上不断前进的内在动力。在中外的学术发展史上,一些学者之所以能取得令世人仰慕的学术成果,除了其天生的遗传素质以及外在的环境条件之外,最重要的就是他们都有一种排除干扰、不畏险阻的成就意识。

还需要再强调的是,与羞耻意识和敬畏意识相比,研究生成就意识的形成有一个更长的自然历史过程。在学术实践活动中,对研究生的伦理教化积累到一定程度,成就意识便会随之而来。

如图3-1所述,在研究生在学术活动过程中形成的三种学术伦理意识中,羞耻意识和敬畏意识可以形成研究生的一种学术自律能力,而成就意识则可以激发研究生在学术上力争上游、勇攀高峰的精神,即学术创新的精神。研究生若具有这种学术自律能力和学术创新精神,那么就会在实践中转化为一种符合学术伦理关系的行为。

(二)学术伦理规制的实施框架

上文对学术伦理规制内涵、特性以及效用机理的分析,给建立其实践操作路径提供了思路。学术伦理规制作为一种价值性的规制,其对研究生的规制必须建立在学术伦理价值观的基础上,即通过学术伦理价值观的内化来规范的研究生思想和行为,以形成研究生内在的道德约束和激励机制,即学术伦理意识。学术伦理意识一旦生成,就会成为研究生灵魂深处的一种精神评判力,内在地隐含着更原始、更真实并能激发学术良心的内在道德力量,进而成为他们能够自觉地从行为层面上践行学术道德规范的内在动力;但另一方面,由于学术伦理不只是属于研究生个人内在的道德,还表现为一种外在的对学术人的制约。学术伦理作为一种关系之理,必然表现为外在的组织或社会关系,表现为行为所依循的组织或社会规则,必然在影响到组织或社会的同时也要受到组织或社会的制约。为此,对学术伦理进行规制还必须强调它的外在性规制,即通过外在的制度规范,运用一定的方法操作,使学术伦理所倡导的价值观念能顺利生成学术人的学术伦理意识并能在现实中得到体现。

基于此,研究生学术伦理规制的实施框架应包括以下两部分内容。

其一,确立内在的学术伦理价值观。如图3-1所示,学术伦理价值观是形成研究生学术伦理意识的核心与灵魂,也是学术伦理规制的基础。为此,要在学术管理活动中实施伦理规制,首先要做的就是确立一套符合学术伦理关系要求的价值观体系,即学术伦理价值观。这将在本书第五章具体谈到。

其二,建立外在的规则与方法体系。如图3-1所示,由于研究生所处外部环境的复杂性,就需要通过外在的制度约束体系来为促进学术伦理价值观在学术人中的内化,即为研究生学术伦理意识的形成提供实践的依据和保障。为此,就要围绕学术伦理价值观建立配套的规则与方法体系。如建立专门负责学术伦理规制的组织机构、把学术伦理价值观制度化以及建立一系列有关学术伦理规制的操作方法等。这将在本书第六、七、八章具体谈到。

但是,这一实施框架所包含的两大部分并不是简单的并列关系,而是二者相互作用,相互联结,统一发挥效力,即其规制的手段是以其内在的伦理价值观为基础,以其外在的规则与方法体系为保障,并在二者的统一过程中达到对行为人(研究生)进行伦理规制的目的。

之所以这样认为,是因为,学术伦理规制作为一种内化性的规制(如本章第二部分所述),其对研究生的规范必须建立在价值观的基础上,通过价值观的导向从"内心"来规范的研究生思想和行为,以致形成了隐性的"学术良心",即学术自律。学术自律其实是学术人内在的学术伦理机制,是学术人学术道德意志与学术道德动机的集合,它集中体现在学术人自身的"德"上,即伦理修养上。马克思在谈到伦理问题时,就认为"道德的基础是人类精神的自律"①。学术伦理作为一种社会意识形态,它用其特有的诸如伦理评价、伦理监督等手段来促进使学术人履行一定的伦理原则和要求。所以,学术伦理规制应以规制研究生的"内心"为基础,即以内在性规制为基础;但另一方面,学术伦理不只是属于研究生个人内在的道德,还表现为一种外在的对研究生的制约。学术伦理作为一种交互主体性的关系之理,

---

① 马克思恩格斯全集(第1卷).北京:人民出版社,1956:15.

必然要表现为外在的社会关系,表现为行为所依循的社会规则,必然要影响社会同时也要受社会制约。为此,对学术伦理进行规制还必须强调它的外在性规制,即通过外在的规则与方法,使学术伦理所倡导的价值观念能在现实中得到体现。

以上说明,完善的学术伦理规制应是其内在的学术伦理价值观、外在的规则与方法二者的有机统一。学术伦理规制的伦理价值观表现为外在规则与方法的主体化,而其外在的规则与方法则表现为内在的价值观念在现实中的具体化。内在与外在相互作用,相互影响,对研究生的思想和行为起共同的规约作用。

第四章　为何规制:现状调查与动因解析

本章的任务主要是为研究生学术伦理规制的开展寻找现实与理论两个层面的理由。在本书第二章末尾曾提到,研究生所面临的学术伦理困惑若得不到有效解决,就会使研究生陷入迷茫,学术上是非善恶难以分清,学术价值观念模糊,学术伦理水平低下,而这又往往为其学术伦理失范埋下"伏笔"。那么,现在的问题是,现实中研究生的学术伦理水平状况到底怎样? 如果能就此调查清楚,则可以从反向上弄清研究生所面临的学术伦理困惑及其把握困惑的能力。基于此,本章的内容主要有二:一是尝试性运用自编的情景故事问卷调查国内研究生的学术伦理水平状况;二是以此调查为基础,从内、外两个方面对研究生学术伦理失范的深层动因作出分析。

一、研究生学术伦理水平现状调查:基于情景故事投射

如本书第一章第三部分所述,认为学术伦理是以基本价值观为基础和核心的、基本价值观与规则方法的辩证统一。基于此,本章将围绕学术伦理的"基本价值观"这个中心,运用情景故事投射的方法对当前我国研究生的学术伦理水平现状进行一次探索性的调查,以为问题的进一步解决提供一个着力点和突破口。

(一)背景介绍

1. 相关文献概况

研究生的学术伦理水平测量,是从伦理的角度对其学术价值取向所做的定量评价或评估。但从文献检索的情况来看,目前学界大都从外在产出的角度(如科研论文的级别和数量)对研究生的科研能力、行为和效能进行评估,而鲜有理念文化层面的评估,有的也只是一个定性的评价。如安世遨(2008)在《完善高校评估"学风"指标的建议》一文中只是基于对高校学风的内涵分析,指出高校评估中"学风"指标存在的不足,并提出了诸如在指标体系中增加相关人员的科学精神、学术价值

追求等观测点的建议,有关评估的方法和步骤却没有谈到。① 至于有关学术伦理的实证性评估的文献更是没有。不过,有关企业伦理、行政伦理等方面实证测量的研究文献,自然也可为本书对研究生学术伦理水平的测量提供一些借鉴或启示。

如在企业伦理方面,Tsalikis 和 Seaton 首次提出企业伦理指数,并以此衡量企业的伦理行为。② Gibert 则在此基础上建立了"伦理信誉指数"(Ethical Repu6tation Index,ERI)和"伦理采购指数"(Ethical Purchasing Index,EPI),通过测算伦理信誉指数,他发现英国消费者认为麦当劳是伦理行为表现最差的企业,其次是耐克和阿迪等知名品牌。③ 付维会和赵晓也在参考 Tsalikis 和 Seaton 有关企业伦理指数的问卷设计和计算方法的基础上,设计了由"过去 - 未来"(past - future)、"自身经历 - 他人经历"(personal - vicarious)两个维度四个问题构成的调查问卷,并以 1047 名在校学生为调查样本,测算了 2009 年基于年轻消费者的中国企业伦理指数。④

而在行政伦理方面,如德布拉·斯图尔特(Debra Stewart)和诺尔曼·斯普林塞奥(Norm Sprinthall)二人早在 1994 年设计的"斯图尔特 - 斯普林赛奥管理调查法"(SSMS)就是目前国外研究行政伦理最主要的实证测量方法。该方法基于"一个人道德认知水平的发展集中表现为其道德判断水平的发展上"这一理论假设,来测量一个人的行政伦理水平。⑤ 在我国,王怡(2006)借鉴了美国行政伦理学者特里·库帕的"影响负责任行政行为的四大因素理论",形成了以个人道德品质、组织制度、组织文化和社会期待这四个维度为指标的调查问卷,对 285 名来自广州的公务员的伦理水平状况进行测量统计,数据显示他们的伦理水平总体上处于中等稍偏上的状态。⑥ 顾文涛(2007)等学者则提出了伦理能力指数的概念,认为伦理能力指数即是道德指数(moral index)或德商(moral quotient),并从空间、时间、层次三个方面建立了对高校领导者的伦理能力指数进行测度的维度。⑦

除企业伦理以及行政伦理实证测度这两个目前学界比较热门的研究话题之外,还有一些相关研究也对本书的研究很有启发。如栗志明提出了"国民道德指

---

① 安世遨.完善高校评估"学风"指标的建议[J].高教发展与评估,2008,(3):18 - 21.
② John Tsalikis & Bruce Seaton. Business Ethics Index: Measuring Consumer Sentiments toward Business Ethical Practices[J]. Journal of Business Ethics,2006,64: 317 - 326.
③ Gibert H. McDonald's Tops Index of Unethical Companies[J]. Supply Management,2006,(11):9.
④ 付维会,赵晓.2009 年中国企业伦理指数[J].软科学,2011,25(5):131 - 137.
⑤ 胡辉华,蓝建新.行政伦理指数概念[J].中国行政管理,2006,(3):50 - 52.
⑥ 王怡.行政伦理指数调查研究[D].广州:暨南大学,2006.
⑦ 顾文涛,吴金希,韩玉启.高校领导伦理能力测度模型研究[J].运筹与管理,2007,(1):120 - 124.

数"这一概念,认为它是运用数量分析法研究道德这一特殊意识形态而得出的用以衡量国民道德水准高低的一个量化指标体系,并对该指标体系中的人均产值、教育开支总数、基尼系数、清廉指数、专家评估和基础指标六个一级指标作了分析和阐述。①

本书在对以上文献进行梳理时发现,他们在对某一伦理要素或文化要素进行实证测量时都难免存在一个缺陷,即通过简单句子问答的方法要求被试对某种陈述事实或假设做出"是"或"不是"、"愿意"或"不愿意"、"赞同"或"反对"等情感态度上的判断,然后以此衡量个人或组织的某一伦理水平或文化水平。但事实上,人对某一事件做出道德判断远没有那么简单,往往是根据当时具体的情境做出判断的。这正如伦理学家强以华教授所认为的那样,"在研究道德评价问题的时候,尤其是在研究行为动机与行为效果的时候,应该引入量化分析,联系具体场景做出具体研究。"②所以,通过向被试营造具体的、真实的情境来探测人的情感态度取向,其可信度就大得多。

为此,为了能够尽可能真实地探测出我国研究生目前的学术伦理水平状况,本书尝试性地运用心理学研究中的一个较为成熟的研究方法——情景故事投射法。

2. 理论基础与基本假设

本研究方法的理论基础与基本假设来源于学术伦理与学术价值观之间的紧密联系,这在本书第一章第三部分中也得到阐述。

伦理和价值观都是以"人"为载体,都属于某种"应然"体系,这彰显着价值观与伦理之间的紧密联系。在众多伦理学家看来,伦理其实就是一种价值学说。黑格尔就认为,伦理作为主观的善和客观的、自在自为存在的善的统一体,是社会最高层次的价值观。③ 美国学者 Kenneth 也认为,"说到底,伦理问题就是个人的价值观或者个人所属群体的价值观。"④我国学者江畅在建构他的应用伦理学理论时也认为,价值观是伦理的核心,应专注于价值观在伦理关系中的基础与灵魂作用。⑤所以,当人们习惯性地把"价值观"与"伦理"合在一起,称之为"伦理价值观"时,也就不难理解了。

---

① 栗志明.论国民道德指数指标体系的构建[J].道德与文明,2012,(4):112-116.

② 强以华.西方伦理十二讲[M].重庆:重庆出版社,2008:84-85.

③ [德]黑格尔.法哲学原理[M].范扬,张企泰译.北京:商务印书馆,1961.

④ Kenneth A. Strike & Jonas F. Soltis. 教学伦理[M].北京:教育科学出版社,2007:7.

⑤ 江畅.从当代哲学及其应用看应用伦理学的性质[J].中国人民大学学报,2003,(1):35.

作为社会伦理体系中的一个类别,都以"学术人"为载体的学术伦理与学术价值观之间的关系亦是如此。一方面,学术价值观能体现学术人这一实践主体在某种学术伦理层次上的追求。当一个学术人的学术价值观与学术界普遍认为应该的方式不同时,他(她)便从学术价值观上背离了学术伦理标准;另一方面,学术伦理却能衡量学术人这一实践主体所持学术价值观的性质。学术价值观归根结底是学术人对其所追求事物的价值的反映。但它是否真正具有价值,它的价值效应是正向的还是反向的,价值量是大是小,价值的层次是高是低,是应该坚持的还是应该放弃的,这都不能由学术人自己说了算的,而必须有着一定的伦理标准。

以上分析自然给被认为抽象难懂的学术伦理评估找到了突破口,那就是可以通过测度学术人个人学术价值观的状况来评估其学术伦理水平。学术价值观作为一种内在的尺度,总是在学术人值不值得去认知、值不值得去做以及在面临价值观冲突时如何选择等行为背后起作用,即对学术人的行为起着一种深层的导向作用,是一种内部控制的力量。但是学术价值观在没有和学术伦理结合之前只能是中性的个人价值观,其对学术人所具有的导向作用有可能导向"善",也有可能引向"恶"。这也就是说,学术价值观与学术伦理的结合程度预示着其导向"善"或"恶"的程度,即学术人符合学术伦理关系的程度。换句话来说,学术价值观作为学术人头脑中一种比较稳定的、在很大程度上左右着学术人的思想和行为的观念模式,其状况直接反映着其符合学术伦理关系的程度即其学术伦理水平的高低。

与此同时,以上分析也给寻找学术伦理失范的根源打开了思路。学术伦理作为一种伦理关系,表现为各利益主体(如学术人个人、院校、社会)之间的价值对应关系,也是学术人围绕学术伦理关系进行的理性思考及其道德操作方式。学术人要想真正实现自己的主体地位,就必须符合这种伦理关系,即在自身德性的基础上,达到各主体利益诉求的辩证统一。但在具体把握学术伦理关系这个问题上,一定时空条件下的不同学术人作为能动的自由主体,往往有不同的理解和看法。如果学术人的学术价值观符合学术伦理标准即符合学术伦理关系,那么就会促进其学术行为沿着正确的轨道前进。而一旦学术人的学术价值观脱离了学术伦理关系,就会造成学术价值观的错位,如价值错乱、价值冲突、迷失或偏转等,而这往往会导致学术人的学术伦理失范。如美国北亚利桑那州大学学者 John G. Bruhn 就认为,学术实践生活中的伦理失范(ethics failure in academia)大多是由于学术人的

"价值错乱"(value dissonance)引起的。[①] 学术价值观的错位程度显示着学术人学术伦理水平的低下程度,而这则预示着学术伦理失范发生几率的大小和程度的强弱。

基于以上分析,本书特提出以下研究假设:(包括研究生在内的)学术人的学术价值观状况反映着其学术伦理水平的高低,而学术伦理失范则反映出学术人的学术伦理水平低下即其学术价值观的一种模糊或错位状态。

(二)问卷编制

1. 研究设计

情景故事投射法就是把来源于具体生活实践的某一或某些情景编制成一个或数个小故事,要求被试在阅后以旁观者的身份发表意见或回答问题,然后根据被试的回答来探测其心理世界或情感价值取向。目前,国内也有学者把情景故事投射法运用于价值观方面的研究。如岑国桢等人以 2003 年我国抗击"非典"为背景,通过编撰的五个故事对 427 名大学生和职业青年的相关价值观倾向进行了探究。[②] 栾小倩等人通过一个虚拟的、包含有五个主体人物的故事,对 730 名大学生的爱情价值观进行了调查研究。[③]

根据上文的分析,学术价值观状况是反映学术伦理水平的内在要素,对研究生学术伦理水平的测量实际上就是对其学术价值取向即学术价值观的测量。所以,学术价值观是研究生学术伦理水平测量的内容载体,同时也是建立伦理测量指标体系的理念与物质基础。但是,应从哪几个维度来测量学术价值观呢?

笔者前期通过专家咨询、文献检索等研究方法,经过多轮咨询和筛选,最终明确了学术人需要遵循的五种最基本的学术伦理价值观:"严谨"、"创新"、"理性"、"合作"、"独立"(这部分内容将在本书第五章具体阐述)。五个伦理价值观分别代表不同的维度,其中"严谨"、"创新"分别代表纵向层次的"底线伦理"(学术人最起码的伦理要求)和"上标伦理"(学术人的最高伦理追求),"理性"、"合作"、"独立"分别代表横向层次的个人、组织以及社会三个层面的伦理既直观。

基于以上所做的工作,本调查以下需要做的就是把研究生个人的学术价值观

---

① John G. Bruhn. Value Dissonance and Ethics Failure in Academia:A Causal Connection? [J]. Journal of Academic Ethics,2008,22(3):17 – 30.

② 岑国桢,吴念阳,顾海根,崔丽蓉. 抗 SARS 中若干价值观的一项调查[J]. 心理科学,2004,(2):264 – 266.

③ 栾小倩,曹光海,李建伟. 大学生爱情观研究[J]. 中国健康心理学杂志,2008,(3):393 – 395.

(即个人主观倾向)与五个学术伦理价值观进行两两对比,即根据其个人学术价值观符合学术伦理关系要求的程度来衡量其学术伦理的水平及其所反映的状态。

2.变量选择

本调查关注的中心问题是研究生的学术伦理水平,故选择研究生为自变量,学术伦理水平为因变量。

(1)自变量(分组变量):不同类别的研究生,其学术伦理水平可能有所不同。基于此,本书把研究生按照性别、培养层次、培养方式、培养机构、年级以及学科专业等六个类别进行分类。其中,培养层次设置"硕士研究生"、"博士研究生"、"硕博连读研究生"三个变量;培养方式设置"全日制学习"和"在职学习"两个变量;培养机构设置"研究型院校"(国内一般为"211院校")和"一般本科院校"(国内一般为教学研究型)以及其他科研院所三个变量;年级设置为"一年级"、"二年级"、"三年级及以上"三个变量;学科专业设置"人文社科类"和"理工农医类"两个变量。

(2)因变量(检验变量):本调查根据上述学术伦理关系中几个最基本的学术伦理价值观,设计了5个分别以"严谨"、"创新"、"理性"、"合作"、"独立"为主题的情景小故事作为刺激材料(见附录2),并以此来反映研究生各维度的伦理水平,即5个因变量:故事一描述的是一位研究生由于就业压力而随意杜撰、拼凑学位论文;故事二描述的是一位研究生为了快速发表论文、多发表论文而坚持不撤回问题论文,企图蒙混过关;故事三描述的是一位研究生为了其研究成果能顺利发表而故意抹掉对研究结论不利的数据;故事四描述的是一位颇具研究才华的研究生为了自己做实验的便利而不愿与其老师和同学在一起讨论研究课题;故事五描述的是一位研究生提议其师弟将其独立完成的论文署上他人名字以换取某种好处。

3.研究效度处理

进行具有强烈社会倾向如学术伦理价值观倾向的研究,能否掩盖真实的研究目的对提高研究的信度至关重要。[1] 本调查采用情景故事投射法,能较好地隐匿研究者的意图。为了进一步地提高该情景故事问卷的效度,本研究特作出以下处理。

第一,故事皆用第三人称表述,要求被试者以旁观者的角度回答问题。即要求被试者每读完一个小故事后,对故事主人公的做法、想法或提法作出反映。

第二,故事具有一定的真实性。这些故事,有的来自报纸或网站上的新闻分析

---

① 岑国桢.青少年主流价值观:心理学的探索[M].上海:上海教育出版社,2007:206.

或报道,有的是笔者对某一访谈事例的编写,有的来自学术研究规范教材中某一经典案例的改编。

第三,为提高问卷的回收率和有效答卷录,问卷尽量设计得很简洁。

(三)调查程序

1. 预调查

利用笔者参加一次研究生学术论坛的机会,现场向与会研究生发放 50 份问卷,回收 41 份。根据回收问卷的答题状况,笔者对问卷做了一些修改。与此同时,笔者就该问卷的设计等问题咨询并参考了一些专家、学者的意见,进一步修正了一些题意不明、理解有歧义的内容。此外,为了增加问卷的效度,笔者又在两位心理学专家的帮助下对每个故事及其附带问题的语言表述做了一些技术处理,尽量剔除其中所带有的倾向性或暗示性的语言,最后形成正式的问卷。

2. 正式调查

本研究采取整群抽样与分层抽样相结合的策略,共抽取重庆大学、同济大学、武汉大学、华南理工大学、广西大学、上海大学、南昌大学、江西农业大学、江西财经大学、上海海洋大学、辽宁大学、辽宁师范大学、沈阳化工大学、上海师范大学、北京体育大学、海南师范大学、安徽工业大学、上海电力学院 18 所高校以及某些专业研究院所,发放问卷 3200 份,共收集到有效问卷 2721 份,问卷回收率 85.0%。被试对象具有一定的随机性,在性别、年级、学科专业、类别、就读高校等方面分布比较均衡,基本符合目前我国研究生教育的基本格局,如硕、博研究生在校人数比例大约为 5∶1,研究型高校数少于一般高校,但在校研究生人数却多于一般高校[1]等。样本基本信息如表 4 - 1 所示:

3. 数据处理

问卷采用 Lilter 7 点问卷模式进行评定。7 个选项分别代表不同的学术价值取向,得分范围为 1~7,分数由低到高代表的学术伦理水平依次递升,得分 1 为最差学术伦理水平,得分 7 为最佳学术伦理水平;得分等于或小于 4 表示其学术价值观处于模糊或错位状态,得分大于 4 表示其学术价值观处于清晰或良好状态。然后,采用 SPSS17.0 统计软件对收集到的数据进行处理分析。

---

[1] 如根据教育部 2010 年《教育统计年鉴》,研究生在校生人数 1538416 人,其中硕士生 1279466 人,博士生 258950 人,硕、博研究生在校人数之比约为 5∶1;另如据中国研究生招生信息网提供的信息,2012 年我国有招收研究生资格的高校 486 所,其中"211"高校 116 所,地方高校 370 所。

表4-1 被试的人种学特征

向 度	组 别	人 数
性 别	女	1285
	男	1436
培养层次	硕士研究生	2206
	博士研究生	400
	硕博连读生	115
培养方式	全日制学习	2438
	在职学习	283
年级	一年级	1174
	二年级	1024
	三年级及以上	523
学科专业	人文社科类	1219
	理工农医类	1502
培养机构	"211"院校	1564
	一般本科院校	1050
	其他科研院所	107
合计		2721

(四)结果发现

问卷整体的 α 系数①为 0.754,说明本问卷具有比较好的内在信度。以下需要解决的问题主要集中在两个方面:一是研究生在整体上达到何种伦理水平? 二是不同类别的研究生的学术伦理水平有无差异。

———————————

① α 系数即 Cronbach Alpha 信度系数,是问卷中各项目得分间的一致性,比较适用于态度、意见式问卷的信度分析。

1. 研究生整体的学术伦理水平

表4-2是对研究生学术价值观的投射结果进行总体的描述性分析。从其统计结果可以看出,研究生整体的学术伦理水平偏低(均值3.62 < 4),基本处于一种学术价值观的模糊或错位状态。

表4-2　研究生学术价值观投射的总体描述性统计

价值观	取向(分值)	频数	比率	累积百分比	均数	标准差
严谨	1	132	4.9	4.9	3.64	1.395
	2	497	18.3	23.1		
	3	723	26.6	49.7		
	4	539	19.8	69.5		
	5	547	20.1	89.6		
	6	269	9.9	99.5		
	7	14	0.5	100.0		
创新	1	124	4.6	4.6	3.75	1.393
	2	445	16.4	20.9		
	3	625	23.0	43.9		
	4	654	24.0	67.9		
	5	536	19.7	87.6		
	6	330	12.1	99.7		
	7	7	0.3	100.0		
理性	1	134	4.9	4.9	3.98	1.360
	2	277	10.2	15.1		
	3	487	17.9	33.0		
	4	815	30.0	63.0		
	5	638	23.4	86.4		
	6	348	12.8	99.2		
	7	22	0.8	100.0		

续表

价值观	取向(分值)	频数	比率	累积百分比	均数	标准差
合作	1	196	7.2	7.2	3.31	1.328
	2	639	23.5	30.7		
	3	728	26.8	57.4		
	4	623	22.9	80.3		
	5	373	13.7	94.0		
	6	154	5.7	99.7		
	7	8	0.3	100.0		
独立	1	148	5.4	5.4	3.45	1.331
	2	510	18.7	24.2		
	3	838	30.8	55.0		
	4	690	25.4	80.3		
	5	283	10.4	90.7		
	6	226	8.3	99.0		
	7	26	1.0	100.0		

从研究生各维度学术价值观来看，"严谨"（均值3.64，≤4的比率为69.5%）、"创新"（均值3.75，≤4的比率为67.9%）、"理性"（均值3.98，≤4的比率为63.0%）、"合作"（均值3.31，≤4的比率为80.3%）以及"独立"（均值3.45，≤4的比率为80.3%）都处于一种比较严重的价值观模糊或错位状态。此外，各项学术价值观的标准差的数值都比较接近数值1，说明研究生的学术价值取向在整体上趋向一致。

2. 不同向度研究生的学术伦理水平

以下分别从性别、培养层次、培养方式、培养单位、年级以及学科专业六个向度对研究生学术价值观的投射结果进行统计分析。

第一，向度为"性别"的学术伦理水平。

表4-3 男、女研究生学术价值观的投射结果及方差检验

组别	向度	均数	F 值	P 值
严谨	女	3.70	4.937	0.026 *
	男	3.58		
创新	女	3.86	14.008	0.000 *
	男	3.66		
理性	女	4.08	12.578	0.000 *
	男	3.90		
合作	女	3.38	8.230	0.004 *
	男	3.24		
独立	女	3.45	0.019	0.890
	男	3.46		

注: * 表示 P < 0.05。

从表4-3可以看出,男、女研究生在学术价值观"独立"方面无显著差异,即他们在这方面的学术伦理水平相当;而在"严谨"、"创新"、"理性"和"合作"方面存在显著差异(P值均小于0.05),即女性研究生在这四个方面的学术伦理水平优于男性研究生。

第二,向度为"培养层次"的学术伦理水平。

表4-4 不同培养层次研究生学术价值观的投射结果及卡方检验①

组别	向度	均数	卡方	P 值
严谨	硕士研究生	3.61	15.830	0.000 *
	博士研究生	3.87		
	硕博连读生	3.43		

① 由于这一向度需要检验差异的独立样本超过两个,所以就不再适合采用方差检验,而改用卡方检验。下同。

续表

组别	向度	均数	卡方	P值
创新	硕士研究生 博士研究生 硕博连读生	3.85 3.35 3.41	51.236	0.000*
理性	硕士研究生 博士研究生 硕博连读生	4.05 3.72 3.67	23.935	0.000*
合作	硕士研究生 博士研究生 硕博连读生	3.36 3.08 3.10	17.436	0.000*
独立	硕士研究生 博士研究生 硕博连读生	3.41 3.62 3.77	20.738	0.000*

注:*表示 $P < 0.05$。

从表 4-4 可以看出,不同培养层次的研究生在五项学术价值观方面均存在显著差异(P 值均小于 0.05)。一般认为,博士研究生由于在学术能力与水平上高于硕士研究生,其在学术上的精神和追求自然也应优于硕士研究生。但从表 4-4 的分析结果来看,除"严谨"和"独立"价值观之外,博士研究生反倒逊于硕士研究生,即随着学术能力和水平的提高,研究生一些方面的学术伦理水平却反而降低了。此外,硕博连读生在"创新"、"合作"和"独立"价值观方面优于博士研究生,但在"严谨"、"理性"价值观方面却逊于博士研究生。

第三,向度为"培养方式"的学术伦理水平。

表 4-5 不同培养方式研究生学术价值观的投射结果及方差检验

组别	向度	均数	F值	P值
严谨	全日制学习	3.64	0.084	0.772
	在职学习	3.61		

续表

组别	向度	均数	F 值	P 值
创新	全日制学习	3.78	8.969	0.003 *
	在职学习	3.52		
理性	全日制学习	4.02	15.323	0.000 *
	在职学习	3.69		
合作	全日制学习	3.32	4.049	0.044 *
	在职学习	3.16		
独立	全日制学习	3.48	12.542	0.000 *
	在职学习	3.19		

注：* 表示 P<0.05。

从表4－5可以看出，全日制研究生与在职学习研究生在"严谨"价值观方面无显著差异，即两类研究生在这个方面的学术伦理水平相当；在"创新"、"理性"、"合作"以及"独立"价值观方面存在显著差异（P 值均小于 0.05），即全日制研究生在这四个方面的学术伦理水平优于在职学习的研究生。

第四，向度为"年级"的学术伦理水平。

表4－6　不同年级研究生学术价值观的投射结果及卡方检验

组别	向度	均数	卡方	P 值
严谨	一年级	3.85	49.691	0.000 *
	二年级	3.49		
	三年级及以上	3.44		
创新	一年级	3.80	8.970	0.011 *
	二年级	3.78		
	三年级及以上	3.60		
理性	一年级	4.07	12.323	0.002 *
	二年级	3.98		
	三年级及以上	3.79		

续表

组别	向度	均数	卡方	P 值
合作	一年级 二年级 三年级及以上	3.40 3.20 3.31	12.131	0.002*
独立	一年级 二年级 三年级及以上	3.62 3.38 3.22	34.775	0.000*

注：* 表示 P<0.05。

从表4-6可以看出，不同年级的研究生在五项学术价值观方面均存在显著差异（P值均小于0.05）。与表4-4的分析结果相印证，随着研究生入学时间的增长以及与此相伴随的学术能力与水平的提升，其学术伦理水平不但没有提升反而却降低了，即年级越高，其学术伦理水平越低。

第五，向度为"学科专业"的学术伦理水平。

表4-7　不同学科专业研究生学术价值观的投射结果及方差检验

组别	向度	均数	F 值	P 值
严谨	人文社科类	3.49	25.614	0.000*
	理工农医类	3.76		
创新	人文社科类	3.79	1.852	0.174
	理工农医类	3.72		
理性	人文社科类	3.91	6.342	0.012*
	理工农医类	4.04		
合作	人文社科类	3.31	0.033	0.856
	理工农医类	3.30		
独立	人文社科类	3.39	5.644	0.018*
	理工农医类	3.51		

从表4-7可以看出,不同学科专业研究生在学术价值观"创新"和"合作"方面无显著差异,即他们在这两个方面的学术伦理水平相当;而在"严谨"、"理性"和"独立"方面存在显著差异(P值均小于0.05),即理工农医类研究生在这三个方面的学术伦理水平皆优于人文社科类研究生。

第六,向度为"培养单位"的学术伦理水平。

表4-8　不同培养机构研究生学术价值观的投射结果及卡方检验

组别	向度	均数	卡方	P值
严谨	"211"院校 一般本科院校 其他科研院所	3.68 3.55 3.82	7.143	0.028*
创新	"211"院校 一般本科院校 其他科研院所	3.76 3.74 3.79	0.154	0.926
理性	"211"院校 一般本科院校 其他科研院所	4.00 3.97 3.84	2.224	0.329
合作	"211"院校 一般本科院校 其他科研院所	3.30 3.30 3.47	1.780	0.411
独立	"211"院校 一般本科院校 其他科研院所	3.49 3.41 3.36	2.063	0.356

注:*表示P<0.05。

从表4-8可以看出,来自不同机构的研究生仅在"严谨"价值观方面存在显著差异(P值小于0.05),即来自专业科研院所的研究生在这方面的学术伦理水平较高,而在学术价值观"创新"、"理性"、"合作"和"独立"价值观方面却无显著差异,即他们在这些方面的学术伦理水平相当。

（五）分析与讨论

第一，学术伦理水平低下是学术不端行为发生、学术创新力不足的深层原因。以上调查结果显示，我国研究生的学术伦理水平整体上并不理想，有相当比例的研究生的学术伦理价值观基本上处于一种模糊或错位的状态。按照著名道德心理学家科尔伯格（L. Kohlberg）的说法[①]，即他们还没有从伦理准则出发来考虑问题和作出反应。这种状态的存在，可以说是目前我国研究生群体中学术不端事件频发、学术创新力不足的深层原因。换句话来说，一旦遇上了一定的条件（如面临就业压力时），这些处在低学术伦理水平即学术伦理价值观处于模糊或错位状态的研究生就有很大学术伦理失范的可能性。

第二，研究生学术伦理水平的高低与其年龄的大小、学术能力的高低并不存在正向关系。这可以说是本研究的一个最重要的发现。按照一般的常理来推断，在学术精神、学术品格及其反映的学术伦理水平方面，博士研究生应高于硕士研究生，高年级研究生应高于低年级研究生，不少学者的研究也认同这一点。但表4－4和表4－6的分析结果却与这一"常理"相反，这就引发一个需要我们深刻反思的问题，那就是：我们营造的学术氛围以及我们平时的所作所为，是不是逐渐消磨了人的意志，从而让那些当初满怀学术激情的研究生最终归于平庸？本课题对一些研究生的访谈，也印证了这一点。如他们大都在入学前以及入学后的一段时间内对研究生生活充满憧憬，希望能踏踏实实做学问，力争"在学校作出一些像样的成绩出来"，但随着临近毕业时面临的就业难题等压力、周围环境以及他人的影响（如看到"高年级的都是这样混过来的"、"周围的同学没有几个是真正做学问的"），其先前给自己设定的学术目标和要求就逐步松懈甚至瓦解，直至说出类似"研究生不过如此"、"能拿到学位就行了"等充满失望或不思进取的话来。

第三，不同类别的研究生其学术伦理水平有所不同。这意味着在对研究生进行学术伦理规制的实践过程中，应加强针对性，对于不同种类、不同阶段的研究生应采取不同的规制方略。如根据本章表4－3的分析结果，与女性研究生相比，应强化男性研究生在"严谨"、"创新"和"合作"等学术伦理价值观方面的规制力度。再如，根据表4－6的分析结果，对研究生的学术伦理教育绝不能仅仅集中在其入

---

① 科尔伯格指出，以德性为核心的个体社会性发展大体上具有个体的、社会的和原则的三种水平，分别表示一个人从自己的个人利益出发、从社会习俗秩序和权威出发、从内化为自己良心的伦理准则出发来考虑问题和作出反应。参见：Kohlberg, L. Essays in moral development. Volume 1：The philosophy of moral development：Moral stage and the idea of justice, San Franscisco：Harper & Row Publishers. 1981：31－412.

学阶段,而必须是一个持续性的、逐步深化、具体化的行动。即研究生越是临近毕业,越是要加强对他们学术伦理方面的教育。

总而言之,本研究的意义不仅仅在于为现实中的研究生学术伦理水平的实证评估作出了一个大胆的尝试,而且也有助于从伦理的层面寻找研究生学术不端即学术伦理失范的根源。这对于弄清院校现有的学术伦理资产与风险,进而采取有针对性的行动进行研究生学术道德建设,都具有重要的启发性意义。但是,本研究对于情景故事投射这种研究方法的应用,还有许多待完善的地方。比如本研究虽然在正式调查前对设计的五个情景故事及其问题做了反复筛选和修正,但仍觉得它们的含义仍有交叉的地方,而且也不能全部概括涉及研究生学术活动的所有学术伦理问题及其所反映的价值观,并且它们之间各自的独立性和代表性距离具有高效度的价值观量表尚有不少的距离。

二、研究生学术伦理失范的动因解析

如上述调查显示,研究生整体的学术伦理水平偏低,有相当比例的研究生的学术价值观基本上处于一种模糊或错位的状态,而这往往会导致研究生在面临学术伦理困惑时,而不能使其学术行为沿着正确的轨道前进,即学术伦理失范。那么,研究生的学术价值观为什么会发生错位呢? 其学术伦理失范又如何会发生呢? 本书以下将以"自我认同"这一核心构念为中心,从内、外两个方面来寻找研究生学术伦理失范的深层动因。

(一)自我认同与学术伦理失范

从最根本的意义上讲,学术伦理失范终究是人的问题。这是因为,任何德性,不管是善还是恶,或是其善或恶的程度如何,都依存一定个体的人,并通过个体的人而展开。个体人的"德"的存在及其展开,既反映和影响所在类(共同体)"善"的状况,也反映和影响着整个社会"理"的状况,体现着这三者之间的一种价值对应关系——交互主体关系。然而,不幸的是,当个体人违背了处在这种关系中的(个体的)德性时,他(她)便破坏了这种自在的关系,也就违背了伦理。那么,作为学术人群体中的研究生,为什么会违背学术伦理呢? 要从价值观的层次上弄清这个问题,这就必然涉及学术伦理主体的自我认同问题。

自我认同是个人内化了的价值观,它也是融合了个人的情感、认知、心理等因素的自我意识。在交互主体性的学术伦理关系中,学术操作主体的自我认同是其德性以何种方式存在并予以展开的前提,也是形成具有"权威性的"约束个体道德行为的规则的基础。然而,作为学术伦理的主体,一些研究生在自我的认同上,以内在评判尺度的个人化代替交互主体性的统一,即把自身对学术的价值判断(学术价值观)限制在狭小的个人意识中,处处以自我的利益为中心,把自身与作为学术共同体的一员割裂开来,把自身与作为负有一定特殊社会使命的学者割裂开来,从而在学术活动实践中各不相同的价值观念混杂、无序错乱,不知不觉地脱离了学术伦理关系的规定,其所形成的学术价值观也相应发生了偏移,其结果是造成学术主体德性的丧失,最终做出违背学术伦理的事来。这就像麦金太尔在谈到当代西方社会的道德危机时所认为的那样,"个人的道德立场、道德原则、道德判断和道德价值的选择,是一种没有客观依据的主观选择。"[①]

这种脱离学术伦理关系的"自我认同"具有以下几个特点:

第一,他(她)对自我的判断是无标准的,或者说缺乏终极的标准,即使有什么"标准"也只不过是自我情感和爱好的表达。他(她)对任何事情都可以从自我所采取的任何观点出发进行批评,将自我等同于任何特定的道德态度和观点。这样的自我是一种不具任何必然的社会内容和必然社会身份的自我,其主体的自我认同有些类似于麦金太尔所说的"情感主义的自我"[②]。

第二,他(她)的自我范围的扩大不是道德的自我放大,不是追求和群体与社会关系的统一,而纯粹是为了获得某种功利的目的。如目前某些研究生扩大自身的活动范围,并不是真正为了实现学术的价值,而是在"合作"的名义下"跑后门"、"攀关系"、"拉关系",以这些不正当的竞争捞取有限的学术资源,以实现自己的经济利益。这表面上看是学术不端行为社会化的学术腐败现象,实质上是指这些研究生主体自我实现范围的畸形延伸和扩大。

第三,他(她)的自我是不全面的,忽略了自我的实质部分。研究生既是一个有着独立意志自由的伦理主体,也是一个学术共同体的成员,同时也是一个具有某种特殊社会责任担当的社会成员,这些都是自我的实质部分。然而,这种自我缺乏任何必然的社会身份,个人的责任和义务被限定在狭隘的"自我"之上,从而在学

---

① ［美］A·麦金太尔.德性之后［M］.龚群、戴扬毅等译.北京:中国社会科学出版社,1997.

② 麦金太尔所说的"情感主义的自我",主要包括两个层面的意思。一是这种情感主义的自我没有任何实在性,仅从与某种或全部社会状况完全分离的观点出发;二是这种情感主义的自我没有任何既定的连续性,它从一种道德行为状态或责任转换到另一种时,没有任何合乎理性的历史。参见:［美］A·麦金太尔.德性之后［M］.龚群、戴扬毅等译.北京:中国社会科学出版社,1997:41-43.

术实践过程中不知不觉地一点点丢失了。

以上这种脱离了学术伦理关系的自我认同,是作为学术人的研究生的"一种严重的无方向感的形式"①,是其"对自我的不确定性的一种疑虑和焦虑"②,同时也是其自我价值感衰落后自我归属感的迷失。而这必将引发自身学术价值观的缺失或错位,为其学术伦理失范埋下了隐患:

第一,导致个人学术生活脱离社会根基。社会不断往知识经济化、信息多元化方向的发展,加剧了"社会物质生活"与"社会道德"分裂的风险。研究生作为此时社会情境中的一个伦理主体,这种脱离了学术伦理规定性的自我就会更容易丧失客观的、非个人的自我标准,其直觉性的道德判断无法给出清楚而确切的理由,导致其所从事的"学术活动"成了仅仅满足自我感官欣赏的东西,逐渐远离社会生活的需要,其最终必将被社会所抛弃。

第二,导致个人德性的工具化。"德性是一种获得性人类品质,这种德性的拥有和践行,使我们能够获得实践的内在利益,缺乏这种德性,就无从获得这些利益。"③但从目前学术不端的实际情况来看,这种脱离了学术伦理规定性的主体都往往把自身的伦理原则建立在"趋乐避苦"功利主义基础之上,把自己凌驾于社会和他人之上,使建构学术伦理关系之基础的个人"德性"成了获得外在利益(如功利、名誉等)一种工具。如有些研究生在"成名"之前不讲学术道德,"成名"之后才讲学术道德;有利可图讲学术道德,无利可图不讲学术道德。这些都是个人德性工具化的典型表现。

(二)学术伦理失范的外在因素:主体关系范围扩展

作为学术人的研究生,其主体范围随着经济社会的发展而不断得到拓展,这一方面提升了其作为一个学术人的社会影响及其学术成果的价值,另一方面也使发生学术伦理失范的风险增加。但问题是,当学术人不以自我德性的放大来顺应其主体范围的扩大,而是把自身价值实现的尺度限定在"一对一"④的伦理关系上,即只对自己或有限的他人负责,其道德的实践往往就是不符合学术伦理关系规定的,这就是学术伦理失范又一个重要的原因。

---

① [加]查尔斯·泰勒.自我的根源——现代认同的形成[M].韩震译.南京:译林出版社,2001:37.
② 寇东亮.作为个人品德的自我认同[J].伦理学研究,2010,(2):64.
③ [美]A·麦金太尔.德性之后[M].龚群、戴扬毅等,译.北京:中国社会科学出版社,1997:241.
④ 我国学者韦政通认为,由于传统伦理是以家族为中心的,因此伦理关系限于一对一的关系,道德的实践也是一对一的。参见:韦政通.伦理思想的突破[M].北京:中国人民大学出版社,2005:9.

在学术活动的开始阶段,学术人的主体范围或者说主体对象化的氛围是非常小的。在中国,从春秋以前"学在官府"中的学术活动是"肉食者"阶层的专利,到春秋后期的诸子百家,再到赵宋时期诸儒的著书立说……他们从事学术活动的主要目的是满足自身闲暇时的精神享受——获得智力上的愉悦,寄托某种情感、理想、信仰等。其实践主体仅仅局限于少数的官绅和士大夫。在西方国家,17世纪中叶(1663年)英国皇家学会成立时,学者们从事的主要是"不可干预社会生活"的"好奇心驱动的"研究。直至19世纪,在西方学术界处于支配地位的仍是富绅、官员以及僧侣这些业余科学爱好者。他们"以'闲逸的好奇'精神追求知识作为目的。力求了解他们生存的世界,就像做一件好奇的事情一样",他们"探讨深奥的实际知识是学术事业不证自明的目的,与它可能对上帝的荣誉和人类的利益所产生的任何影响都毫不相关。"[①]在这种情况下,学者从事学术是在一个相当狭小的没有陌生人的小世界进行的,其从事学术的价值主要体现在满足自身的需求上。置身于这样的环境下,学术主体延伸的范围小到只有自己,大也超不过自己的熟人范围,学术传统习惯自然地约束着每个学者的行为。所以,他们很少有抄袭、剽窃这样的学术不端行为,至于严重的学术不端行为(如学术腐败)就更为少见。此外,即使学术界发生的一些少量的学术不端事件(如晋代郭象剽窃向秀的《庄子注》、何法盛剽窃郗绍的《晋中兴书》等[②]),由于其不依赖社会的支持,跟社会生活也没有多大联系,所以往往引不起社会的关注,自然也动摇不了学术事业的根基。

而目前,以往只有少数人从事的独立学术研究已转变为一种有大量人群参与的、有着高度组织化的社会活动,而且在院校,这种主体活动延伸的范围已经扩展到教学(与教师、学生)和社会服务(与企业等社会团体)之中。我们经常所说的社会转型,实际也可以说是主体活动范围不断扩大的过程。学术主体活动范围的扩展,使自我认同脱离交互主体性的伦理关系变得更加"容易",这不仅使学术不端带来的危害增大,也使发生学术不端的可能性大大增加。而这种状况同样也适于作为学术人的研究生。

一方面,随着近代以来科学技术而带来的工业革命改善了人类的物质生活状况,开阔了人类的视野,这使人们开始逐渐认识了学术研究的价值,学术已不再仅仅是个人的活动,而是与所在社会的精神风貌乃至整个国家的兴衰成败联系在一

---

① [美]约翰.S.布鲁贝克.高等教育学哲学[M].王承绪等译.杭州:浙江教育出版社,2002:13-14.
② (南朝·宋)刘义庆.世说新语·文学[M].北京:燕山出版社,2008;(唐)李延寿.南史·郗绍传[M].北京:中华书局,2003.

起。学术也由此在一定程度上已经成为社会上的一个专业或者职业,成为学者个人与学术组织、与社会、与国家相联结的最基本的切入点,其由此而展开的人际交往关系——学术伦理(或者说是新的学术伦理)就成了学术人的学术活动得以顺利开展的一个最基本的条件。作为学术人的研究生,其主体范围也实现了由个体、到学术共同体再到整个社会的拓展。那么,要想实现其自身的全面发展,其主体本质也应表现为其本人、学术共同体、社会三重形态的统一,再实现由社会本质到共同体本质再到个体本质的回归。这同时也表明,研究生也必须向其他学术人(如大学学者)一样,从以往那种"一对一"的伦理思维走出来,以个人的德性为基础,主动顺应或自觉确认主体活动范围扩大后所形成的新的伦理关系,否则,他(她)就会由"不适应"到"心理失衡",再到"价值观错乱",直至做出有悖于学术伦理的事来,这不仅使自身受到道德上的谴责,也会对学术共同体乃至整个社会造成危害。

另一方面,随着学术主体的活动范围由私人区域过渡到公共区域,其私人性减弱,而公共性增强。与此同时,研究生原先所在的密闭的小机构(如研究小组)也在不断走向消解,由于研究机会增加等原因带来的陌生人之间的交往、共事机会在不断增多,新的中介机构也在不断涌现,传统的道德规范对个体行为的"制裁力"就大为减弱,这就从体制上松解了以往的那种稳固的学术伦理实体。① 在这种情况下,如果研究生不遵守相应的伦理规则(如学术诚信),那么发生学术不端的概率就会大大增加,如课题或奖学金申请过程中虚报科研经历和成果就是一个明显的例证。

(三)学术伦理失范的内在因素:伦理关系认知缺失

正确价值观的形成是一定伦理规范作用形成的基础和前提,但正确价值观的形成首先是实践主体对客体价值正确认识的结果。② 即实践主体不仅要认识客体事物的本质和规律,还要认识客体事物与主体的交互关系,这种对价值关系的认识正是人们价值观形成的认识论前提。因为伦理作为一种实践的理性精神,其特点就是要在对现实世界认识的基础上,通过价值观的选择、定向和激励作用,向行为领域过渡,否则就不会成为实践的理性。这种认识要着力于对现实的价值评判,

---

① 杨光飞.转型期公共场域诚信缺失的理论思考——基于转型的一种视角[M].伦理学研究,2007,(2):78-79.

② 湖北省应用伦理学专业委员副会长强以华教授认为,伦理学不仅仅是一种价值科学,而应引入"认知因素",这样才有助于消除"动机论"和"效果论"存在的缺陷。他说,"那种借口伦理学是价值学科,因而无须纳入认知科学的观点,只能导致伦理学的高度庸俗化。"参见:强以华.西方伦理十二讲[M].重庆:重庆出版社,2008:80.

"确定什么是善的,有价值的,值得追求和实现的,什么是恶的,无价值的,需要排除和舍弃的,以扬善避恶"①,从而为做出符合伦理主体的客观需要和实践要求的行动打下基础。就目前院校的学术治理实践来说,有许多研究生学术伦理失范案件就跟其缺乏对学术伦理关系的正确认知有关。

学术活动作为一种交互主体式的伦理关系,从根本上看,是人类交往("主体与主体")关系的一个层面。但学术活动往职业化方向发展的一个特殊性在于,学术主体是需要通过其具体的学术操作成果即学术产品来与其他学术主体发生联结关系的。这也就是说,在这种学术伦理关系中,"主－主"的交互关系是以"主－客－主"的关系模式出现的。其中的客体即学术产品,虽不是一个伦理实体,但却是主体之间关系的中介。而正是学术产品这一客体,体现了研究生这一道德主体与其他主体的伦理关系。或者说,通过一定的学术产品,学术活动的某一主体与相关的主体处于同一种伦理关系中。但是,在学术产品实现的最终意义上,产品接受者、消费者(如学术同行、社会其他团体或人士)却是制约主体学术活动的主体。这是因为,学术活动的根本目的在于使得自己的学术活动获得成功,而产品接受者、消费者对于自己学术产品的认可与信赖,就是自己的学术活动得以成功的一个关键因素。因此,尽管学术活动往往并不直接与对象性主体发生交往关系,但是,只有学术人自己有清醒的意识,主动地把学术伦理的精神凝结在自己的学术产品上,才有可能使学术活动获得真正成功,也才能得到对象主体的认可与信赖。如一位研究生生产的学术产品质量的好坏,本身就是他(她)的道德态度(如创新价值观)的凝结。

但是,在目前院校的学术实践活动中,如果研究生认识不到学术活动的所蕴含的伦理关系或认识得不够全面,仅仅只是把学术产品认知为学术伦理关系中的一个中间环节,看成是实现自己目的的一个手段或工具,那么他们关注的就仅仅是狭隘的主体价值(个人价值或所在研究小组的价值)的实现,将个人利益的最大实现和个人私欲的最大满足作为学术研究的唯一动机和行为准则,而不是学术本身应有的价值,忽略了二者之间的有机联系,这必将导致其作为一位学术人的学术价值观的偏移以及心理的失衡,从而诱发拒绝学术伦理约束的学术不端行为的产生。这就如同有学者所说的那样,"一个人如果过分执著于现实生活,就有可能忘却远大理想。历史证明,以个人利益为核心的狭隘功利主义一旦成为人们最重要的价

---

①　肖群忠.道德与人性[M].郑州:河南人民出版社,2003:19.

值观,人们就可能丧失对其他美好事物的神圣感。"①

与此同时,这种对学术伦理关系的认知缺失还会导致 Storch Eric 和 Storch Jason(2003)所说的"对学术不端行为和态度的认知失调"②,导致一些能诱发学术不端的心理出现。具体表现为以下几个方面。

第一,"从众"心理。"从众"心理俗称"随大流",表现为"既然有许多人都这样做,所以我也这么做"。从众心理是人在社会活动中的一种常见的心理现象,是指"个人的观念和行为由于群体或想象群体的引导或压力,而与多数人相一致的方向变化的现象"③。在目前院校的学术实践活动中,一些重复多次的、通过学术不端的手段(如粗制滥造学术论文)获取奖项评定、学位答辩资格等利益的个人如果没有及时得到应有的负面的社会评价或惩罚,久而久之,就会逐渐模糊学术伦理标准,逐渐形成一种不良的共同心理尺度和心理氛围。从事学术活动的研究生通过自己的所闻所见,他们对这种现象由疑惑到理解再到认同,并以此为参照,在"利益"驱使下,选择有悖于学术伦理的行为,这可以说是一种消极的从众。在这种不良气氛的激励下,做出有悖于学术伦理的研究生也由于得到周围的"心理支持"而心态坦然。因为他们觉得"他们有了同伴群体,他们不再是一小撮人,他们也有了与传统道德相抗衡的勇气和力量"④,这也使得他们觉得自己学术不端的"责任"由于有了他人的"分摊"而可以忽略不计。此外,一些研究生看到自己辛辛苦苦做学问还不如他人临时投机取巧得到的"利益"多,便会出现心理上的不平衡。这种不平衡,导致他们对学术不端行为的道德评价出现偏差,他们在考虑是否采取学术不端行为时,内心对收益与成本的核算将会超过学术道德良心的评估,于是,进行学术不端行为时的内心冲突就会大大降低,从而在"没有错的安全感"下"心态坦然"了。

第二,"文饰"心理。"文饰"心理表现为"这样做都是被逼的,实属无奈"。"文饰"心理在心理学上又被称为"自我合理化",它主要是指"当个体无法达到所要追求的目标或遭受挫败时,或者其行为表现不符合当前的社会规范时,通过一些有利于自己的理由来为自己辩解,把他所面临的窘迫处境加以文饰,从而实现隐瞒自己

---

① 张德昭,袁嫒.塑造学术人格,培养人文情怀[J].自然辩证法通讯,2007,(3):99.

② Storch Erie & Storeh Jason. Academic Dishonesty and Attitudes Towards Academic Dishonesty Acts:Support for Cognitive Dissonance Theory[J]. Psychological Reports,2003,92(1):174 – 176.

③ 冯甦中,赵桂香,温玫.大学生负道德心理分析[J].北京邮电大学学报(社科版),2002,(4):32 – 34.

④ 卢愿清,张春娟."坦然"作弊:大学生作弊的道德心理研究[J].黑龙江高教研究,2008,(1):112.

的真实动机或愿望的目的,并最终实现自我解脱的一种心理防卫术"①。"文饰"心理的实质就是以似是而非的理由来证明自己行动的合理性,进而掩饰个人的错误,以便求得自我内心的安宁与坦然。在目前媒体披露的学术不端事件中,如抄袭他人论文,在科研数据上弄虚作假等,一些涉案研究生以"学校将学位与发表论文挂钩"、"自己忙于找工作,没有时间做科研"等理由来为自己辩解,认为这都是学校"数量化的学术评价体制"逼的,是"逼良为娼","自己不得已而为之",而对自己所应承担的责任只字不提。这也就说,他们也认为在学术研究中抄袭、剽窃、粗制滥造等行为是不正确的,是违反学术规范的,但却把这种失范认同为"外在逼迫"的结果,不是自己造成的,自己这样做"不合法,但合理","不合理,至少也合情"。如此等等,这些学术不端行为在经过他们层层的"自我合理化"后,就变得"坦然应对"了。

第三,"侥幸"心理。"侥幸"心理表现为"做不规矩的事不会受到惩罚"。侥幸心理是一切有意违规者的共同心理特征。这种心理的基本特点是,明知其行为违背了有关规定甚至是违反有关法律规定,但仍然为之。"究其原因在于学术行为人所具有的侥幸心理,即寄希望于侥幸过关而不被败露。"②在笔者所接触到的案例中,一些被披露有过学术不端行为的研究生的侥幸心理的产生和形成主要有两种情况:一是在以往所从事的学术活动中,有过从事学术不端行为的体验,但都没有被发现,于是希望这次能再次"过关";二是利用国家学术制度的漏洞"钻空子",认为即使被发现了,法不责众,因为还有好多人都这样做。"侥幸"心理会逐渐形成一种"被处罚者倒霉,不为者会吃亏"的共同心理认知,这显然是目前大量学术不端事件发生的一个重要原因。

以上从道德心理的角度对学术伦理失范所做的三种分析,其实都是研究生对利益的一种错误的理解引起的,即那种以狭隘"利益"为中心的学术价值观③在作怪,它们都是违反学术伦理行为在心理上的体现,也是学术伦理缺失的现实再现。马克思就曾指出,"正确理解的利益是整个道德的基础"④。在这种对利益错误理解下的学术价值观的驱使下,一些研究生感到自己处于一个不稳定的环境中,怀疑

---

① 卢愿清,张春娟."坦然"作弊:大学生作弊的道德心理研究[J].黑龙江高教研究,2008,(1):113.
② 李塑.从众行为的心理分析及应用[J].辽宁行政学院学报,2002,(1):33.
③ 以狭隘"利益"为中心的学术价值观,主要是指在学术实践活动中,着眼于眼前利益而看不到长远利益,专注于小利益而忽视了大利益。
④ 马克思恩格斯全集(第2卷)[M].北京:人民出版社,1965:167.

潜心学术的价值和意义,担心预期利益的获得的可靠性,于是就急功近利,通过各种短期化行为来追逐不当利益。

(四)结论与启示

以上对研究生学术伦理失范内在动因的理论分析,不仅为研究生学术伦理规制的开展寻找到了现实与理论两个层面的理由,也为现实中研究生学术道德建设工作带来了一种新的思路和操作路径。

第一,学术不端是伴随学术活动的出现而出现的一种负面现象,有其社会存在的历史必然性和长期性。为此,我们不能指望一劳永逸地解决研究生群体中存在的学术不端问题,而必须做好与之长期斗争的思想准备,并着手建立一种旨在提升研究生学术伦理水平的长效机制。

美国大学联合会前主席罗伯特·罗森兹威格(Robert M. Rosenzweig)在谈到大学教师学术不端现象时,曾说过这么一句话,"公众不应该感到惊奇,他们也不是天生就有什么特别的伦理基因,实际上,他们只不过是选择从事学术职业的人而已。"[①]大学教师竟然是这样,作为其学生的研究生又何尝不是如此呢? 再一个,学术不端也不是许多学者所认为的是"社会转型期才出现的一种负面现象"[②],自从人类出现了学术活动,便有了学术伦理,同时也就有了学术伦理失范即学术不端的可能性。学术不端从时间上来讲,从古到今都有,从范围上来讲,外国与中国都有。而且随着目前从事学术活动的人员增多,学术人的学术也从个人学术不断走向社会学术,学术不端发生的机率及其危害自然也就相应增大。本书由此认为,最完备的制度也无法完全消除学术不端这种现象,这正如强大的法律也不能消灭犯罪、道德规范即使获得最强大的支持也不能战胜所有不道德的行为一样。而这就意味着,无论我们采取了多么有效的整治方法,学术不端都必将以某种或某些形式继续存在。为此,我们一方面必须做好与之长期斗争的思想准备,另一方面也要着手在建立一种旨在提升研究生学术伦理水平的长效机制,而不能搞突击式、救火式的运动,指望一劳永逸地解决问题。

第二,学术不端的发生,不管是外部环境的变化或是学术制度的不完善,还是个人所受到的压力或人格缺陷也罢,其无非都是影响(增加、加剧、扩大或减少、减轻、缩小)了学术不端发生的几率、程度或范围。学术不端之所以发生,其最终还是

---

① [美]罗伯特·罗森兹威格.大学与政治——美国研究型大学的政策、政治和校长领导[M].王晨译.石家庄:河北大学出版社,2008:91.

② 江新华.大学学术道德失范的制度分析[M].北京:社会科学文献出版社,2005:1 - 3.

由特定的学术人做出判断并实施的。为此,有必要对作为学术人的研究生进行学术伦理规制,以使其发生学术不端的几率和危害的程度降到最低,同时激发他们的学术创新精神。

我们虽然不能指望一劳永逸地解决研究生群体中存在的学术不端问题,但也不能因此而无所作为,或对问题轻描淡写,认为是"某些研究者精神异常而发生的极少数事件"①。因为哪怕是一件被曝光的学术不端事件,也足以使院校乃至整个学术共同体受到长久的伤害。为此,在研究生学术道德建设实践中,我们就需要从产生问题的原点以及动因出发,即从学术实践主体及其学术伦理价值观的现状出发,通过与之相对应的策略和手段——学术伦理规制来提升研究生的学术伦理水平,以增强他们自我纠错的能力,并激发他们学术创新的精神。具体来说,就是对他们进行多方面的学术伦理教育而不是泛泛的道德说教,并结合学术伦理的教育、宣传、问责、支持以及社会舆论监督等方式方法,以增进他们对学术伦理关系的正确而完整的认知,从而提高他们对学术伦理的敏感性、增强他们的学术伦理判断能力,而这些则可以提高他们自身防范学术不端的能力。这也如罗森兹威格所认为的那样,"对大多数人来说,必须知道什么是能做的,什么是不能接受的,这样才能防止他们出现判断上的失误,避免在好机会来临时轻易地就堕落了。"②更为重要的是,通过对研究生进行学术伦理规制,可以在大学校园或其他科研机构内营造一种学术伦理的文化氛围,引"道"入"规",以"规"促"道",其最终目的就是激发他们的学术创新精神,让他们在追求学术的真、善、美的过程中体现自身的人生价值。

---

① [日]山崎茂明.科学家的不端行为——捏造·篡改·剽窃[M].杨舰等译.北京:清华大学出版社,2005:序言.

② [美]罗伯特·罗森兹威格.大学与政治——美国研究型大学的政策、政治和校长领导[M].王晨译.石家庄:河北大学出版社,2008:83.

第五章 如何规制(一):
学术伦理规制的价值基础

如本书第一章、第三章所述,学术伦理体现为基础价值观与规则方法的统一,而学术伦理规制则一方面需要确立内在的学术伦理价值观,另一方面需要建立外在的规则与方法。为此,本章的任务是建构起一套立体的学术伦理价值观体系,并以此作为研究生学术伦理规制的内在价值基础。

一、学术伦理价值观的背景概述

所谓伦理价值观,不能说就是个人或某一群体所持的价值观,而是那种符合某一伦理关系要求的价值观。在伦理学尤其是应用伦理学的研究视域中,伦理价值观越来越受到伦理学家们的重视。中国人民大学教授、中国伦理学学会理事肖群忠博士在谈到伦理学所要承担的使命时认为,"伦理学研究除了要为社会完善和人的完善提供其必然性的科学诠释以外,还要提供应然性、理想性的价值方向引导"①。以上所提到的"应然性、理想性的价值方向"就是伦理价值观。学者肖群忠也由此认为,"伦理首先就是一门善恶价值学说……唯有对善与恶有所认定,才能进而形成何者当为,何者不当为的行为规范。就价值认定对伦理学的本源意义而言,价值论似乎构成了伦理学或道德哲学的元问题。"②

目前,一些伦理学研究学者都把确立(或建构)某种类别的伦理价值观作为自己的重要研究任务。如效率、民主、公平、正义、廉洁、勤政等被认为是行政伦理的伦理价值观③;公正、关爱、宽容等被认为是公共交往伦理的伦理价值观④;自主、有利、无伤害、正义被认为是医学伦理的伦理价值观;非暴力与尊重生命、团结与公

① 肖群忠. 道德与人性[M]. 河南人民出版社,2003:7.
② 肖群忠. 道德与人性[M]. 河南人民出版社,2003:6.
③ 周奋进. 转型期的行政伦理[M]. 北京:中国审计出版社,2000:62.
④ 岑国桢,吴念阳,等. 抗SARS中若干价值观的一项调查[J]. 心理科学,2004,(2):264.

正、宽容与诚信、平等与伙伴被认为是全球伦理的伦理价值观①等。

价值观在实践中受到的重视程度毫不亚于对其的理论研究,如在企业、新闻媒体、军队等领域就是如此。目前,这些社会组织机构把"价值观"提到了与自身发展相匹配的战略高度,在实施"价值观驱动式"的管理或规制模式方面走在了前面,也的确收到了很好的效果。如 IBM 公司把"成就客户,创新为要,诚信负责"作为自己的价值观,联想公司把"成就客户,创业创新,精准求实,诚信正直"作为自己的价值观,路透社把"准确,独立,可靠和开放,及时,创新和以客户为本"作为自己的价值观,美国军队把"忠诚,负责,尊严,无私服务,荣誉感,正直诚实,个人精神"作为自己的价值观等。

就学术伦理价值观来讲,如本书前几章所述,它不仅是学术伦理的两个最主要的组成部分之一,是学术人思想和行动的根据,反映着学术伦理水平的高低,也是学术伦理规制的内核和灵魂。这种价值观来源于学术人所生活的社会,来源于学术人所属的群体——学术共同体,但却形成于学术人自身的实践活动中,是他们的多次实践反馈的观念积淀和内化的结果。与此同时,这种价值观体现在学术组织的文化中,体现在学术共同体所树立的榜样中,也体现在处理学术伦理关系的方式中(见表5-1)。

表5-1　一些学术机构提出的学术伦理价值观

学术伦理价值观		提出机构	来源或出处
核心价值观	具体价值观		
诚信	个人层面的诚信;机构层面的诚信	美国医学科学院,美国科学三院国家科研委员会	美国医学科学院,美国科学三院国家科研委员会撰,苗德岁译. 科研道德倡导负责行为[M]. 北京:北京大学出版社,2007:5-6.
诚信	互尊;道德完整性(Moral Integrity)	乔治·华盛顿大学	George Washington University Code of Academic Integrity[EB/OL]. http://www.gwu.edu/~ntegrity/code.html, 2010-01-14.

①　孔汉思,库舍尔. 全球伦理——世界宗教议会宣言[M]. 何光沪译. 成都:四川人民出版社,1997:168-171.

续表

学术伦理价值观		提出机构	来源或出处
核心价值观	具体价值观		
诚信	诚实;信用;公平;尊重;责任	美国学术诚信研究中心（Center for Academic Integrity, CAI）	
——	诚实;信任;尊重;平等;负责	滑铁卢大学	Toward a Level Playing Field: Enhancing Academic Integrity at the UNIVERSITY OF WATERLOO［R］. University of Waterloo Academic Integrity Committee, 2007 – 07 – 31
寻求和传播知识	诚信;公平	多伦多大学	University of Toronto Governing Council. Code of Behaviour on Academic Matters (Approved Aug. 18 ,1995)
——	自由、民主、平等、尊重人的价值、尊重多样性;追求卓越;竭尽全力	约翰内斯堡大学	University of Johannesburg Senate. CODE OF ACADEMIC AND RESEARCH ETHICS (Amended Code/Approved Oct. 22 ,2007)
——	诚实守信;信任与质疑;相互尊重;公开	中国科学院	关于科学理念的宣言(2007 年 2 月发布)
——	诚实客观;严谨认真;公开;……	清华大学	清华大学教师学术道德守则(试行)(经清华大学 2003 – 2004 学年度第 7 次校务会议讨论通过)
——	严谨;诚信	北京大学	北京大学教师学术道德规范(2007 年 1 月 11 日北京大学第 637 次校长办公会讨论修订)

为此,在学术伦理规制实践活动中,就非常有必要把建构学术伦理价值观作为

一个首要的任务。这就如同美国福特汉姆大学伦理教育中心主任 Celia B. Fisher (2003)博士在谈到大学教师的学术诚信问题时所认为的那样,目前社会对学术的要求趋于多元化,大学教师面临的环境也比以往复杂。在这种情况下,必须就建立一套符合"职业的"、"教育的"、"法律的"以及"政策的"要求的学术价值观问题予以充分地探讨①。

在这方面,国内、外学者有关学术伦理价值观的观点和探讨很值得借鉴。如我国学者卢风、肖巍(2002)认为科研人员应该具有诚实、严谨、理性、公开等道德规范,否则,就无法促进科技与伦理的良性互动。② 杨元业认为学术的价值观是"为学术而学术"。③ 我国台湾学者提出的学术价值观为"理性,客观,一致,诚实,负责,合作,公平,开放"。④ 美国学者 N. H. Steneck(2005)认为,"负责任的研究,应至少建立在信奉诚实、准确、有效率、客观等价值观的基础之上";⑤美国斯坦福大学前校长唐纳德·肯尼迪(2002)认为学者的崇高使命在于改良文化、创造文化、延续生命和保障人类可持续发展;⑥克罗地亚学者 Katarina Prpić(2008)通过对 320 名在生命学、生物学等专业有过突出贡献的科学家的问卷调查,归纳出科学家的职业伦理应由 5 个要素组成:对学术组织的责任、对所服务人群的保护、更大范围的社会和职业责任、科学的精确性和原创性以及科学的客观性。⑦

此外,还有一些学者提及研究生所要遵循的价值规范。如彭江就认为,研究生作为未来的学术中坚,与他们的导师和其他学术人员一样,应当在学术活动中遵循三条基本的道德准则:(1)客观、创新;(2)以人为本;(3)目的善和手段善相结合。⑧

以上学者所提及的"道德规范"、"价值观"、"崇高使命"或"职业伦理",其实都是一种学术价值观,但不是个人的学术价值观,而是那种符合学术伦理关系要求的、具有普遍共识和客观必然性的学术价值观,即学术伦理价值观。

---

① Celia B. Fisher. Developing a code of ethics for academics[J]. Science and Engineering Ethics,2003,9 (1):171.

② 卢风,肖巍. 应用伦理学导论[M]. 当代中国出版社,2002:223 - 251.

③ 杨元业. 学术的"德性"[N]. 中国教育报,2007 - 02 - 12(3).

④ 佚名. 学者的学术研究、伦理与责任[EB/OL]. http://www.vitalagroup.com,2009 - 02 - 23.

⑤ [美]斯丹尼克. 科研伦理入门——ORI 介绍负责任研究行为[M]. 北京:清华大学出版社,2005:1.

⑥ [美]唐纳德·肯尼迪. 学术责任[M]. 北京:新华出版社,2002:97 - 156.

⑦ Katarina Prpić. Science ethics:A study of eminent scientists professional values[J]. Scientometrics,1998,43 (2):269.

⑧ 彭江. 研究生学术道德规范教育:内容、层次、原则与对策[J]. 学位与研究生教育,2008,(11):17.

在研究生学术伦理规制实践中,学术伦理价值观应该是一个体系。但是,作为一个体系,学术价值伦理观具体包括哪些内容?对于这个问题,目前国内外尚未有一致的结论,在不同的学术机构之间存在着差别(见表5-1)。而单就国内来讲,虽然浙江大学、北京大学、清华大学等高校以2004年教育部颁布的《高等学校哲学社会科学研究学术规范(试行)》和2007年中国科学院颁布的《关于科学理念的宣言》为蓝本,要么制定了全校性的学术道德规范,要么专门制定了针对研究生科研特点的研究生学术行为操作规范。但是,令人遗憾的是,从目前我国许多大学近期颁布的类似于《××大学研究生学术××规范》的文本中,让人看不出它所倡导的"学术伦理价值观"到底是什么。它们要么含糊其词,要么任意堆砌罗列,要么干脆不提,只是列举一些学术上需要禁止的行为和处罚的措施。这正如Lothringer在谈到学术规范所说的那样,"假如一套行为规范没有明确的价值观念作为支撑而随意地堆砌在一起,那么它就没有什么用处。"[①]

二、学术伦理价值观体系的建构要求

本书认为,作为一个体系,在建构一整套学术伦理价值观时,在形式和内容两个方面应遵循以下要求:

第一,要有一元价值导向,即要确立学术伦理的核心价值观。

在学术伦理关系中,核心价值观(或核心伦理)就是指一个共同体内各成员自始至终都信奉的信条(即在空间上"可普遍",在时间上"可持续"),也是解决各成员在组织实践活动中如何处理内外矛盾的主导性的原则或准则。而学术伦理的核心价值观则是在学术实践活动过程中没有时限地引领包括研究生在内的学术人从起点到终点(目标)的指导性原则,也是确立与之相配套的学术伦理价值观体系、进而建立学术道德规范的中心和灵魂。目前,国内包括大学在内一些学术机构在其颁布的相关文本中,根本就没有提出或明确一个能起统领作用的核心价值观,如中国科学院的《关于科学理念的宣言》和清华大学的《清华大学教师学术道德守则(试行)》就是如此。

为此,在确立学术伦理的核心价值观时,应注意避免以下错误:

---

① Lori Brown Lothringer. Evaluation of the use of an academic integrity training course as a proactive measure encouraging academic honesty[D]. Iowa State University,2008:52-53.

● 把所列举的一些价值观统统都称之为核心价值观。这样做不仅会造成一元价值导向的丧失,而且还不利于实践中学术伦理的宣传、推广以及学术伦理的内化,同时也会给学术人个人学术价值取向的错乱埋下"伏笔"。

● 过于笼统而不能体现出学术的特性。如一些学术机构虽提出了一些学术伦理的核心价值观,如"诚信"、"负责"、"效率"等,但却有些笼统。因为"诚信"、"负责"或"效率"也可以说是其他社会职业人士的价值观,如公务员、工商经营者、媒体人士等。

● 把学术核心价值观跟学术的追求或目标相混淆。如有一些学术机构把"真、善、美"或"创新"作为学术的核心价值观。

● 学术核心价值观模糊化,让人弄不清它倡导的学术核心价值观到底是什么。

● 盲目照搬、曲解。如目前国内某些大学把国外一些学术机构倡导的"Academic Integrity"直接简单地翻译成"学术诚信",认为学术诚信就是学术伦理的核心价值观,其实"Integrity"的本义是指"完整性"[①],"学术诚信"跟"学术合作"、"学术自由"等价值观念一样,只是学术伦理价值观体系中的一个方面。

第二,学术伦理价值观体系中基本价值观要有层次感。

学术伦理作为一个矛盾的整体,是围绕核心价值观为中心的、诸多基本的伦理价值观构成的。但是,这些伦理价值观无论从纵向上还是从横向上都必须有一定的层次,这样才能泾渭分明。在研究生学术伦理规制实践中,把学术伦理的基本价值观划分不同的层次,这不仅能使处在学术活动中的研究生在思想上做到条理清晰,而且在实际的伦理规制过程中也更容易着手。在实践中,我们最容易犯的错误是,为了不至于遗漏或偏颇,往往把所有与学术相关的价值观都统统堆砌在一起,除了让人看不出它倡导的核心价值观是什么之外,更没有明晰的层次,更谈不上"底线伦理"和"上标伦理"。其实,在我国的传统文化中,是很注重伦理的层次的。如曾子"正心修身齐家治国平天下"和《大学》中的"大学之道,在明明德,在亲民,在止于至善"(从低到高),老子的"失道而后德,失德而后仁,失仁而后义,失义而后礼"(从高到低)都是如此。

---

① 关于"integrity"一词的准确理解,一些学者的解释很具启发。如 Baltimore 把"integrity"界定为"完整的、没有被分割的、没有被破坏的一种状态或质量";Blessing Chapfika 也认为"integrity"就是人对一种完美、完整的生命质量的追求,也可以看成是"完整的"(whole)、"完美的"(sound)、"正直的"(upright)以及"诚实的"(honesty)的代名词。参见:Baltimore, J. P. D. Public integrity[M]. London: John Hopkins University Press. 1999. 260; Blessing Chapfika. The role of integrity in higher education[J]. International Journal for Educational Integrity,2008,4(1):45.

此外,在提出来的学术伦理价值观中,要避免价值观与价值观之间语义重复,如"准确"与"客观","尊重"与"平等"等。这些缺陷在学术伦理规制实践中往往会造成研究生的学术价值观的紊乱而无所适从,也会造成学术伦理规制工作的低效。

第三,每一学术伦理价值观的表述都要力求简洁明确。

学术伦理价值观除了在数量不宜太多,以便于识记之外,在表述上要确保使用简单、易懂、精确的语言来表述。否则,过于繁琐,就会类似于具体的学术价值规范和操作规范。如有学术机构把"传承优秀文化"、"追求真理与传播真理"等作为学术价值观,显然不够简洁精炼,这不仅不利于学术伦理的内化,在实践中也难免会降低学术伦理规制的效率。

第四,学术伦理价值观一经确定就不能轻易更改。

学术伦理价值观是判断学术操作过程中善与恶的一般标准,也是客观反映学术价值关系、激励包括研究生在内的学术人人心向善的最关键的学术理念,是经得起时间考验的、一旦确定下来就不会轻易更改的精神准则。为此,就要在积极吸纳我国传统优秀文化的基础上,对国内外一些学术机构和学者所提出的学术伦理价值观念进行研究、整理和归纳,从中得出一套能获得普遍认可的、结合我国传统文化的、并具有全球时代价值的学术伦理价值观体系。

三、多维的学术伦理价值观体系

笔者在前期的研究中已通过专家咨询法、文献法等研究方法从一堆纷乱多杂的学术价值观(它们大多是以"科研精神"、"学术价值规范"等形式出现,如探索、进取、理性、客观、实证、宽容、协作、献身、诚信、严谨务实、大胆探索等)中确立了一套多维的学术伦理价值观体系[①](如图5-1所示)。本书还认为,这套学术伦理价值观体系是在长期的学术实践活动过程中形成的,体现着学术的本质,也反映着学术伦理的关系要求(既是学术人个人应有之"德",也是学术共同体存在之"善"的体现,同时也是社会之"理"的客观要求)。它们不仅适用于大学教师等从事学术研究活动的学者,同时也适用于同为学术人的研究生,只不过,在针对不同的对象

---

① 有关建构这套学术伦理价值观体系的具体操作过程可参见笔者拙作《论专家视野中大学教师学术伦理价值观的构建》(载《中国高教研究》2011年第5期)。

时,某一价值观的具体表述略为不同罢了。下面,本书将结合研究生的学术活动特点,具体阐释这一套学术伦理价值观体系。

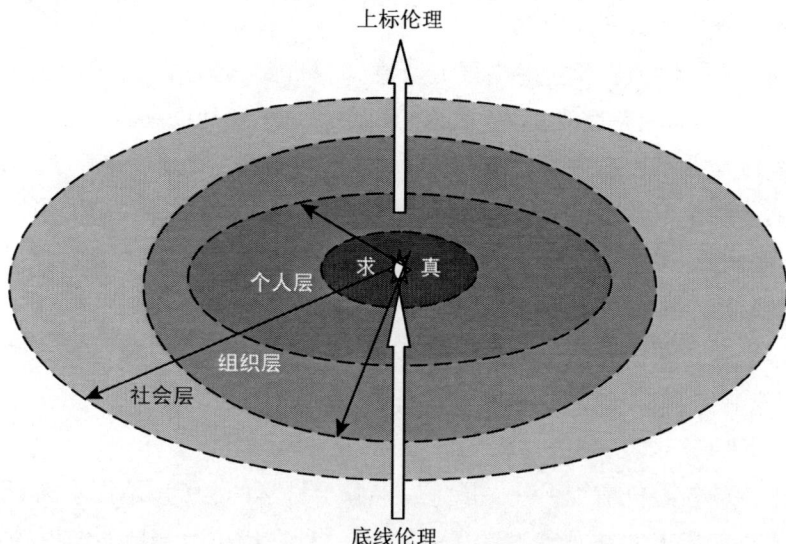

图 5 - 1　学术伦理价值观"一二三"体系图

　　注:"一"是指一个核心,即"求真";"二"是指两个层次,即上标伦理"创新"与底线伦理"严谨"(唯实/严肃/严格/严密/审慎);"三"是指三个"层面",即个人层面"理性"(潜心/怀疑/实证)、组织层面"合作"(诚信/互尊/公开)与社会层面"独立"(自由/自尊/公正)。

(一)核心伦理:学术伦理的核心价值观

　　学术伦理的核心价值观——"求真"(Being the Quest for Truth[①])的"真"是指"真理",求真就是要探求未知的真理。求真,是维系学术伦理关系的核心所在,是解决一切学术伦理困境的出口,也是一切学术活动的中心和灵魂,也是科学进步的动因和科学活力的生命源泉。我国学者彭国华于是认为,"不同的学者尽管可能有不同的旨趣,但往往殊途而同归,都能够在'求真'这个问题上找到共同点。"[②]

　　第一,"求真"是人类的本性。

――――――――――――

　　①　在本书看来,"求真"等学术伦理价值观绝不是冰冷冷的抽象词汇,而应是具有德性驱动力的动态取向。所以,在学术伦理价值观的英文翻译上,本书主张把"求真"译成"Being the Quest for Truth",而不是"the Quest for Truth";"严谨"译成"Keeping Strict",而不是"Strictness";"创新"译成"Innovating",而不是"Innovation"等。

　　②　彭国华.学术研究贵在求真、求新、求深[N].人民日报,2008 - 07 - 22.

亚里士多德在《形而上学》一书的开始就指出,"求知是人类的本性。"①按本研究的理解,亚里士多德所提及的"求知"其实就是"求真"。人类的"求真"本性是由人类理性和精神的力量所决定的。

一方面,科学的"真"不能直接被人所感知,只能在理性的探求过程中才能获得。"人类认识的对象是客观世界,认识的目的就是了解和把握客观世界的本质联系和运动规律。人类在实践活动中,经过无数次挫折或失败之后终于发现,借助感官所获取的经验认识并不可靠,只有揭示社会的本质、掌握自然界的规律,才能获得真知,从而创造出符合人类需要的生产成果,才能更好地满足人类社会生活对物质和精神的需求"②;另一方面,人类精神生活本质上就含蕴着对"求真"的需要。通过认识客观的外在世界而逐渐成为充实的、完整的、全面的人,这是人类的精神需要。而"求真"恰能使这种精神得到充分体现。

第二,学术是探求"真"的过程。

学术伦理的核心价值观——"求真",来源于科学的"真",是探求科学的"真"的过程。恩格斯指出:"在马克思看来,科学是一种在历史上起推动作用的、革命的力量。任何一门理论科学中的每一个新发现,即使它的实际应用甚至还无法预见,都使马克思感到衷心喜悦。"③而保证科学有"新发现"的则要靠学术的力量。科学是以逻辑思维形式表现出来的知识体系,体现着一种"真"的善。这种"真"的善是学术实践活动经验的结晶,也是对社会存在和自然过程的正确反映。而学术则是包括研究生在内的学术人为获得这种"真"的善,在学术实践活动中探索自然世界、人类社会或自身世界,并通过概念、判断、假说和推理等逻辑思维形式来表现其认识程度的过程。这说明,学术是一个不断探求科学的"真"的过程。

一方面,由于科学的"真"总是隐藏在事物内部的深处,是难以发现的。对真理的获得绝不可能通过预约的方式来实现,而总需要一个探究、摸索的过程。这意味着学术的"求真"就是不接受任何未经实验检验过的理论,它怀疑和质问一切,对事物进行谨慎而有保留的判断,并对这一判断的界限和适用范围加以系统检验。很明显,这种"求真"精神保证或促进了理论的真理性,使科学真正具有力量;另一方面,学术不能穷尽真理或占有整个真理,因此也就需要包括研究生在内的学术人

---

① 苗力田.亚里士多德选集(形而上学卷)[M].北京:中国人民大学出版社,2000:3.
② 金德万.论科学的求真、臻善、致美——以马克思、恩格斯有关科学的论述文献为中心[J].江汉大学学报(人文科学版),2005,(2):70.
③ 马克思恩格斯全集(第19卷)[M].北京:人民出版社,1963:375.

不断提高自身学术水平,从而更好地探索真理,接近真理,不断修正和完善真理。亚里士多德就认为,"对真理的思辨,既困难,又容易。从没有一个人能够把握它本身,也没有一个人毫无所得。"①这句话的意思就是说,学术是一个不断"求真"的过程,一个"求真"的人不会毫无所得,总会得到某些真理。

第三,"求真"是"真、善、美"的统一。

从伦理学的意义上讲,学术价值观其实就是一个以"求真"为中心任务的完整体系。这个"求真"符合科学的"真",因此其最终也是"善"的、"美"的。这是因为科学的本质表现为"真"的基础上"真、善、美"的统一,"真、善、美"是浑然一体的,在实践中是互补互渗互动的。真、善、美其实就是科学本质"真"的不同侧面。如就其反映客观事物的本质和规律而言是"真",就其表现人的幸福而言是"善",就其能满足人的感官需要(审美需要)而言则是"美"。

学术以"求真"为核心价值取向,但学术"求真"的目的绝不是一种自私自利的享乐,而是以"求真"为基础,力求与"征善"、"致美"的统一。从事物的本质出发去看待和建构对象,以真致美,以真征善;从实用的角度出发去看待和建构对象,这是以善求真,以善得美;以超越功利的目的去追求科学本质的实现,这是以美启真、以美臻真。学术的本质就是在求真的基础上,糅合了人类情感的、认识的、表达的、理智的、伦理的以及审美的需要,这正是给了学术以求真征善致美的动因和目标。

第四,"求真"是一种学术传统。

"求真"是人类学术史的主线。从古希腊的亚里士多德到德国现代哲学家弗雷格(Friedrich Ludwig Gottlob Frege,1848 - 1925),他们都在重复着一个问题,即"求真"是学术的永恒主题。文艺复兴时期哲学先驱尼古拉·库萨(Nicolaus Cusanus,1401 - 1464)在其所著的《有学识的无知》一书中首次号召学者到现世生活中去"读上帝亲手写的书",即"通过大自然让我们走向真理"。②从"以柏拉图为友,以亚里士多德为友,更要以真理为友"的哈佛大学的校训以及 VERITAS(拉丁文:"真理")的校徽中,可以看出 300 多年来哈佛学人所延续的学术"求真"的价值取向。美国哈佛大学前校长查尔斯·埃利奥特(Charles Williameliot)就认为"大学是知识的仓库,是真理的寻求者"③。

至于中国的学术,一些学者依据近代以来中国科技落后的客观事实,就认定中

---

① 苗力田.亚里士多德选集(形而上学卷)[M].北京:中国人民大学出版社,2000:41.
② [德]尼古拉·库萨.论有学识的无知[M].尹大贻译.北京:商务印书馆,1997:9.
③ 王英杰.大学校长与大学的改革和发展[J].比较教育研究,1993,(5):2.

国的学术传统缺乏"求真"的价值追求。如著名汉学家吴世昌(1908－1986)就曾说,中国的学术史"没有西洋人所谓的'真'、'善'、'美'或'真理'的'真'字!……连先秦诸子所谓的'真',也没有真理的观念"①。其实,种种历史事实表明,中国传统学术的"求真"精神不仅源远流长,而且与其他民族相比,更有它独到的特色。

早在先秦时代,中国就形成了有机论自然观,一向注重观察和思考自然界的整体性以及事物之间的内在联系,后逐步形成了独具特色的科学思想和技术体系,从而屡屡在世界文化发展中立下了奇功,如元气说、原子说、阴阳五行说、生态思想、水利思想以及"四大发明"、中医、气功等。这正如英国科学史学家李约瑟(Joseph Needham,1900~1995)所说的那样,"中国在公元3世纪到13世纪之间保持着一个西方望尘莫及的科学知识水平",并"远远超过同时代的欧洲,特别是15世纪之前更是如此。"②即使到了近现代,中国以大学教师为主的知识分子最先意识到自己的落后,率先掀起了一场学习西方先进科学技术、学习马克思主义、向中国国情和传统文化寻求真理的伟大运动。如著名科学家、时任浙江大学校长竺可桢在解释该校校训"求是"二字时说,"'求是'精神就是追求真理。……大学最大的目标是在寻求真理"③。1941年,竺可桢在《思想与时代》上发表文章说:"近代科学的目标是什么?就是探求真理。科学方法可以随时随地而改换,而追求真理却是永远不改变的。"④

中国传统学术界对真理的追求不仅源远流长,而且是独具风采,更具"真"的内涵与本性。第一,不受制于宗教。与西方学术传统相比,中国传统学术不受制于宗教,对科学持一种更清醒的理性主义态度。"如学者范缜就反对宗教迷信,主张'神灭论'。宰相萧子良派人以中书郎的职位作为诱饵,劝他改变观点。范缜义正词严地回答:绝不卖论取官。后来,梁武帝亲自写了《敕答臣下神灭论》,为神灭论罗列'违经背亲'等罪名,企图利用皇帝的地位逼范缜就范。范缜义无反顾、寸步不让,立即撰文答对皇帝。这就是他那篇宣传唯物主义无神论思想的不朽名著《神灭论》的由来。"⑤这种不受宗教束缚的学术"求真"意识,如军事理论、伦理理论等,要比长期受制于宗教的西方学术先进得多;第二,与"善"的密切结合。中国传统

① 韦政通.中国的智慧[M].长春:吉林文史出版社,1988:22－23.
② [英]李约瑟.中国科学技术史(1卷1分册)[M].北京:科学出版社,1975:3.
③ 浙江大学校史编写组.浙江大学简史(第一、二卷)[M].杭州:浙江大学出版社,1996:155.
④ 竺可桢.看风云舒卷[M].天津:百花文艺出版社,1998:140.
⑤ 马来平.弘扬中华民族的求真精神[J].山东社会科学,1990,(4):79.

学术的一大特点就是真切关注社会民生,把追求"真"与谋求人的幸福也就是"善"统一起来。从《大学》的"大学之道,在明明德,在亲民,在止于至善",到屈原(前340～前278)的"路漫漫其修远兮,吾将上下而求索"(《离骚》)。从医圣张仲景(约150～219)的"精究方术"的一个重要目的就是"救贫贱之厄"(《伤寒杂病论.自序》),到贾思勰(约386～543)的"起自耕农,终于醯醢,资生之业,靡不毕书"(《齐民要术.序》),到李时珍(1518～1593)的《本草纲目》意在"寿国以寿万民",再到李贽(1527～1602)的"穿衣吃饭即是人伦物理"(《答邓石阴》)。从谭嗣同(1865～1898)《狱中题壁》中的"我自横刀向天笑,去留肝胆两昆仑",到鲁迅(1881～1936)《自嘲》中的"横眉冷对千夫指,俯首甘为孺子牛"……无不体现中国学者那种"以真求善"的学术精神;第三,与"美"的密切结合。在中国的学术传统上,学者对"求真可致美"具有非常明确的认识。如孔子的"知之者不如好之者,好之者不如乐之者"(《论语·雍也》),荀子(约前313～前238)的"君子之学也,入乎耳,箸乎心,布乎四体,行乎动静,端而言……君子之学也可美其真"(《荀子·劝学》)等等,即是如此。

第五,"求真"是学术人人格的集中体现。

"求真"不仅是包括研究生在内的学术人智慧的集中体现,也集中地体现在他们的人格上。在学术发展史上,新思想、新学说的创立,都是由他们"求真"的主体人格创造出来的。在探索真理的学术活动中,一些学者逐渐养成了不畏艰险、不怕挫折、锲而不舍,永往直前地追求真理和捍卫真理等优良人格。这些优良人格正是他们"求真"价值取向的精神体现。

第一,这种人格表现为一种为真理而甘于奉献的精神。"天命难知频破惑,尘凡多变敢求真。"[①]"求真"一旦融入到学术人的"血液"与"灵魂"中成为一种牢固的学术价值取向,他们就会对自身的价值和所处的地位、所肩负的使命有一种更自觉的认识,就愿意为科学真理的取得而不怕困难与磨难;第二,这种人格表现为一种为真理而锲而不舍的恒心与韧性。与一般的生产劳动(如工厂劳动)相比,学术在"求真"的过程中总会面临着困难和挫折,甚至是难以驾驭的危险,具有很大的随机性、偶然性和不确定性。但对于一个有着"求真"心的学术人来说,无论身处何种逆境中,仍执着地求索,不怕困难并知难而上,在诸多的"不确定"中专心学问,探求真理。历史上许多的科学成就都与这些学术人锲而不舍、坚忍不拔的人格

---

① 谌震.胡绳的求真精神[J].同舟共进,2001,(3):40.

魅力分不开,如居里夫人对镭的发现就是一个明显的例证;第三,这种人格表现为一种为真理而怀疑的精神。学术上的"疑心"进行得愈深刻,愈有力,对学术研究的方向和目标,也就看得愈清楚,愈准确,发现科学的"真"的几率就愈大。如中外的一些学者为求真而求知,常常因为怀疑别人的学术观点而与之分道扬镳,甚至不惜友情、亲情,甚至生命。尽管他们由于其学术观点的不同而成了人情交往中的"劲敌",但它换来了学术的繁荣。

(二)纵向伦理:学术伦理的"底线"与"上标"

依据学术伦理的层次性和学术伦理价值观体系的建构要求,本书把学术伦理价值观从低到高划分为两个不同的层次——最低层次和最高层次。最低层次就是学术伦理的"底线",即底线伦理,最高层次则是学术伦理的"上标",即上标伦理。

1. 底线伦理:"严谨"

学术伦理的底线伦理①——"严谨"(Keeping Strict),是维系学术伦理关系的最低要求。这也就是说,"严谨"是包括研究生在内的学术人最基本的学术道德义务,是学术人个人学术德性的最后边界或屏障。需要强调说明的是,设定底线伦理并不是将学术伦理的标准降格以求,恰恰相反,却是学术人通往自己学术理想的起点和必由之路。

第一,"严谨"是学术创新的基础和前提。

"严谨"是学术人的"底线伦理",意味着它是学术人追求自己学术理想、最终取得创新性学术成果(求得真理)的基础和前提。俄国哲学家赫尔岑(Herzen,1812~1870)曾嘲笑19世纪40年代莫斯科像拉霍夫之流的不肯严谨治学的学者,"他智力高强,然而较富有突发性和狂热性,而缺乏辩证性,他刚愎自用地急躁地追逼真理,……不是谦虚地以献身的精神去寻求未发现的东西,而是寻求可以使人心安理得的真理,因此真理躲过了他那种想入非非的追求,是不足为奇的。他抱怨,

---

① 一般看来,伦理一般代表社会价值观的上线,而法律代表社会价值观的底线。其实,"伦理从来不是让人们如何成为圣者",伦理也有底线,即底线伦理。"底线"是对其性质的一个形象性的说法,意思是一种最低限度的伦理。底线伦理关涉到每一个人的日常行为,这如同雨果在《悲惨世界》中说过一段话:"做一个圣人,那是特殊情形;做一个正直的人,那却是为人的常轨。"这也就是说,"你可以做不到舍己为人,但你起码不能损人利己;你可以不是伟大的圣人,但你起码应该是一个认同正义与人道的普通人。"底线伦理规定道德的最低下限,被认为是道德最后的边界,社会和人类的最后屏障。参见:刘兵.解读《关于科学理念的宣言》的现实意义[N].科学时报,2007-03-16(4);龙宗智.道德的底线[N].检察日报,2001-06-27(6);付小悦.人类最后的屏障[N].中国教育报,2000-10-05(8).

他恼怒。"①由此可见,如果学术人在学术活动过程中缺乏严谨的治学态度,往往就会被一些表面现象所迷惑,从而把握不住事物的本质和规律,与真理无缘。与此相对照,我国自从在汉代儒术成为学术研究的主要对象以来,"严谨"一直是众多学者从事学术研究的立身之本。以儒家典籍和学说的传承与解释为例,任何注或疏都署明作者,原文与注释、注释者和传播者绝不相混。即便是名不见经传甚至是有名无姓的作者,只要其研究成果有可取之处而被后世学者援引,亦无不标以嘉名,而在陈述自己见解时,则以"X案"的形式别之。这样做的目的,一是不掠人之美,二是表示"公私分明,责任攸归"。②

明清时期杰出的思想家和史学家顾炎武,用三十多年的时间写了一部被后人称之为"负经世之志,著资治之书"的八十万言巨著《日知录》。他在写作过程中,一旦发现与新材料和新认识有不合之处,就反复修改("其有不合,时复改定");若发现与古人所见略同,则干脆删除("古人先我而有者,则遂削之")。其严谨的治学态度可见一斑。这部倾注顾炎武大量心血精炼而成的巨著,以至成为清代文史大家如阎若璩、钱大昕、方苞、全祖望、戴震、赵翼、姚鼐、洪亮吉、魏源等一再疏正论辩的"显学";③马寅初在1957年提出的具有创造性的"新人口论",并非一时心血来潮,而是他多年缜密调查思考的结果。他在1953年后,曾三次到浙江省调查研究人口问题,考察了10个县市共20多个农业合作社,并亲自深入到农民家中,收集第一手资料。1955年他又根据在浙江、上海等地的调查资料,认真细致地研究人口增长情况,并与其他国家的有关资料进行对比。经过三年调查,他发现中国人口增长率在20‰以上,每年净增人口1300多万人。在这个基础上,他得出了要解决先进的社会主义制度与落后的生产力之间的矛盾,必须控制人口增长速度,提高人口质量的科学论断。④ 著名历史学家韩儒林在谈及自己研究民族史的体会时说,第一步的资料工作不光是收集,还要考订。这就需要在音韵训诂上下一番功夫,尽可能将译名复原,弄清它的含义。前辈学者对于蒙元史的研究由于未能直接利用域外的新资料和采用新方法,依据他人译述而莫能辩证其误,韩儒林就直接用波斯、阿拉伯原文与汉文、蒙文史料相互勘校校订,从而使一些数十年来元史学者

---

① ［俄］赫尔岑著,李原译.科学中华而不实的作风[M].北京:商务印书馆,1981:107.
② 孙作云.孙作云文集《离骚》研究(上)[M].开封:河南大学出版社.2003:190.(转引自:朱燕.美国大学生学术不端的防治研究[D].北京大学博士学位论文,2007:100.)
③ 田居俭.顾炎武治学的精品意识[N].光明日报,2006－06－12(9).
④ 章牧.知识分子的学术人格漫议[J].江苏省社会主义学院学报,20002,(2):21.

聚讼不能解决的难题得到了解决,同时也订正了中外史料以及前人著述中的许多谬误。① 以上例证至少说明一个道理,那就是,要想取得有影响力的创新性学术成果,没有学术上的"严谨"是不行的。

第二,"严谨"是学术活动的规律所决定的。

"严谨"之所以是学术活动中的最低伦理要求和必须予以遵守的价值规范,还基于以下几个方面的原因:第一,学术活动的对象需要"严谨"。"求真"的过程是主观见之于客观的过程。由于学术活动的对象是客观世界,其活动的产品即学术作品包括论文、论著、研究报告,是严密组织起来的知识,表现为一定的理论、思想和学说、观点或结论。它们是否具有真理性,往往取决于学术人是否具有一种严谨的学术价值观念;第二,学术活动的研究过程需要"严谨"。学术研究是一种逻辑性、系统性的思辨或求证过程。这意味着学术人要细致入微,逻辑严密,否则其学术产品的质量必然受到影响,甚至走向伪科学,造成破坏性的社会后果。这同时也说明"严谨"的学术价值观念不是表现为一时一事,而是贯穿于学术实践活动的全过程;第三,学术活动外部环境的复杂性需要"严谨"。目前,任何学术活动都不是孤立进行的,而是与周围的环境发生着越来越密切的联系(如大学与赢利性产业不断加强的合作),并不可避免地会受到周围环境的影响和制约,这就需要学术人能以一贯的严谨作风抵御周围环境带来的不利影响;第四,学术活动所需资源的有效利用需要"严谨"。如果某一学术研究成果由于操作者的疏忽存在差错,那么其他信赖这项研究成果并在此基础上进行研究工作的学者的努力就会付诸东流,这不仅会影响学者之间的信用和合作,重要的是还造成了有限学术资源的浪费。

此外,在目前知识经济化以及交流手段信息化的时代背景下,学术活动就更离不开"严谨"。一方面,在目前学术成果与荣誉、金钱联系紧密的学术生态背景下,学术人普遍有一种急于传播自己学术结果的冲动,减少了对研究结果的关注、检查和深思,从而增加了出错的可能;另一方面,在目前技术条件下,学术研究结果一经公布,就会通过各种现代化的交流手段迅速得以传播。在这种情况下,就有可能打乱学术人的研究步调,使得研究结果未经仔细检查和反复论证检验,从而也有可能发生错误。为此,就需要学术人秉持学术上的"严谨"伦理价值观,始终慎重地对待学术,以避免违背学术伦理价值观的事情发生。

第三,"严谨"需要遵守的一些具体规范。

---

① 章牧.知识分子的学术人格漫议[J].江苏省社会主义学院学报,20002,(2):21.

"严谨"作为学术伦理的"底线伦理",表现为对所有学术人的一种普遍性的价值规范,那么,其具体的内涵或者作为一种学术价值规范的内容又包含有哪些方面呢?"严谨"在《现代汉语词典》的解释是"严密谨慎;严密细致"①的意思。从学术活动这个角度上讲,"严谨"的价值含义应至少包括"唯实、严肃、严格、严密、审慎"这五个方面。

• 唯实(Holding the Verity),就是从事实出发,即通过实地观察、实验、论证以摸索、探讨客观事物的规律性,一就是一,二就是二,不能弄虚作假,更不能胡编乱造,等等。如恩格斯在总结马克思的研究方法时,就曾指出:"必须从最顽强的事实出发!"②国学大师季羡林在谈及自己80余年求学、治学历程的书籍《学海泛槎:季羡林自述》的写作时说,"现在既然要写,我就照实直说,我决不夸大,也不矫情作谦虚状。"正是基于这样一种学术价值取向,"季先生的这部著作叙述风格平易如话家常,诚恳真挚如密友谈心,殷切朴实如长者传经授道。"③

• 严肃(Keeping Serious),就是保持所选研究课题的学术性,拒绝浅薄的东西;维护学术及学术组织的尊严和荣誉,不能出于眼前的利益而滥用自己的学术权力等。如美国知名学者弗莱克斯纳(Flexner)在谈到学术上的"严肃"时所说的那样,"我不是在请求人们奉行经院主义或学究古董,而是要求人们运用判断,维持尊严,保持一种价值观和良好的心态,只有这样,他们才是真正的大学工作者。"④

• 严格(Keeping Scrupulous),就是要随时修正自己在研究过程中的错误,公开发表成果中的错误需要公开承认;要有监管自己所领导的研究小组成员及其所指导或培养学生的责任,并有义务纠正他们在科研中所犯的错误等。

• 严密(Keeping Precise),就是要细心采集数据并妥当储存;验证或多次验证自己的研究成果;不泄露或侵占他人未公开的学术成果等。如我国近代汉语研究的拓荒者和奠基人吕叔湘先生治学严谨,有学者曾这样描述其严谨,"对原始资料进行周密的考证,对采用的例证进行精心的鉴别。对要作出的论断从各个角度进行反复思考,不臆测,不妄断,对读者负责,对自己负责。……他从来不轻易作结论,下断语,从来不把话说满,总留有余地……在引用别人的观点时一定要注出处,

---

① 中国社会科学院语言研究所词典编辑室.现代汉语词典[Z].北京:商务印书馆1997:1445.
② 恩格斯.论卡尔·马克思的政治经济学批判[A],马克思恩格斯文选(第一卷)[M].北京:外国文学出版社,1954:347.
③ 李朝全.季羡林的求学治学风范[N].文艺报,2006-01-26(5).
④ Abraham Flexner. Universities:American,English and German[M]. New York:Oxford University Press,1930:132.

哪怕只是口头说的。"①

● 审慎(Keeping Cautious),就是要慎重地在公开场合发表言论,不能想当然的主观臆测;尊重他人的研究成果并要正确使用;审慎地评价他人的研究成果,不夸大也不缩小等。

2. 上标伦理②:"创新"

学术伦理的上标伦理——"创新"③(Innovating),是包括研究生在内的学术人的最高价值追求,是学术伦理的"至善",是学术"求真"过程的愿望和归依。

第一,"创新"是学术伦理的"至善"。

"创新"是科学发展的动力,是维系学术伦理关系的生命力之所在,是学术伦理的"至善"(Exceptionally Good)。

如上文所述,在学术实践过程中,"求真"是学术伦理价值观体系中的核心,作为学术人的研究生应是围绕着"求真"这一中心要求来开展学术活动并实现或达到"求得真理"的愿望或目的的。但要想"求得真理",或者说把"求真"变成现实中的存在物,研究生不是仅学习已有的"真理"或照搬他人求得的"真理",而必须是在前人已有研究成果的基础上有新的拓展和发现。这正如有学者所讲到的那样,"学术研究要求发表自己独到的见解,要求有自己独特的发现。而现在不少研究生的论文却常常重复别人已有的观点,即便没有抄袭的痕迹,其实仍是没有学术价值的废纸一堆。"④这也就是说,"求得真理"其实就是"求得新知",即本书所提及的"创新"。"创新"在学术中的现实表现是:要么创造出某种新范式和新方法,要么提出某种新思想和新见解,要么发掘出某种新材料和新证据,要么建立起某种新联系。

一部学术史就是一部不断求取真理的历史,而这部历史却是通过学术上的"创新"而实现的。一方面,创新是学术研究的价值依托。如果在学术研究中没有创新,学术活动将会失去继续存在的必要,科学发展也将止步不前,学术人也必将失去继续生存与发展的条件;另一方面,创新是赋予学术人的最高伦理要求和责任。创新是一种高度的理性自觉,它是在独立思考、潜心研究、长期积淀的基础上对已

---

① 李宇明. 弘扬吕叔湘学术精神[J]. 汉语学报,2004,(1):4.

② 关于学术伦理的"上标伦理",国内也有不同的说法,如把"造福人类"作为学术的最高追求。(参见杨元业. 学术的"德性"[N]. 中国教育报,2007 – 02 – 12(3).)

③ "创新"在《现代汉语词典》中的解释是"抛开旧的,创造新的"。本书中的"创新"是指学术研究中的"创新"。参见:中国社会科学院语言研究所词典编辑室. 现代汉语词典[Z]. 北京:商务印书馆 1997:198.

④ 杨剑龙. 加强研究生学风教育[N]. 文汇报,2003 – 12 – 09.

有思想与知识体系的扬弃,是科学精神的最好体现,也是不辱学术人使命和责任的思想源泉。需要补充说明的是,"创新"还应是学术人永无止境的追求,没有最好,只有更好。

总之,学术"创新"处在学术伦理价值观体系中最高层次,它既是学术共同体得以存在的"社会资本",也是同为学术人的研究生最高价值追求;它既是学术"求真"过程的愿望和归依,是学术"求真"的目的所在。

第二,"创新"是学术人获取学术承认的唯一媒介。

随着学术研究在学术机构尤其是研究型大学的地位日趋提升,拥有创新性的学术成果不仅是学术人学术生涯发展的关键所在,而且还成为学术人获取学术承认的唯一媒介。与此同时,学术人在学术创新方面所做的贡献大小也决定着获取学术承认范围的大小和持续时间的长短。

学术承认本质上蕴含着包括学术共同体在内的社会组织对学术人所做贡献(创新学术成果)和科研能力的双重认可。这种"承认"除了是对学术人存在价值和生命意义的最有效证明之外,最直接的体现就是能使学术人合法地、体面地获得名望和财富。

如果学术人渴望获得名望和财富,那么他(她)能做的只能是以自己的创新学术成果通过学术评价系统得到学术界的承认,"因为在学术界没有其他可获得名望和财富的合法途径,而且非法获得承认的途径几乎是没有的"。于是,在学术领域获得广泛承认的学术人,都是学术界里有名望而且"很富有的人"。相反,没有获得承认的学术人,没有什么名望和"多少财富"。[①] 虽然,在学术职业化趋势愈来愈明显的今天,学术研究带给学术人的金钱和谋生的意义所占据的成份也越来越明显,但在一个学术人的内心深处真正看重的,却还是以自己有创见的工作为媒介所获得的学术承认。这种学术承认"被视为在与学术同行相处中最值得骄傲和炫耀的资本",被视为体面获得名利的最佳途径,同时也被视为学术生涯中所拥有的最珍贵的东西。在名利与学术承认之间,真正的学术人衡量得失的标准永远只会是后者。正是由于学术承认成为学术人心目中的首要考量,才使得学术研究有了超越名利的"更为崇高的目的","才使得人类的文明和社会的进步有着永远光明的前景"。[②]

---

① [美]乔纳森·科尔,斯蒂芬·科尔.科学界的社会分层[M].赵佳苓等译.北京华夏出版社,1989.
② 宋旭红、沈红.学术职业发展中的学术声望与学术创新[J].科学学与科学技术管理,2008,(8):99.

第三,"创新"源自于学术人的自觉意志。

学术研究是学术人对未知领域的探索,是人类最高层次的思维活动,当然也是一种艰苦的智力劳动,不可能一蹴而就,一定要有坚定的信念、专心地投入才行。在中国学术史上,"孔子厄陈蔡,而作《春秋》;屈原放逐,而著《离骚》;左丘失明,厥有《国语》;司马被侮,而写《史记》;季羡林蹲牛棚,而译《罗摩衍那》……"①他们能在异常艰苦的环境下写出震古烁今之作,无不是其自觉的意志在起作用。一方面,学术"创新"源于学术人的坚定信念。学术上的"创新"表现为学术人通过探索、揭示和发现事物变化发展的内在规律而获得的"真知识"。学术人要想实现学术上的"创新",必须首先要有一个信念,那就是坚信事物之间的因果性和规律性,坚定世界秩序和规律的存在和可理解性。被誉为 20 世纪最杰出的哲学家之一的英国思想大师怀特海(Whitehead,1861~1947)就曾说过,"我们如果没有一种本能的信念,相信事物之中存在一定的秩序,尤其是相信自然界中存在着一定的秩序,那么,现代科学就不可能存在"②;另一方面,学术"创新"源于学术人的执着精神。学术"创新"没有捷径,而是一个长期、曲折、复杂的过程。在这个过程中,需要学术人对真理有一种不怕挫折与失败、持之以恒、坚韧不拔的执著精神。真理总是隐藏在事物的最深处,是不能轻易被发现的,因而需要学术人甘于寂寞、淡泊名利、潜心钻研,在不断的怀疑与批判中求得真理,切忌急功近利、急于求成、粗制滥造。

第四,"创新"是满足学术人高层次需要的高尚志业。

由于创新性的学术成果与物质生产劳动的联系越来越紧密,并成为新的发明或生产方法新的改进的基础。所以,作为创新学术成果"母机"的大学在社会上占据着重要的地位,大学教师自然也就成了社会大众为之期盼的对象。"创新"也由此应成为大学教师的最高志向或追求,否则,其"被社会认为是高尚的"社会地位将会受到贬低。德国著名社会学家马克斯·韦伯(Max Weber,1864~1920)由此认为,学术人不仅仅是把学术作为职业,还需要"对学术有内在的志向,准备献身于学术",如果"不是发自内心地献身于学科,献身于使他因自己所服务的主题而达到高贵与尊严的学科,则他必定会受到贬低"。③ 这如同德国著名存在主义哲学家雅斯贝尔斯(Karl Jaspers,1883~1969)所言,"真正的学术,是那些怀抱原初的求知意

① 蔡德贵.反对学术腐败,树立精品意识——惩治学术腐败要釜底抽薪[N].人民日报海外版,2001 - 12 - 18(9).

② 怀特海.科学与近代世界[M].何钦译.北京:商务印书馆,1997:4.

③ [德]马克斯·韦伯著.学术与政治[M].冯克利译.北京:生活·读书·新知三联书店,1998:28.

志、自愿献身于科学研究的人的一项高贵事业,只有为一种真正的、没有任何东西可以阻扰的求知意志所激励的人才能称为真正意义的学者。"①无论是韦伯所说的"发自内心地献身",还是雅斯贝尔斯所谈的"原初的求知意志",都是把学术作为一个高尚的志业来看待的。按本研究的理解,学术之所以"高尚",就集中体现在其"创新"的层面上。如果"为求真而学术"应是学术人所应持有的核心价值观念,那么"为创新而求真"则应是学术人的内在期盼和最高追求。

(三)横向伦理:学术伦理的三个层面

以上在学术伦理价值观体系的构建中,虽然围绕"求真"这一核心学术价值观明确了学术价值观的"底线伦理"("严谨")和"上标伦理"("创新"),但基于学术伦理关系的复杂性,仅有纵向层次上的两个"伦理"("底线伦理"和"上标伦理")还是不够的。根据本书第一章第二部分所述,学术要想获得良性发展,必须得符合交互主体性的学术伦理关系的规定,即需要学术人个人的"德"必须与学术共同体的"善"以及社会普遍性的"理"在价值目标上保持一致,只有这样,学术人才能获得学术共同体的承认以及社会的支持。这也就是说,包括研究生在内的学术人的学术价值观必须符合多主体的要求,否则其自由就不能得到展现或完全地展现。所以,学术伦理的价值观绝不是单一的,而是一个仍以学术伦理的核心价值观为中心的、以学术的纵向伦理为基础和目标的、以个人、组织、社会为横向层面的立体式的完整体系(见图5-1)。

1. 个人层面:"理性"②

"科学之所以能被普遍地理解,就因为它是合乎理性的。"③从这一点上来讲,学术本身就是理性的活动、理性的事业(学术研究需要精确、客观地描述和解释世界),也是一个理性的选择过程。所以,学术研究就需要学术人能持有一种"理性"精神。"理性"(Being Conscious),从价值观的角度来分析,就是指研究生个人所持的一种自觉状态,就是在"求真"核心价值观的驱使下,始终对自己、对学术共同体、对社会抱有一种负责任的学术态度。

"理性"作为个人维度的学术价值观,其关系要素主要有以下几个方面:

第一,潜心。潜心(Having a Concentrated Mind),就是要求研究生始终有一个

① [德]卡尔·雅斯贝尔斯.时代的精神状况[M].王德峰译.上海:上海译文出版社,1997:128.
② 本书中的"理性"是从价值观的角度来界定的,与心理学中的"理性"(一种与感性、知觉、情感和欲望等本能相对应的思想能力)有所不同。
③ 卢风,肖巍.应用伦理学导论[M].北京:当代中国出版社,2002:236.

冷静的头脑,对学术有敬畏之心、虔诚之心,潜心科研,不投机取巧,不浮躁、肤浅、浮夸。只有这样,才有可能如同德国诗人歌德所说的那样"从平凡中创造出奇伟,从单调中创造出瑰丽"①,也才有可能在学术上取得创新性的成果。中山大学教授陈炜湛在谈到研究生如何潜心治学时,这样写道:

静心(或曰潜心)。不慕纷华,耐得寂寞。静心的前提,是有顽强的意志力、毅力,是有志。所谓"板凳须坐十年冷",三年实不算多,"一心以为鸿鹄将至",难有所成。无志则必难静,必忘"研究"二字,而为声色钱财所诱,志不在此者,宜早退学,或经商,或从政……均可。②

"潜心"这一学术价值规范,一是需要研究生能自觉地从评判者的角度来审视和反省自己,以应有的学术标准来规范自己,不断提升自己的学术研究和学术道德水平;二是需要有一种独立思考的精神,耐得住寂寞,不慌乱,不急躁,沉浸到自己所关注的现象和研究问题中。

第二,怀疑。怀疑(Keeping Calling Sth. in Question),就是研究生要对已有的科学知识体系始终保持有一种问题意识。我国先秦时期孔子主张的"多闻阙疑"以及孟子主张的"尽信书不如无书"就是指学术上的"怀疑"。用法国哲学家米歇尔·福柯(Michel Foucault,1926~1984)的话来说,怀疑就是要"一直不停地对设定为不言自明的公理提出疑问,动摇人们的心理习惯、行为方式和思维方式,拆解熟悉的和被认可的事物,重新审查规则和制度,在此基础上重新问题化。"③由于真理是相对的,随着真理外部环境的变化,原来的真理就会表现出矛盾的一面,需要给予修正。奥地利物理学家、哲学家马赫(Ernst Mach,1838~1916)由此认为"科学的每一个部分,包括'预设'在内,都是研究的可能题目,都可以接受修改"④。这也就是说,学术就是要对已有的结论、曾经的权威保持某种理性地怀疑,一旦出现新的证据时,应立刻予以"存疑再究"。⑤

在学术发展史上,很多学者就是从怀疑现有科学理论开始,从而取得科研新突

---

① 王顺才.名家治学"十字诀"[N].中国老年报,2003-10-15(3).

② 陈炜湛.与研究生谈治学[N].中山大学校报,2003-02-14.

③ [法]福柯.权力的眼睛:福柯访谈录[M].严锋译.上海:上海人民出版社,1996:147.

④ 王书明.科学、批判与自由——费耶阿本德有限理性论研究[M].黑龙江人民出版社,2004:34.

⑤ 王大珩,于光远.论科学精神[M].北京:中央编译出版社,2001:69、118.

破的。如意大利天文学家、哲学家伽利略(Galileo Galilei,1564~1642)基于对亚里士多德的"物体下落的快慢和它的重量成正比"的错误论断的勇敢怀疑,发现了"自由落体定律"这一真理。英国科学家罗伯特·胡克(Robert Hooke,1635~1703)、荷兰物理学家惠更斯(Christian Haygen,1629~1695)等人基于对科学权威牛顿(Newton,1643~1727)等人支持的"微粒说"的怀疑,最终得到了科学界广泛接受的"波粒二象性学说";法国著名化学家拉瓦锡(A. L. Lavoisier,1743~1794)基于对"燃素说"的怀疑,建立了著名的"燃烧理论"等。总之,怀疑是获得有创新性学术成果的一个重要的途径,是"求真"核心价值观的支持因素之一。具有理性的怀疑,就意味着学术人能不断地对现有知识、方法以及矛盾问题产生思考,产生不断"求真"的动力,从而进行更深入地辨误识伪、去伪存真的研究,这往往是最终取得创新性学术成果的开始。下面这段话所描述的主要就是研究生在学术上要有一种怀疑精神:

做学术,一定要有自己的观点,一定要具有否定、批判精神,即使错了,也可以促进学术的不断进步。作为一个研究生,我们要做学术上的"愤青"和"批判家"。只有这样发现问题,思考问题,才能够提高自身的研究能力,增强学术的造诣,养成研究的习惯。①

第三,实证。实证(Being Confirmed),是学术人个人"理性"学术价值观的重要关系要素之一。要在学术研究过程中取得突破,单单是理性的"怀疑"是不够的,还需要有一种理性的实证精神,这也是学术"求真"过程中的关键环节或机制要素。

一方面,在对待别人的观点或学说上,需要学术人从客观事实出发,摈弃一切偏见。在学术研究中,学术人判断一种观点或学说是否是科学的,不是看提出这一学说的人的身份、种族、国籍、宗教和阶级,也不是看它是否与某权威相一致,而是要亲身实地去看它是否与客观事实相符,是否经得起验证。如挪威数学家阿贝尔(N. H. Abel,1802~1829)在23岁时就解决了"五次方程不存在代数解"的结论,但是他的研究成果却没有得到大科学家高斯(Johann C. F. Gauss,1777~1855)的理性对待。高斯以"不可能用这么短的篇幅证明这个世界著名的、连他都没法解决的问题"为由,甚至连书页都没有裁开就扔到了书堆里。当时法国皇家科学院的数学

---

① 徐剑,赵晨.对研究生的三种属性的认识与思考[J].中国研究生,2011,(3):39.

名家,都忙于自己的研究也对这个"无名之辈"的观点不加理睬。这种缺乏学术理性的现象导致阿贝尔的重要研究成果直到30年后才被发现并公布于众,这显然阻碍了数学科学的发展。

另一方面,自己的观点或想法只有靠"实证"在实践中证实以后,才算是求得了真理,否则就是空洞的,或是一种错误或者假象。在学术发展史上,本杰民·富兰克林(Benjamin Franklin,1706~1790)通过实证发明了避雷针;丹麦科学家奥斯特(H. C. Oersted,1777~1851)通过60多个实验才使他的"电和磁之间的关系"的推测获得学界同行的承认和接受;葡萄牙航海家麦哲伦(Magellan,1480~1521)绕地球航行一周才证明了遭受质疑的"地圆说"……如此等。他们都是在实证精神的鼓舞下,将自己的怀疑、假设、猜想付诸实践,成了这些学者追求真理过程中的一种精神支柱。

2. 组织层面:"合作"

"合作"(Keeping Cooperation),是学术职业化趋势带来的"大科学"时代所必需的、带有根本保障性质的价值观念,也是学术人必需的学术伦理规范,同时也是学术"求真"的重要关系要素之一。下面这位研究生的感受①,可以说很好地说明合作的价值和意义:

一个人做事容易走进死胡同,所以要通过交流合作来解决问题。现代科学的发展,已经形成一个非常繁杂的体系,即使是掌握一个小领域的全部知识,也往往超出一个人的能力。同时,科学研究的特点又决定了几乎在任何一个方向上,都有许多知识能力俱佳的专家级人物。因此若能够得到他们的指点与帮助,则可帮助你在自己的领域内较快获得成功。当无偿的帮助不可得时,要通过资源、利益与成果的共享来得到,是为合作。合作的精髓是,大家都有所舍,大家都有所得,而且所得一般都会远远大于所失去的。

以上这段话说明,倘若某一学术人为了一己私利,在学术活动中不与他人的合作(如拒绝与其他学者交换或共享学术资源),这不仅将影响其学术事业的发展,难以在单打独斗中取得大的学术成就,也与学术伦理的价值真谛背道而驰。

---

① 佚名.齐心协力比一个人单干的强[EB/OL]. http://emuch.net/html/201207/4728283.html,2012 - 07 - 26.

随着学术职业化趋势、学术人活动范围的扩大以及主体活动能力的加强,这就必然产生以"争夺学术资源"为主要特征的竞争。但竞争是建立在合作基础上的。在学术发展史上,许多学术成果尤其是重大学术成果的取得都是学者们善于同别人合作的结果。"美国科学家朱克曼对获得诺贝尔奖的科学家进行了这样一次统计:从1901年到1972年间,共有286位科学家获得诺贝尔奖,其中有185人(近2/3)是同别人合作研究取得成就的。在诺贝尔奖设立后的第一个25年,合作研究获奖者占获奖人数的40%,第二个25年,这个比例为65%,第三个25年,这个比例上升为79%。"①这些数字表明,学术研究越来越成为一种集体行为,团结协助已逐渐成为学术界的一种很重要的价值取向。对于一个科研项目,一个学者往往只能完成一个步骤甚至只是一个步骤的一部分,倘若没有学术共同体内的交流合作,很难想象学术的发展方向和进程。

"合作"作为组织维度(学术共同体)的学术价值观,其关系要素主要有以下几个方面:

第一,诚信。诚信(Keeping in Honesty),是"合作"学术价值观的重要关系要素。学术研究活动往往是一项集体的事业,科学知识的获取和传播、交流都必须以学术人的诚信为基础。诚信不仅是我国传统伦理文化中的重要道德规范,也是学术伦理的重要价值观,它有利于学术共同体内各个成员之间合作的实现。

一方面,诚信来自于学术的"求真"取向和"研究高深学问"这一性质。约翰·S.布鲁贝克认为,由于学者是高深学问的看护人,所以公众就很难评判学者的行为,学者也就是他们自己伦理道德准则的监护人。"只有他们的正直和诚实才能对自己的意识负责。学者们是他们自己的道德的唯一评判者。"②

另一方面,诚信来自于学术共同体发展的需要。学术共同体不仅是学术人进行学术交流合作的平台,同时也是学术人共同拥有的"命运共同体"。这就需要学术人能够坦诚地与他人进行学术交流合作,不夸大、谎报自己的科研成绩,同时又能对他人的学术成果做出中肯评价,也绝不掠人之美,侵占他人研究成果。否则,学术活动中任何虚伪、作假、抄袭、剽窃以及任何自欺欺人的做法不仅使学术共同体内的合作难以存在,而且最终会败坏整个学术共同体的事业。

第二,互尊。互尊(Keeping in Mutual Respect),是学术活动基于营造有利于科

---

① 转引自:王滨.科学精神启示录[M].上海:上海科学普及出版社,2005:278.
② [美]约翰·S.布鲁贝克.高等教育哲学[M].王承绪等译.杭州:浙江教育出版社,1987:121.

研合作的学术氛围(如民主、平等、宽容与团结的学术组织环境)的需要而特别强调的一个重要的价值规范,也是"合作"价值观的关系要素之一。

学术是探索未知的"求真"活动,在学术面前,人人是平等的,思想是自由的。贝尔纳说,"科学是对未知的发现,是在非常不可预见的要素之中的发现。"①由于科学是学术人在"不可预见的要素之中"的探索,再加上每个学术人所处的时空条件不同以及自身的差异,不可避免地会就同一研究课题,得出不同的结论。这就需要学术人能够以宽容的心态互相尊重(包括尊重对方的思想观点和研究成果),用事实说话,不要受诸如权力、宗教信仰、政治态度等非科学因素的影响,也不能以身份、资历、名望、权威、领导的意志和观点来论是非。作为一个学术人,他(她)不仅要允许有不同学术观点的存在,不搞少数服从多数,而且还要允许失败,鼓励继续探索。

以上结论的原因是,"互尊"一旦成为学术共同体内各成员的价值取向,就会在学术研究活动过程中营造出一种良性的合作氛围,从而真正地鼓励、保障理性的怀疑和多元的思考的兴起,将学术共同体整体的潜力发挥到最大,推动科学发展。

第三,公开。公开(Being Open),也是"合作"价值观的重要关系要素之一。学术是一项开放的活动,它要求学术人将自己学术成果公开发表或出版。学术人的科研数据、方法和思想能与他人共享,其成果也应当接受其同行的评价,对于自己在科研中的错误或失误也要公开。此外,学术人还"应当公开资金来源和财政利益,以避免利益冲突"②。美国著名社会学家莫顿(Rober King Merton)在《论科学与民主》一文中归纳了现代科学的精神特质,其中一条"公有性(Communism)"③,就体现了学术的"公开"价值。"公有性"的含义包括两点,一是隐匿科学发现应受到谴责,二是学术人要承认他们依赖于文化遗产。

学术人有权并且应当将自己的研究成果公布于众,并可以共同享用研究成果,这是促进学术界交流合作的要件之一。一方面,公开可以保证学术人高效率地使用学术资源。"科学知识具有积累性,任何科研成果的完成,都少不了继承前人的成果和吸收同代人的科学思想。科学家只有了解其他学者相关的研究工作,才能开始自己的研究。"④如果学术人之间能够合作研究,即能共享研究数据等资源,那

① [英]贝尔纳.科学的社会功能[M].陈体芳译.上海:上海人民出版社,1986:325.
② 卢风,肖巍.应用伦理学导论[M].北京:当代中国出版社,2002:244.
③ [美]莫顿.科学的规范结构[J].林聚任译.哲学译丛,2000,(4):58.
④ 卢风,肖巍.应用伦理学导论[M].北京:当代中国出版社,2002:244.

么他们就能把自己的科研建立在前人或他人的成就之上,从而促进学术创新,同时在整体上也能促进学术的发展与繁荣,如我国战国时代齐国的稷下学宫就是一个典型的例证。稷下学宫不仅是当时全面开放的学术大论坛,而且也是具有国际视野的学术交流对话中心。各诸侯国学者名士定期相聚于此,各家同等款待,论题随意,互为辩敌,自由开放。在稷下学宫,曾经势如水火的学术流派在寻求着联手互补,原本互不搭界的学派业已达成共识。在这种开放的学术大环境下,诸家皆以开放的心态和进取的精神,吸收新的学术思想营养,使自身的学术理论趋向成熟和系统化,完成学术思想的融会贯通,其结果也就自然成就了我国文化发展史上少有的一次学术繁荣兴盛时期;①另一方面,公开还可以促进学术人的学术成果在共同体内得到合理的评价。这既可通过"好的评价"激励该学者继续努力,还可以通过"坏的评价"的震慑作用强化学术界的"自我纠偏功能",减少偏见、不诚实(弄虚作假)、粗制滥造等学术不端问题出现的可能性。此外,公开还可有效避免学术利益上的冲突。

需要补充说明的是,在一些特殊的情况下,保密是正常的,如为尚在进展中的研究实施保密,基于政治、军事目的的保密等。"但是无论如何,保密都应当是特例,而非学术的一般价值准则。这些特殊情况可以按特例来处理,但不能动摇科学公开性的原则。"②

3. 社会层面:独立

"独立"(Being One's Own Master),是学术人在社会维度上最重要的价值观。它不是主张学术人置身事外,孤芳自赏,而是在社会的交往中,"具有独立的价值判断能力,并依据内心准则而自由行动,不为名利和人情世故关系所绊。"③如被我国东汉时期学者仲长统(179~220)斥为"三俗"、"三可贱"行为(即"交游权贵"、"慕名而盲从"和"是非良莠不分")④的所谓学士,则是缺乏学术"独立"的形象写照。在美国哈佛大学的《学习生活指南》上面,就用加大加粗的字体这样写道:独立思想是美国学界的最高价值。

"独立"作为社会维度的学术价值观,其关系要素主要有以下几个方面:

第一,自由。自由(Being Unrestrained),表现为学术人以学术为本位,保持学

---

① "稷下学宫"的例子参见郑东.稷下学术精神与当代学术发展[J].管子学刊,2007,(3):43-44.
② 卢风、肖巍.应用伦理学导论[M].北京:当代中国出版社,2002:247.
③ 许纪霖.许纪霖自选集[M].桂林:广西师范大学出版社,1999:329.
④ 白寿彝,廖德清,施丁.中国通史(第4卷)[M].上海:上海人民出版社,1995:548.

术的独立自由。即在学术活动中，要始终坚持什么是对的才是重要的，而非谁是对的。否则，就会被名利或权势束缚了思想和手脚，从而与学术"求真"背道而驰，自己也就更加不自由。如在大学校园中发生的"学钱交易"、"学官交易"等严重的学术不端现象即是如此。这正如我国著名史学家陈寅恪（1890～1969）1929 年在《王观堂先生纪念碑铭》所言，"士之读书治学，盖将以脱心志于俗谛之桎梏，真理因得以发扬。思想而不自由，毋宁死耳。"①历史上一些知名的学者，为学术而学术，并没有任何功利的目的，这样反而成就了学术，自然也给自己带来了名和利。

第二，自尊。自尊（Being Self esteem），是学术人保持社会"独立"所必需的学术价值规范。一个不自尊的学术人，一定是缺少"求真"的学术精神，这不仅会使自身的名声受损，而且还会产生严重的社会后果。学术上的"自尊"，表现为学术人对自身人格尊严以及学术共同体集体声誉的维护，其实质就是对学术神圣崇高地位的维护。牛津大学的教授投票取消授予时任首相布莱尔的荣誉博士学位，哈佛大学教授们拒绝基辛格博士回母校任教，哥伦比亚大学教授投票拒绝给英国女王授予博士学位，电影行业权威、奥斯卡获奖导演斯皮尔伯格的课程作业被母校电影学专业老师拒绝打高分……②以上这些事例并不是说这些学者目中无人，傲慢自大，而是在维护大学的尊严。但大学的尊严不是大学本身的尊严，而是基于对学术尊严的尊重。对学术的尊重，实际上是对科学精神的尊重，对社会以及自然规律的敬畏。

第三，公正。公正（Keeping Impartial）也是学术人保持社会"独立"所必需的学术价值规范。社会对学术人专门知识的信任、尊重和依赖，决定了学术人必须相应地履行对社会的责任。而这个"责任"则体现为学术人在社会公共场合中所持的"公正"立场上。学术人应是社会正义的化身、真理的维护者，不去曲学阿世、见风使舵，更不去随波逐流、颠倒是非。一方面，学术人要凭借由于"对高深知识的垄断"而获得的"独立的话语权"，做社会良知的公共代言人，以批判的理性和对社会的敏感性来引导社会发展，否则就不是完整意义上的学术人，只是片面的"学科专家"。从春秋时期"讲学兼议政"的稷下先生，到明清时期的东林学者，再到"五四"时期高举"民主与科学"旗帜的大学教师，这些学术人虽以教师为生存之业，但却心系黎民苍生，他们本着自己的良知，积极探索社会发展的方向，在乱世中以自身

---

① 陈寅恪. 金明馆丛稿二编［M］. 上海：上海古籍出版社，1980：236.
② 以上例子参见林奇. 大学的脾气有多大［J］. 当代青年，2008，(4).

的"公正"来影响社会的发展与进步;另一方面,在真理受到怀疑、反对、攻击的时候,学术人就要利用其拥有的公共话语的天然优势,坚定地站在真理一边,用科学战胜愚昧,用事实反击流言。

　　总之,从学术伦理价值观横向层面的三个维度来讲,作为学术人的研究生在学术实践活动中,既需要个人独立工作或思考时的"理性",也需要学术共同体内的"合作",同时还需要在社会交往中保持"独立"。只有这样,才是交互主体性学术伦理关系所需要的。

第六章 如何规制(二):
学术伦理规制的制度保障

上一章主要是确立并论述了学术伦理的价值观体系。但是,任何一套学术伦理价值观不管多么合理、多么完善,其最终的落脚点必须是内化到研究生的"血液"和"灵魂"中,进而落实到其具体的学术实践中,否则这套学术伦理价值观只能是一堆抽象的价值符号,而无任何实际意义。为此,就必须首先通过一系列外在规则——学术伦理制度化①来为促进和保障学术伦理在研究生群体中的内化提供实践的依据。

一、学术伦理制度化概述

(一)学术伦理制度化的内涵

学术伦理价值观要想真正体现出有效性,对学术人起导向、规范和约束作用,就必须通过某种固定的形态得以设置和体现,这就是学术伦理制度化。学术伦理制度化,也可称之为"制度形式存在的伦理要求"或"明示的价值规范",就是在学术伦理规制过程中,把相对抽象的学术伦理价值观具体化为某一共同体内各成员所必须遵循的一系列可操作的规则。其内涵主要包括以下几个方面:

第一,从其主体来讲,学术伦理制度化主要有国际学术伦理制度、国家学术伦理制度、学校学术伦理制度、学院(系、所)学术伦理制度。

第二,从其客体来讲,学术伦理制度化针对的对象是某一学术共同体内每一成员,对他们都有普遍的规范要求,如大学教师学术伦理规范、研究生学术伦理规范等。

① "伦理制度"与"制度伦理"的含义有所区别。"制度伦理"一般有两个层面的意义:一是指制度的伦理,即对制度的正当、合理与否的伦理评价和制度中的伦理;二是指制度本身内蕴着一定的伦理追求、道德原则和价值判断。以此类推,"学术伦理制度"与"学术制度伦理"的含义也有所区别。"学术制度伦理"一是指学术制度的伦理,即对学术制度的正当、合理与否的伦理评价;二是指学术制度中的伦理,即学术制度本身内蕴着一定的伦理追求、道德原则和价值判断。参见:方军.制度伦理与制度创新[J].中国社会科学,1997,(3):56.

第三,从表现形式上讲,学术伦理制度化主要有学术伦理准则、配套制度(学术伦理制度及其操作细则)和学术伦理法。

第四,从运行逻辑上讲,学术伦理制度化就是从伦理到制度,再从制度回归到伦理,追求的是制度的他律与道德的自律的统一,制度的"公共理性"与个体价值观的统一,伦理应然的目的性与实然的手段性的统一。

(二)学术伦理制度化的必要性

学术伦理价值观是对学术伦理关系、现实学术生活的价值认识和道德把握,既具有现实性、客观性,又具有超越世俗生活的理想性,即麦金太尔(Alasdair Macintyre)所说的那种"精心论证一种完全充分而又合理可靠的善和最善概念"①。这种学术伦理的"善"或"至善"就是体现学术标准和目标的"应然"。建立一套"应然"的学术伦理价值观,其必要性、重要性自然无须多言,但如果就到此为止,那么这套价值观只能是一堆抽象的价值符号,就不能完成或至少不能稳定、持久地完成从学术伦理"应然"到"实然"地转变。而学术伦理的制度化,则是促进这种转变完成的一个最好的中介。

一方面,学术伦理制度化的"中介"作用是由学术伦理的"应然"与"实然"之间的矛盾所决定的。学术伦理的"实然"体现为学术人的学术人格和行为模式,它是实践的、具体的,是学术人在客观的社会历史条件下为满足自身需要所进行的学术实践活动,即"事实";但学术伦理的"应然",即"价值"。"事实"与"价值"分属两个不同的领域,从"事实"不能简单地推导出"价值",反过来,从"价值"也不能直接地过渡到"事实"。为此,就需要一个"适然"性的中介环节在学术伦理"应然"与"实然"之间搭建一个"桥梁",这个"桥梁"就是学术伦理的制度化。

另一方面,学术伦理的"实然"与"应然"虽然分别属于事实领域和价值领域,但它们并不是截然分开的,而是相互联系、相互统一的。就学术伦理的"实然"而言,它存在着多种可能性(如是求实创新还是抄袭剽窃),这使得学术人对其可能性的选择成为必要。但学术人对其可能性的选择要基于对客观现实的认识,这种认识是学术人运用其"内在尺度"作用于对象的过程,其实就是一个依据"价值"("应然")来确定改造对象的方向的过程;就学术伦理的"应然"而言,学术伦理的"应然"作为学术人从事学术活动的价值规定,是一种侧重于一般性、普遍性的价值把握,但是它在作用于对象之前,就必须与"实然"相结合,适合于"实然"的特殊

---

① 〔美〕麦金太尔.谁之正义? 何种合理性? 〔M〕.万俊人等译.北京:当代中国出版社,1996:167.

时空条件,如要考虑自身所能拥有的科研条件、利益关系及其他各种复杂的因素等等。正是由于学术伦理"实然"与"应然"之间存在的这种关系,给某种外在力量的介入带来了便利,而这种外在力量的承担者就是学术伦理的制度化。

(三)学术伦理制度化的可能性

学术伦理是一种以学术人个人德性为基础的关系之理,体现为一种交互主体式的伦理关系。而制度则是组织化地控制个体行为的规则,表现为一系列相互联系的行为规范的集合。这说明,学术伦理与制度还是有着明显的区别的,似乎难以同构,学术伦理制度化也似乎无从谈起。但学术伦理本质地体现为"内在价值观与外在规则方法(包括制度)的统一"的这一事实,不仅说明了学术伦理与制度(在本文指跟学术相关的制度)之间存在的必然联系,也表明了学术伦理制度化应是学术伦理的应有之义。

第一,学术伦理与制度具有一致性。

一方面,学术伦理与制度都关涉到利益。学术伦理是调节学术交互主体之间的关系与其规则的总和,它产生于学术人个人与整体利益发生矛盾的时候和地方。而制度的形成来源于人与人之间的各种交往关系。在这些关系当中,利益关系是一个很基本的关系。而要调节人与人之间这种有时冲突对立的利益关系时就需要一定的制度,以把它限制在一定的范围内。以上说明,如果从利益的角度来考虑的话,学术伦理与制度在目的上是一致的;另一方面,学术伦理与制度都与管理相关。一个学术共同体之所以要倡导学术伦理,一个最重要的原因就是希望能通过唤醒学术人的道德与行为自觉,提升学术管理效率,以使有限的学术资源能得到充分有效的利用。而制度本身就是管理中的一个重要的关系要素,制度构成了管理的核心。没有制度的管理是随意的、无效率的。此外,学术伦理与制度都具有规范的职能。学术伦理是学术人处理交互主体关系的行为准则,而制度是由某一社会组织制定的要求人们遵守的行为规范。所不同的是学术伦理对学术行为主体的规范主要是非强制性的、内生性的,而制度对行为主体的规范则主要是强制性的、外化性的。

第二,学术伦理与制度具有相容性。

学术伦理与制度是相容的,学术伦理有制度的作用,制度也隐含着伦理上的意义。学术伦理给制度提供价值支撑,制度给学术伦理提供保障。一方面,学术伦理内在的隐含着制度。学术伦理的基础——学术价值观一旦确定下来,就成了一种具有普遍约束力的伦理准则。这种伦理准则也可以说是一种价值规范,它告诉学术共同体内的每一成员,应该做什么,不应该做什么,否则将会受到精神或物质上的惩罚。这说明学术伦理具有制度那种规范的特性;另一方面,制度也隐含着伦理,需要伦理来加强其对学术人的规范作用。制度作为学术管理的重要保障,使得任何制度的设置、变迁都对学术共同体内各成员的行为有一种支配作用,规范着他们的行为模式,影响着或引导着他们的学术价值观念和道德选择,因而制度具有伦理意义。

以上分析表明,学术伦理制度化并不是把"学术伦理"与"制度"硬套在一起,而是一种相容相生的关系:在内容上相互渗透,在功能上相互支撑,特点相异而又义理相通。这就如同马克思的历史唯物主义哲学所认为的那样,人类行为是合目的性与合规律性的统一。学术价值观应是学术人的一种目的所在,而制度则是在长期的学术实践过程中形成的,体现出某种规律性。所以,从这个意义上讲,学术伦理与制度存在着必然的联系,而学术伦理制度化则是体现这一联系的最佳途径。

(四)学术伦理制度化的效用

学术伦理的制度化一经形成,就会通过其所具有的确定性、稳定性和一定强制性的特点,维系和整合学术伦理价值观,以更好地发挥学术伦理价值观在学术实践过程中的导向和规范作用。

第一,学术伦理制度化的确定性,有助于统一的学术伦理规范的形成。

所谓学术伦理制度化的确定性,是指学术伦理的价值观体系可以通过一定的组织方法,用文字的形式表达出来并固定下来,以便展示具体的、明确的、系统的学术道德与行为要求。即从学术标准、学术态度、学术责任以及学术义务等方面都有规定,人们看得见、摸得着,便于把握和执行。否则,学术伦理价值观就会成为抽象的存在,从而丧失其可操作性。随着学术往职业化方向发展的程度不断加深,学术伦理作为一种特殊的职业伦理,必须做出新的转变,即旧有的伦理规范必须抛弃,新的伦理规范必须建立起来。但是,若单凭学术共同体的每一成员来探索、形成乃至掌握新时期的学术伦理规范是很困难的,这至少在短期内很难实现。过去,我国大学的学术由于受行政的干预比较深,鲜有职业意义上的学术伦理制度化规范,大学教师、研究生等学术人只能各自凭着自己的理解去把握学术伦理规范,这难免有很大的盲目性和随意性,而这又会进一步变成学术实践的盲目性和随意性,导致学术不端问题的频频出现。要解决这一问题,其首先要做的就是让学术共同体的每一成员都能准确地把握学术伦理规范。而要做到这一点,只能通过制订出反映当代学术伦理关系的、具有确定性的制度性伦理规范的途径才能实现。

学术伦理制度化可以把反映学术标准和追求的价值观确定为一种集体的理性,从而使之具有一种远远强于个体的集体性约束力量。这样,它就可以对不同学术伦理水平的学术人起到规制作用,以避免其学术实践活动的盲目性和随意性。此外,学术伦理制度化的确定性还可以使学术伦理价值观更具有现实性和可操作性,能有效避免学术伦理价值观仅仅停留在道德说教和一般号召的层面上。与此同时,学术伦理制度化的确定性还可以防止学术伦理的规制人员(如学术伦理委员会的人员)对学术伦理做出随意的理解和盲目的处置,减少学术伦理规制过程中的不确定和偶然性。

第二,学术伦理制度化的稳定性,有助于学术人学术伦理价值观的内化。

学术伦理制度化是把长期学术实践过程中形成的具有普遍意义的学术价值观整合、定型,再经过组织化的操作后逐步形成的。学术伦理制度化一经形成,便具有很强的稳定性,不会轻易更改。这种具有稳定性的学术伦理制度所形成的外部伦理氛围就能够持久地对学术人产生影响作用,从而有利于学术人学术伦理价值观的内化。

学术伦理价值观的内化其实也可以说是学术伦理规范从"他律"走向"自律"的过程。学术伦理制度化能稳定地强化其倡导的主导价值观,进而形成一种价值导向,从源头上约束共同体内各成员的价值选择和行为动机。但学术伦理制度化的价值导向,是通过强化学术人的"行为预期"来加以巩固的。在一个稳定性的学术伦理环境下,学术人往往会通过学术伦理制度来预计自己相关行为的现实性后果,被伦理制度倡导的行为受到精神上或物质上的鼓励,而伦理制度反对的行为则将受到谴责或处罚。"这样反复多次,作为集体理性的伦理制度就会在行为人的内心扎根并且得到巩固,习惯成自然,最后成为人们心目中的一种道德无意识,成为道德行为选择的条件反射。"[①]这就是学术伦理制度化对学术人学术伦理价值观的内化作用。

第三,学术伦理制度化的强制性,有助于增强学术伦理价值观的普遍性和持久性。

学术伦理价值观是学术伦理规制的基础,但在规制过程中若单纯依靠价值观的导引,就会存在一些限制。其一,学术伦理价值观实现的普遍性受到限制。如果仅仅依靠共同体内各成员的个人学术价值观所形成的意识、修养去实现学术伦理

---

① 周奋进.转型期的行政伦理[M].北京:中国审计出版社,2000:207.

的目标,那么,学术伦理只能依赖每位成员的个人理性所体现出来的自觉性。但是,并不是每一个成员都具有学术伦理所要求的学术自觉性,那些缺乏学术自觉性的成员,就不能践行学术道德,更谈不上学术伦理。于是,学术伦理价值观实现的普遍性不能不受到限制;其二,学术伦理价值观实现的持久性受到限制。即使那些具有学术理性的学术人,当外部的环境发生变化时,当伦理关系对象发生变化时,谁也不能保证他们的理性能时时刻刻保持好的状态。这就像有学者所说的那样,"当一个人的理性与情感欲望没有矛盾或冲突的时候,理性的实现比较容易,但是当理性与感情发生矛盾或冲突、理性战胜不了感情欲望的时候,道德的自律就难以实现"①。

出现以上的问题的原因是,当学术伦理价值观凭借学术人的理性以自律的方式实现的时候,它只是个人选择的"可能性",这种选择虽然是"应该"的,但却不是"必须"的。这就需要整合学术伦理价值观,即把学术伦理价值观整合成具有的一定程度强制性的规则规范,并用恰当的方法手段引导学术人向善的方向发展时,学术人才有可能表现出符合学术伦理关系要求的德性状态,并稳定地向该德性过渡。

总之,在学术伦理规制实践中,学术伦理制度化不仅是学术伦理的应有之义,而且以制度的形式把需要倡导的价值观明确化、稳定化、强制化,使得本来抽象的学术伦理价值观具有可操作性,也弥补了单纯依靠学术伦理价值观进行规制的缺陷,以更好地维系学术伦理价值观对学术人的导向和规范作用。

二、研究生学术伦理规制的制度体系

由于现代学术是一个充满着有机联系的错综复杂的公共系统,研究生的学术行为不仅受到个人德性的支配,受到其所在学术共同体的规范,而且更受制于社会整体的制约。因此,在研究生学术伦理制度化过程中,不要孤立地依靠某一伦理制度,而是要善于把不同层次和不同层面的学术伦理制度联系起来,构成一个立体式的制度体系(见图6-1)。这一制度体系如果从横向层面来看,大致就可以分为:

其一,国际学术伦理制度。如世界科学联盟在1996年建立了"科学道德与责任常设委员会(SCRES)",联合国教科文组织建立的"科学知识与技术的道德世界委员会(COMEST)",欧洲科学基金会制定的《在研究和学术领域的科学行为规

---

① 周奋进. 转型期的行政伦理[M]. 北京:中国审计出版社,2000:203.

范》等。

其二,国家学术伦理制度。它往往是一个国家的学术伦理"宪章",也是各院校制定伦理准则的蓝本。如韩国 2007 年制定的《科技人员伦理纲领》①。

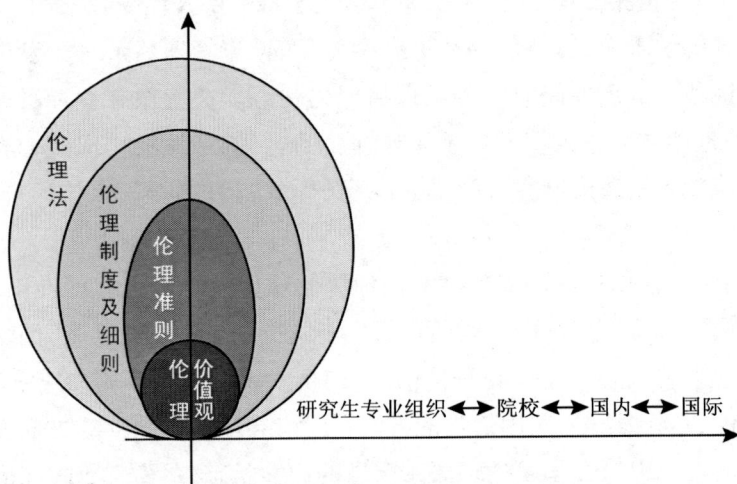

图 6-1 研究生学术伦理制度的体系结构

其三,院校层面的学术伦理制度。院校作为研究生的培养单位和学术共同体,管理并服务于其学术活动,是研究生学术行为的最直接规约者。所以,其制定的学术伦理制度往往是规制实践中最常用的。如《北京大学研究生基本学术规范》、《山东理工大学研究生学术道德规范》等。

其四,研究生专业组织学术伦理制度。这种伦理制度往往由研究生专业组织(如研究生会)自发组织并制定,以指导和约束其成员的学术行为,但其作用方式并非直接干预,通常并不越过院校而作为,主要是为院校相关工作提供补充性的支持、监督与救济。如南开大学研究生自发成立了"科研道德和学风建设自律委员会",并制订了《研究生学术道德自律公约》②。

---

① 邰举.韩制定"科技人员伦理纲领"[N].科技日报,2007-04-24(2).
② 佚名.南开学生自设学术自律委员会[N].中国青年报,2012-06-19(6).

此外,还有一些专业学术机构或学会根据自身学科专业的特点①和不同的学术人群体,制定更具针对性的学术伦理制度。德国马克斯·普朗克学会的《科学研究中的道德规范》,美国微生物学会(ASM)《道德规范》,美国大学教授协会的《专业伦理声明》等等,就属于这一类别。

若从纵向层次上看,学术伦理制度体系大致又可以分为学术伦理准则、学术伦理制度及其操作细则、学术伦理法等形式。这部分内容将在本章第三部分具体介绍。

以上这种立体的制度体系如果成形(即各层次、层面的学术伦理制度在伦理价值取向上是一致的、相通的),那么在研究生学术伦理规制实践中,就可以收到比较好的规制效果。假如某一研究生大量抄袭他人学术成果,那么他(她)不仅因为违反了学术伦理准则而受到涉及精神、名誉、地位、物质等方面的处罚,而且还会被移交有关部门,接受是否违反国家有关法律(如《知识产权法》)的审查和处理;有些影响较大的研究生学术伦理失范案件,当事人不仅要受到所在组织的处理,还可能同时受到更大的学术共同体——国际某一学术组织的处理;有些专业性非常强、比较特别的研究生学术伦理失范事件,国家或院校层面的学术伦理制度无法确认的,则可参照某一学科专业学术伦理制度处理。

三、研究生学术伦理制度的文本建设

所谓学术伦理制度建设②,其实就是把已确立的学术伦理价值观逐步具体化、实践化的转换过程,也是学术伦理的"应然"经过"适然",不断走向"实然"的过程。

---

① 学科专业不同,其对学术价值及其规范的理解也会有所不同。如人文社会学科与自然科学学科对"创新"、"严谨"价值观的理解是不同的,人文学科和社会学科也有区别。如历史专业研究的引证与注释以及术语的标准化方面就与其他学科有很大的不同。中山大学陈少明教授就此谈到,"以史学为标准,哲学不科学;以社会科学为标准,人文学术不科学;而以自然科学为标准,社会科学也不科学……因此,不能以某种具体的学科标准作为所有知识门类的共同规范。"参见:陈少明.对规范的疑虑——从20世纪90年代的学术转向谈起[J].现代与传统,1995,(1).

② 关于伦理制度化建设的问题,目前国内不少学者认为"道德制度建设"的提法是不恰当的,而合适的说法应是"伦理制度建设"。如我国学者钱广荣就认为,道德是一种特殊的社会意识形式,一种"行为规范的总和"或"行为规范与个人品德的总和",这应当是没有分歧的。若用"道德制度"概念,那就无疑于要建立"社会意识形式制度"、"行为规范的总和的制度"或"行为规范与个人品德的总和的制度",这显然是错误的,至少是违背了语言逻辑。而"伦理"即"人伦之理"这个概念,则特指人们相互之间以及个人与社会集体之间那些包含"道德问题"的特定关系,因此凡是涉及"道德问题"的制度用"伦理制度"要比用"道德制度"贴切、准确。(参见钱广荣.关于制度伦理与伦理制度建设问题的几点思考[J].江淮论坛,1999,(6):55.)

而对某一学术共同体来讲,学术伦理制度的建设,一是要有鲜明的理念指导,二是要有完善的体系建构。为此,在研究生学术伦理规制实践中,应首先从制定包含鲜明理念的研究生学术伦理准则入手,逐步建立起与此相配套的学术伦理制度及相关细则,直至颁布学术伦理法。

(一)学术伦理准则

研究生学术伦理准则是学术伦理制度化过程中最基础的工作。

作为一个学术机构,院校要在其内部建立起以学术伦理价值观为基础的学术文化,必须要有一个蓝图,这个蓝图至少要包括一份书面的伦理准则。而之所以要强调在其内部建立一份学术伦理准则,并不是因为研究生天生就比别人缺乏从业道德,而是因为这份准则对逐步形成学术共同体的学术文化,以使每位研究生都能按照学术伦理规则行事来说,是迫切需要的。与此同时,确立一份学术伦理准则可以说是研究生学术伦理规制方案中的核心工作。因为,学术伦理准则既是研究生从事学术活动以及研究生学术管理机构进行学术伦理规制的最高指导原则,是制定相关配套伦理制度及其实施细则的基础和前提,也应是研究生人人手中都有的印刷文本。与此同时,这份学术伦理准则还可保证研究生科研活动的严肃性,提高研究生所在的整个学术共同体的社会公信力。

目前,从一些学术机构发布的类似于学术伦理准则的文本来看,格式与内容很不统一,有的以"意见"、"声明"、"办法"的形式出现,有的仅仅是处理学术不端问题的规定。如德国马普学会在 2000 年发布的《科学研究中的道德规范》,澳大利亚国家健康与药品研究所和校长委员会 1997 年联合发布的《关于科研行为的联合声明和规范》,英国科技办公室 2004 年公布的《科学家通用伦理准则》,加拿大国立的三个科学研究理事会 1994 年联合发布的《三大理事会关于研究与学术诚信的政策》,韩国科技部 2006 年出台的《关于国家研发事业中确保研究伦理及真实性的准则》,日本政府科学技术政策的最高决策机构——综合科学技术会议 2006 年发布的《关于切实应对科研不端行为的意见》,我国教育部 2004 年颁布的《高等学校哲学社会科学研究学术规范(试行)》以及一些院校专门针对研究生的科研特点颁布的学术道德规范等。本文针对这一问题,就学术伦理准则文本的相关问题做出探讨,以图为我国院校的学术治理实践提供有益的启示和借鉴。

1.伦理准则的主要内容

基于"学术伦理是基本价值观与规则方法的统一"这一理论架构,本书认为,研究生学术伦理准则可以划分为学术伦理价值观和学术伦理规范两个主要部分。

第一,学术伦理价值观。

就学术伦理价值观来说,它一般居于学术伦理准则文本的第一部分(或最上方)。如果没有这一部分而直奔学术伦理规范这个主题,那么这个文本就不是学术伦理准则,而是一份普通的学术制度规范汇编。此外,由于学术制度规范不可能考虑到每个问题,而且也很容易被人忽视或遗忘,这就使简洁明了的学术伦理价值观从文本中单独列出成为必要。

学术伦理价值观往往是由一个核心伦理价值观("求真")统领下的几个最基本的伦理价值观组成,如严谨、创新等,每一伦理价值观下面列有各自的简要说明。这些伦理价值观内涵丰富,涵盖了学术活动的方方面面,是任何一个作为学术人的研究生都应该明晓的、应该追求的,任何学术不端的行为(伦理规范不可能把它们全部都列举在纸面上)都有违这些伦理价值观(或某一伦理价值观),即对学术伦理的背叛。

而对研究生学术治理的某一机构(如院校学术伦理委员会)来说,学术伦理价值观是其形成态度和促发行为的重要信念,它能在身边无人知道怎样做时教你如何作为。假如你所在的大学的一位牵涉到校领导的研究生(如这位研究生是某位学校领导的学生)被爆学术造假或剽窃,你可能会限于"是按章(学术伦理规范)办事、自爆'家丑'""还是"从维护学校声誉出发,息事宁人、私下了结"的伦理困惑中。如果你明确学术的核心伦理价值观就是"求真",那么,你不需要别人的告诫,也不需要通过复杂而漫长的思考过程来告诉自己,任何违背这一伦理价值观的成员都必须受到处理,因为这不仅要维护学术的尊严,而且从长远看也维护了学校的声誉。

学术伦理价值观体现了学术伦理关系的客观要求,是学术人个人的"德"、学术共同体的"善"与社会的"理"三者的统一,是在长期的学术实践过程中形成的,是一代代学术楷模用自己的道德与智慧浇铸而成的,因而对同样作为学术人的研究生具有极大的"无处不在"普适性。

学术伦理价值观就好像是一个盒子或框架,一旦确定下来,就可以在这个盒子或框架中制定学术伦理规范了。

第二,学术伦理规范。

学术伦理价值观要想进入到研究生学术伦理规制的实践中并得到落实,还必须把其转化为具有一定可操作性的学术伦理规范,即要从一般的学术伦理原则转向能够产生具体规制效果的学术道德实践原则。相对于学术伦理价值观来讲,学术伦理规范更切合研究生们的生活实际,易为其所理解,且歧义较少,并便于具体操作。

　　如学术伦理价值观"严谨"处在不同的现实条件下,其关注的侧重点也就不同:有时在面对科研数据的真与假时需要"唯实",有时在明确某一科研问题时需要"严肃",有时得出某一科研结论时又需要"审慎"等。有鉴于此,一套完善的学术伦理准则需要有专人对其进行研究(由学术伦理委员会负责),按照我国的特殊国情(如社会制度环境)、所在院校的实际以及学术界出现的突出问题,来诊释、解读这些基本价值观,然后把它们转化为研究生们所熟悉的伦理规范。这也就是说,学术伦理规范是依据学术伦理价值观所体现出的指导精神转化而成的,并参照了国情、校情和学术界的发展概况。所以,与学术伦理价值观相比,学术伦理规范具有一定的针对性和操作性。

　　学术伦理规范一般位于学术伦理准则文本的第二部分(学术伦理价值观位置的下方)。根据适用范围的不同,学术伦理规范含有两种类型(见表6-1):①倡导型伦理规范。它一般为"上标伦理"("创新")而设计,主要是一些激励性的伦理规范。这也就是说,倡导型伦理规范提倡、号召并鼓励每一学术人按照"上标伦理"所明示的目标前进,但也不"奢望"每一学术人都能达到它的要求;②限制型伦理规范。它一般为"底线伦理"("严谨")而设计,主要是一些惩罚性的伦理规范。这也就是说,限制型伦理规范向共同体内任一成员提出了作为一个学术人最起码的伦理要求(如不能抄袭、作假等),要求每一学术人都必须做到,否则将会受到某种形式的惩罚。

表6-1　倡导型伦理规范与限制型伦理规范

划分角度 ＼ 适用范围	倡导型伦理规范	限制型伦理规范
层次(纵向)	"上标"伦理(理想状态)	"底线"伦理(行为基准)
文本内容	理想性道德 进取型的道德	广泛性道德 维持型道德、协调型道德
难易程度	不是所有的学术人都能做到的	全体学术人都能做到的
功能	激励、引导	约束
变通性	可以变通	不能变通
可评价性	不易于评价	易于评价
常使用词汇	"应该"、"应当"、"要"	"不准"、"不得"、"必须"

在制定限制型伦理规范时,有一点特别需要注意,那就是伦理规范不能给人以暗示:没有被禁止的就是允许的。学术伦理委员会不可能也没必要只通过一份学术伦理准则,就开列出全部限制型伦理规范。学术伦理跟其他领域中的伦理一样,也存在着需要研究生及相关人员进行个人思考和做出独立判断的空间。一份好的学术伦理准则,应当为他们提供进行伦理决策的指导方针,包括决策前应该予以考虑的原则和因素。

总之,在学术伦理规制的实践过程中,学术伦理准则中的学术价值观与伦理规范是相互统一的、相互促进的。没有价值观的伦理规范,就缺乏一个点明其意义和目的的框架。而没有伦理规范,则缺乏明确而具体的内容;缺乏价值观引导的伦理决策犹如蒙着眼睛行事,而缺乏伦理规范的学术价值观却是抽象的、无实际价值的。对于任何一个学术不端的行为人来说,不管他多么为自己的行为狡辩,也不管具体伦理操作规则有多大的漏洞,他即使受不到某种形式的具体惩戒,也至少逃脱不了基于学术伦理价值观的、道义上的拷问和谴责。

2.伦理准则文本的撰写要求

无论一份书面的学术伦理准则包含什么内容,它使用的语言都应该是十分简洁而明确的。当研究生及相关人员面临学术伦理困惑而难以做出伦理判断时,应当根据学术伦理准则第一部分的学术伦理价值观而不是现有的学术制度规范文件(法律、制度等)来进行判断。这份学术伦理准则还应让研究生们知道,他们要为自己的学术行为承担责任,同时也传递一个很明确的信息,那就是这份学术伦理准则所体现的"善"是建立在每位研究生个人"德"的基础之上的。基于这一要求,在撰写学术伦理准则时,应注意以下几点。

第一,要有明确的价值导向。

价值导向是学术伦理准则所要达到的最终目的。明确的价值导向不仅是研究生进行学术活动的方向,而且还是研究生学术治理机构及相关人员进行规制的原则和出发点。但国内许多院校出台的类似于学术伦理准则的文本都不同程度地存在价值导向不明的问题。如 A 大学《研究生学术道德规范规定》①第一条第(8)小

---

①　从严格的意义上讲,目前我国一些学术机构颁布的类似《××学术道德规范》并不是学术伦理准则。但是基于"道德"、"规范"与"伦理"具有相通性,学术道德准则、学术纪律规范、学术规范等不同名称的学术规范文本从某种程度上讲也可以说是学术伦理准则的体现,或者至少包含有学术伦理准则方面的内容(它们大多处在文本的前言部分或前半部分)。基于此,本书对我国 A 大学制定的《研究生学术道德规范规定》文本的评析,是从学术伦理这一角度出发的。下同。

条是这样表述的：

在校期间和毕业以后都要始终如一，严以律己，自觉遵守学术规范和维护学校学术声誉。

不管是什么类型的规范，其价值导向都应该是一元的、明确的。但上述这条学术道德规范除了让人弄不清要求研究生究竟在哪一方面"始终如一，严以律己"之外，显然还存在有两个价值取向，即"学术发展"取向和"维持学校声誉"取向。这在研究生学术治理实践中很容易出问题、犯错误。如果该校发生了研究生学术不端案件，学校在处理时通常会把"学术发展"让位于"维持学校声誉"，不敢公开处理，往往息事宁人，搪塞了事，为的是家丑不可外扬，维护学校所谓的"声誉"。

第二，不要纳入与学术无关的内容。

如许多院校的学术道德规范像是政治或文化宣传，缺乏学术伦理色彩，甚至与学术伦理的要求相悖。B大学在其发布的《研究生学术规范》第一章"学术道德"中就有这样的内容：

第一条　学术研究要遵循国家大政方针，努力满足中国特色社会主义现代化建设的需求。

第二条　学术研究要遵循科研规律，致力于创造对科学和社会有较大贡献的原创性学术成果。

第三条　学术研究要具有实事求是的精神，学风严谨，材料真实，数据可靠。

第四条　学术研究要具有集体观念和团队协作精神，诚实守信，甘于奉献。

第五条　学术研究要具备学术良知，客观公正地对待他人劳动成果。

第六条　学术研究要具有法制观念，尊重他人的知识产权，遵守学术界公认的其他伦理准则。

学术道德的基本规范阐述的应是学术道德的基本原则和要求，但第一条内容虽跟学术有联系，但跟学术的本质却没多大关系，好像是在搞政治宣传。中山大学教授陈少明在《重提对规范的疑虑》一文中就曾提到，"学术知识同政治宣传混淆，从而扭曲了知识的评价标准，损害了理智的事业，实质上也是动摇了知识分子安身立命的基础。"①

第三,要层次分明。

一些院校在制定学术道德规范时,把"基本原则"与"操作规范"混淆,把"目标要求"与"限制规定"交叉。在具体的限制性规范上,又总想把学术上的一切不端问题都纳入进来。其结果往往事与愿违,造成条文烦琐混杂,含义模糊不清。这种弊端,不仅让该道德规范在研究生中间难以深入人心,而且还会给后续的学术规制实践带来麻烦。C 大学颁布的《研究生学术道德倡议书》就可见一斑:

为弘扬我校优良的学术传统,促进科学研究的良性发展,在新百年的起点上建设世界一流的××大学,特向广大研究生提出如下倡议:

1.在科学研究中严格遵守国家相关法律规定,尊重他人的劳动成果,不侵犯他人的专利权、著作权等知识产权。

2.严禁伪造、篡改、剽窃、抄袭实验数据或研究成果。

3.发表学术论文时,不得一稿多投。

4.在完成的科研成果和发表的学术论文中,若有惯例或事先另有约定者除外,应按贡献大小顺序排名。

5.合作发表的学术论文要经所有署名作者审阅,所有署名作者应对自己的完成部分负责。

6.不在未参加实际研究工作的学术论文、著作、科研成果等中署名、分享学术荣誉,不利用学术论文、著作、科研成果等对他人进行学术贿赂。

7.不谎报学历、学位;不伪造科技项目、科技成果、学术论文等。不擅自更改在科技项目、科技成果、学术论文中的排名顺序和成果等级,不弄虚作假骗取荣誉。

8.在学术交流、科技协作及对外宣传科技项目、科技成果时,应客观公正,不故意夸大社会效益、经济效益。

如以上文本中所列的八条倡议中,第 2、3、6、7 属于限制性规范,第 4、5 属于倡导性规范,而第 1、8 条则是把限制性规范和倡导性规范混在一起。

第四,要简洁明了。

---

① 陈少明.重提对规范的疑虑[A].邓正来.中国学术规范化讨论文选[M].北京:法律出版社,2004:51.

学术伦理准则要尽可能地表述得简洁明了,避免使用法律术语和空洞笼统的语言,并贴近现实学术活动中的问题和情境。目前,一些院校制订的有关学术道德的基本规范,一般都是笼统地列出几条,它们不仅叙述繁琐,不得要领,而且每条之间语义重复。以下是 D 大学的《学术道德行为规范》所列出的四条基本学术道德规范就可见一斑:

在科学研究与学术活动中,应当遵守以下基本道德要求:

(一)科学研究以探索真理为目的,遵循科学研究的规律,尊重学术自由的原则,维护学术的高尚、纯洁与严肃性;

(二)确立科学研究的历史使命感和社会责任感,以繁荣学术、发展先进文化、推动社会进步为己任,追求学术创新,反对沽名钓誉、急功近利、自私自利、损人利己等不良作风;

(三)坚持实事求是的科学精神和严肃认真、一丝不苟的科学态度,反对一切弄虚作假、投机取巧、抄袭剽窃和粗制滥造行为;

(四)不断提高学术道德素养,倡导求真务实的学术作风,养成恪守学术规范的良好品德。

以上文本不但存在上文所提及的无明确的学术价值观念、条文繁琐混杂等缺陷,而且语言空洞笼统、不得要领。如第(一)、(二)、(三)条语义重复,"以探索真理为目的"难道就不是"确立科学研究的历史使命感和社会责任感"?"维护学术的高尚、纯洁与严肃性"与"坚持实事求是的科学精神和严肃认真、一丝不苟的科学态度"其实讲的都是"学术严谨"。第(四)条简直就是多余。

再看 E 大学《大学学术道德规范》第二章所列出的基本学术道德原则更是杂乱:

在学术活动中,应牢固树立实事求是的科学精神,自觉遵守国家法律法规、社会公德、职业道德和学术规范,在教育教学、科学研究、成果发表、学术评价和其他学术活动中严以律己,自觉维护学校的学术声誉和教育(科研)工作者的良好形象,努力成为良好学术风气的维护者、严谨治学态度的践行者、优良学术道德的传承者。

第五,不要存在心理暗示。

从本研究所搜集到的一些院校所发布的学术道德规范来看,其中的一些条款都存在着"心理暗示意味",即条款上没有严格禁止的行为就是允许做的。如 F 大学《研究生学术道德规范》第三条"学术道德规范"。

研究生进行学术活动时应按国家法律、法规、规章和学校规定,自觉遵守以下学术道德规范:

(一)注重学术创新,坚持严谨治学,自觉遵守学术规范和维护学校学术声誉,尊重他人的劳动和权益;

(二)在研究成果中引用他人的成果,应注明出处;所引用的部分不能构成本人成果的主要部分或者实质部分;转引他人成果,应注明转引出处;

(三)合作成果应按照对科学研究成果所作贡献大小的顺序署名。研究生发表学术论文或公布研究成果时,应在导师指导下在课题组内做公开的学术报告,经所有署名人审阅后,方可投寄发表或公布。所有署名人均应对本人完成部分负责,同时也须对成果整体负责;

(四)研究生可以独立发表学术观点,对独自完成的研究成果、独立发表的学术论文由研究生自己负直接责任,导师须承担相应的指导责任;

(五)研究生在介绍、评价自己或他人的成果时,应客观公正,实事求是,不得夸大或贬低研究成果的学术价值或其经济、社会效益;

(六)其他学术界公认的学术道德规范。

以上所列举的六条学术道德规范,除了存在层次不清、条文混杂等问题(如第一条中的"尊重他人的劳动和权益"与第二条存在语义上的重复;第四条中的"研究生可以独立发表学术观点"显然不是学术道德规范,该条后半部分也显然属于"罚则",放在这里面就显得不伦不类)之外,第六条"其他公认的学术道德规范"这几个字就存在很大的灰色地带,耐人寻味(什么样的学术道德规范才能达到"公认的"的标准?)。这在研究生学术规制实践中往往会为那些"狡猾"的学术不端者逃脱"罪责"提供借口和托辞。

第六,要提供进一步的信息和指导的资源。

如在学术伦理准则的下面列举详细解读该文本(如附则)的负责机构的咨询电话、网址、相关法律政策的索取途径、上级管理部门的相关规定等等。但从目前我国众多院校出台的研究生学术规范文本来看,则没有这一安排。

最后,需要补充说明的是,要利用各种方法使制定的学术伦理准则文本在形式、外观上更加吸引人,更便于携带。

(二)学术伦理制度

作为学术伦理制度化的最主要的形式,学术伦理准则必须是简洁的、纲领性的,显然不可能把一些细节性的东西囊括进去,这样做的目的就是便于研究生以及相关人员能体会和掌握。但是,在有关研究生学术伦理问题(如伦理失范案件)的认定和处理程序上,又是比较复杂的。那么,解决这个矛盾的最好办法就是以学术伦理准则为依据,并在该准则文本之外,有针对性的制定与之相配套的学术伦理制度。

在研究生学术伦理规制实践过程中,学术伦理制度是有组织的学术道德活动形式,是使一般的伦理规范转化为具有普遍效力的学术生活制度和具体硬性的运作方式。它的建立和存在,会有助于研究生及相关人员对特定情境作出共同反应,达成伦理共识,并增强他们理性的自觉性,从而有助于抑制、消除其在学术道德行为选择上的主观性和随意性。

学术伦理制度包括研究生学术伦理规制的组织制度,研究生学术伦理的评估制度,研究生学术伦理的教育、培训以及宣传制度,研究生学术伦理案件处理制度(包括审查、受理、执行、移送、申述以及发布制度)等。这些内容还将在本书的以下章节中具体谈到。

以下本书仅以北京大学 2007 年颁布的《研究生基本学术规范》(以下简称《北大规范》)为例来说明在制定研究生学术伦理制度时,需要注意的一些问题。

北京大学研究生基本学术规范

第一章 总 则

第一条 为维护良好的学术道德,规范基本学术行为,监督并惩处各类学术失范行为,确保研究生质量,根据有关法律法规以及北京大学相关规定,特制定本暂行规定。

第二条 本规定适用于北京大学研究生,包括在职攻读专业学位人员、同等学力申请学位人员、研究生课程进修班学员以及在读期间存在学术失范行为的已离校研究生。

第二章基本学术规范要求

第三条　学术规范是保障学术研究活动正常有序进行的一系列规则、制度和行为准则的总称,包括国家有关政策法规、学术界公认的学术道德以及学科专业共同遵守的科学研究、论文写作、学术引文、学术评价等诸多方面的规范。研究生在各项科学研究和学术活动中,必须遵守学术规范的最基本要求,包括:

(一)充分尊重他人劳动成果和知识产权,引证他人研究成果须实事求是。

(二)严格遵守相关专业领域的基本写作、引文和注释规范。

(三)承担学位论文和其他学术著作发表的相应责任。成果发表时,具实署名;合作成果发表时应征得合作者的同意。

(四)遵守实验室的相关规章制度,规范操作,规范使用实验器材和原料。

(五)严格遵守有关保密规定。

(六)学术界公认的其他学术规范。

第四条　研究生不得发生有违学术规范的行为,包括:

(一)编造或篡改研究成果、实验数据、引用资料及调查结果。

(二)以不正当手段将他人作品或工作的全部或部分据为己有,引用他人著述而不加以注明等抄袭、剽窃行为。

(三)由他人代写或代替他人撰写学位论文或学术论文,提供虚假论文发表证明,编造学术经历,向研究资助人谎报研究结果等弄虚作假行为。

(四)发表论文时未如实署名,或发表时未征得合作者同意。

(五)采取伪造或涂改等手段制作推荐信、鉴定意见、评阅意见、成绩单等有关个人学术情况的证明材料;采用不正当手段干预并影响学业成绩与各种奖励的评定,干预论文评阅或答辩等。

(六)违反实验操作规定,故意损坏实验器材或原料,或私自将危险性实验用品带出实验室等违反实验安全的行为。

(七)违反有关保密规定,将保密事项对外泄露。

(八)其他偏离学术规范要求的行为。

第三章　对违反学术规范行为的处理

第五条　研究生如发生违反学术规范的行为,一经查实,并视情节、后果及本人态度,可分别给予学业处理或纪律处分。

(一)学业处理包括延缓答辩、允许自动退学、予以退学或取消学位申请资格等。

（二）纪律处分包括警告、严重警告、记过、留校察看、开除学籍等。

（三）已结束学业并离校后的研究生，如果在校期间存在严重违反学术规范的行为，一经查实，撤销其当时所获得的相关奖励、毕业证书和学位证书。

第四章 调查机构与程序

第六条 研究生培养办公室负责受理对研究生违反学术规范行为的举报或投诉，研究生院院务会决定是否正式开展调查。

第七条 对决定正式展开调查的举报或投诉，由研究生院委托相关学院（系、所、中心）或学位评定分委员会进行调查并提出初步的处理意见。相关学院根据需要组织不少于3人的工作小组具体负责对学术失范行为的调查。工作小组成员可以变更，也可邀请校外专家参与。但与举报或投诉有关联的研究生指导教师不得参与工作小组。

第八条 工作小组调查完毕应形成书面调查报告。相关学院（系、所、中心）或学位评定分委员会根据工作小组的调查报告提出初步的书面处理建议送交研究生院培养办公室。研究生院审核后根据相关规定提出处理报告，报校长会议或学校学位评定委员会做出正式处理决定。

第九条 调查结论和处理决定应书面通知当事人。当事人如对处理结果有异议，可在收到书面通知后15个工作日内向学校学生申诉处理委员会提出申诉。学校学生申诉处理委员会一般应在15个工作日之内进行复议并将结论通知当事人。申诉期间不停止处分或处理决定的执行。

第十条 所有相关参与人员有责任对调查资料进行保密，以保证举报人和被举报人的名誉和合法权益不受侵害。

第五章 附 则

第十一条 各学院（系、所、中心）或学位评定分委员会可根据本学科专业情况制定相应的详细规定，报研究生培养办公室备案。

第十二条 本规定经2007年1月11日第637次校长办公会讨论通过，自发布之日起施行，由研究生院负责解释。

第一，学术伦理制度应与学术伦理准则在文本上分开。由于涉及研究生学术伦理宣传、教育、评估以及学术伦理案件处理等单项制度都会涉及一些很复杂的问题，并且每一单项制度都会涉及概念、规则、组织（组织与执行机构及负责人员）以及设备（保证制度运行而必须具备的物质手段）等制度要素，所以应该制订一个专门的学术伦理制度文本。

从《北大规范》来看,学术伦理准则与学术伦理制度显然是混同在一起,看似是"面面俱到",其结果却是两方面都没有把问题表述清楚。如第一章和第二章类似于学术伦理准则,但却没有提出明确的学术伦理价值观,只是很含糊地提出要"为维护良好的学术道德,规范基本学术行为,确保研究生质量"。再一个,"确保研究生质量"这一目标也不是仅靠这份规范所能达到的。第三章和第四章只涉及研究生学术伦理案件处理制度,但有关学术伦理的宣传、教育等重要问题却没有提及。

第二,不要把研究生学术伦理制度等同于学生管理制度。研究生的学术伦理制度与学术伦理是一脉相承的,体现的是学术的本真要义,是学术权力主体的意志体现。

一方面,出台学术伦理制度的唯一依据是学术伦理准则,并在文本的前言(或总则)部分明确阐明,而不是国家法规或其他制度(尽管它们之间有一定的联系)。从《北大规范》来看,该校的研究生学术规范出台的依据却是"有关法律法规以及北京大学相关规定",这不仅弱化了这一文本的学术导向,而类似于一般的研究生管理规定(如学籍管理、宿舍管理),而且其中的"有关"让人尤其是研究生不知所云,这很有可能为今后的研究生学术伦理案件的处理工作增添了变数;另一方面,学术伦理制度的制定主体和操作主体都应该是学术权力机构(如校学术道德委员会),而不是体现为行政权力的某一行政部门。但《北大规定》的制定主体却是"校长办公会",相关案件的受理以及制度的解释权则归"研究生院"。

第三,学术伦理制度要力求体现其解决问题的可操作性。如上文所述,与体现为一般性原则的学术伦理准则不同,学术伦理制度必须着力于能解决现实中存在的研究生学术伦理问题,即对实践中可能遇到的问题,要尽量做到精心地设计和清楚地解释,以便于操作。

从《北大规范》文本内容来看,却存在着内容宽泛、可操作性不强等弊端。如第四章第七、八条规定"相关学院组织工作小组具体负责对学术失范行为的调查,并在调查完毕应形成书面调查报告"。但是,举报人以何种方式进行举报(仅仅打电话或发邮件可以吗)? 在受理后规定在多长时间内启动调查程序? 调查过程中具体执行的程序怎样? 举报人、当事人的解释和异议怎么处理? 调查报告由谁起草? 包括哪些内容? 是否需要保管? 由谁保管? 调查报告规定在多长时间内完成? 如果在调查后,发现没有不端行为,该怎样处理? 如何防止被告报复和恶意举报？在调查过程中的利益冲突如何化解（仅仅当事人的导师回避显然是不够的，如当事人的其他任课教师、所在课题组或研究所的成员要不要回避）？如此等等，该文本显然没有涉及，更没有阐释清楚，操作起来自然也就无章可循。

（三）学术伦理制度的操作细则

操作细则是学术伦理制度在操作上的进一步细化。由于学术实践活动的复杂性、个别情境性，这就需要针对具体的人与事，进一步地把学术伦理制度转化为更为直接的、具体的伦理制度操作规程（如研究生学术伦理审查实施细则）。这种转化是以对学术伦理的基本关系和学术界所存在的主要问题的正确认识为前提的，是以处理现实的具体问题在方法上的操作实用性为取向的。这种转化既是学术价值观的体现、学术伦理规范的细化，又是对学术伦理作用于学术生活实践的实际切入点的选择。

如美国麻省理工学院根据其学校发布的学术伦理准则制定了涉及处理大学教师、研究生及其他研究人员学术不端行为程序的操作细则——《研究与治学领域学术不端行为处理程序》，该附则详细规定了处理学术不端行为的五个步骤，并规定了处理程序各个阶段的具体责任人及其权利和职责。[①] 再如，德国普朗克学会根据其出台的《科学研究中的道德规范》，制定了专门处理学术不端行为的细则——《关于处理涉嫌学术劣迹的规定》，该细则对处理学术不端过程中的预审、正式调查的权限和程序、学术不端行为方式目录、学术不端在劳动法方面的后果、学术不端的学术后果、学术不端的民事后果、学术不端的刑事后果、取消学术不端者的学术出版和传播等都进行了详细的说明和规定。[②]

就我国大陆地区来讲，截至目前还没有发现哪一个研究生培养机构制定并颁布类似于学术伦理制度操作细则的文本。

（四）学术伦理法

对一些严重的、上升到社会层面的学术伦理失范行为（如学术诈骗、钱学交易、著作权侵权等）可以设立专门的学术伦理法予以规范。学术伦理法一般都是国家或政府行为。目前，社会上主要有行政法形式的学术伦理法、民法形式的学术伦理法和刑法形式的学术伦理法三种类型。

其一，行政法形式的学术伦理法。美国的《关于科研不端行为的联邦政策》、

---

① 朱燕,吴连霞.麻省理工学院对学术不端行为的处理程序及评析[J].世界教育信息,2008,(3):24-27.

② 吴善超.当前我国科学道德建设研究[D].北京:清华大学,2004.

德国的《关于处理涉嫌学术不端的规定》、英国的《科学家通用伦理准则》、澳大利亚的《澳大利亚负责人的科研行为规范》、日本的《关于处理科研不端行为的指南》、韩国的《关于国家研发事业中确保研究伦理及真实性的准则》等都属于行政法形式的学术伦理法。例如,美国的《联邦处理学术不端行为的政策》规定了三种行政处罚方式,其中处罚最重的是:终止资助,禁止学术不端行为实施者在特定时期内担任评审专家、咨询人员或顾问,依法完成进一步法律程序后的特定时期内,撤销或中止违法人员或依托单位参与联邦政府资助项目的活动。我国的《科技进步法》也规定:抄袭、剽窃他人科学技术成果,或者在科学技术活动中弄虚作假的,由科学技术人员所在单位或者单位主管机关责令改正,对直接负责的主管人员和其他直接责任人员依法给予处分;获得政府资助或者有违法所得的,由有关主管部门追回资助和违法所得;情节严重的,由所在单位或者单位主管机关向社会公布其违法行为,禁止其在一定期限内申请国家基金项目和国家计划项目。①

其二,民法形式的学术伦理法。我国的《著作权法》、《合同法》和《专利法》等都属于民法形式的学术伦理法。如我国的《著作权法》规定了作者的文学、艺术和自然科学、社会科学、工程技术等作品拥有发表权、署名权、修改权、保护作品完整权和复制权,未经许可发表、没参加创作而署名、歪曲篡改和剽窃他人作品都属于侵权行为。学术不端行为中的抄袭和剽窃就是典型的违反《著作权法》的侵权行为,需要承担停止侵权、消除影响、赔礼道歉、赔偿损失等民事责任。但是,由于被侵权人著作权意识薄弱、诉讼成本高、能够量化的损失小等因素,学术不端行为中涉及到著作权法的抄袭剽窃行为也很少提起民事诉讼。此外,很多情况下学术不端行为的举报揭发者并非直接的当事人,不能成为诉讼主体,民法在处理这类学术不端行为时不能很好地发挥作用。②

其三,刑法形式的学术伦理法。一般认为,把涉及到大额资助、产生严重社会恶果的学术不端行为称为"学术不端犯罪行为",如骗取科研经费的行为,侵占科研成果优先权的行为、毁坏或扣押仪器设备等妨害科研的行为等,并要求用刑法中的"诈骗罪"、"侵占罪"、"妨害科研秩序罪"等罪名予以起诉。如2006年5月12

---

① 参见:张九庆.我国科研不端行为的法律规制:从行政法到刑法[J].山东理工大学学报(社会科学版),2012,28(1):59.

② 参见:张九庆.我国科研不端行为的法律规制:从行政法到刑法[J].山东理工大学学报(社会科学版),2012,28(1):60.

日,韩国首尔地方检察厅发表了黄禹锡干细胞造假事件的最终调查结果,决定以欺诈罪、挪用公款罪以及违反《生命伦理法》的罪名起诉黄禹锡。2009 年 10 月 26 日,韩国首尔中央地方法院做出一审判决,最终以侵吞政府研究经费和非法买卖卵子罪,判处黄禹锡 2 年监禁,缓期执行 3 年①。再如,2005 年,全国政协委员韩忠朝向"两会"提交提案,建议在《刑法》中设立"剽窃罪"。他认为,剽窃比盗版更加贪婪,不但要金钱,更要地位和名誉②;还有学者主张在《刑法》中增设"违禁科学研究罪",即违反有关法律、行政法规或国际公约对特定科研项目、科研范围、研究方法的禁止性和限制性规定,从而对既有社会伦理和生活秩序可能造成严重危害的肆意研究行为③。

以上仅仅是介绍和分析了研究生学术伦理制度化中的几种代表性的制度形式,但是在具体实施学术伦理准则等伦理制度文本的制定任务时,还需要注意以下事项:

第一,这一任务是长期而艰巨的。一般来讲,制定学术伦理制度文本的程序如下:第一步,提出动议,即向其所在的学术共同体发出制定某一学术伦理制度文本的倡议,力求每一位成员都知晓;第二步,前期调研和经验借鉴。一方面,就研究生群体存在的学术伦理问题进行广泛的问卷调查和集中的个人访谈,另一方面,从近些年国内外研究生教育领域内搜集有关研究生学术伦理问题的案例、相关学术伦理制度等;第三步,专家委员会议研讨,形成草案文本;第四步,草案文本公示,会议多次讨论,多次修改草案文本;第五步,提交代表会议审批;第六步,文本印刷并颁布。

第二,要力求体现研究生群体的集体意志。不管是内涵丰富又比较抽象的学术伦理准则,还是内容比较具体的学术伦理制度及其操作细则,只要其内容涉及到研究生的利益,都需要有研究生代表的参与,并把文本研制的整个过程向全体研究生公开,积极纳入研究生的合理化建议,以使学术伦理制度化的最终文本能得到研究生群体的充分认可。与此同时,在文本颁布之后,还要时刻倾听来自研究生们的声音,并将他们的意见和想法反映在下一轮修改的文本之中。

---

① 中国广播网. 韩国法院判处干细胞科学家黄禹锡两年监禁[EB/OL]. http://news. sohu. com/20091027/n267759773. shtml,2009 – 10 – 27.
② 佚名. 韩忠朝委员:刑法应设剽窃罪,严惩学术腐败[N]. 新京报,2005 – 03 – 12.
③ 徐英军. 增设妨害科研秩序罪的立法构想[J]. 河南大学学报(社会科学版),2009,(1):62.

　　第三,学术伦理委员会制定的任何书面文本(如学术伦理准则、学术伦理制度等)的开头部分,都最好有院校最高领导层的核心——大学校长或研究院院长亲自签署的简短前言。这个简短前言是作为院校高层领导对所颁布文本态度的一个说明和传达,等于为文本的实施定下了一个"调子"。

第七章　如何规制(三):学术伦理规制的组织

与其他学术治理方式(如学术成果年终评比)相比,学术伦理规制是一种过程式的防范和激励。这意味着学术伦理规制绝不是仅仅是制定一套学术伦理制度那么简单,而是在有着充分的制度依据的基础上,用某种纽带把涉及学术伦理规制方方面面的事情联系在一起,即由某一或某些机构拿出一套具体的、科学的有关学术伦理价值观的操作规程并付诸实施,这就是学术伦理规制的组织化。只有这样,学术伦理才能内化于心,才能成为研究生在学术活动中的自觉力量,学术伦理规制也才能由此达到目的。否则,最完美的伦理制度也会成为"摆设"。从这个意义上讲,"组织化"就是"制度化"的进一步的具体化、实践化,是进一步地从学术伦理的"应然"走向"实然"。以下本章将从院校这个层面,重点就我国研究生学术伦理规制中的组织机构、人员以及具体的实施过程展开讨论。

一、学术伦理委员会

学术伦理委员会是在学术伦理问题日益受到关注、学术委员会等类似学术机构难以"兼管"学术伦理问题、传统学术道德委员会存在诸多弊端的情况下提出的一个全新的学术组织名称。与此同时,学术伦理委员会也是体现学术伦理本质的最重要的学术伦理规制组织。

(一)学术伦理委员会的产生背景

"伦理委员会"一词最早出现在医疗卫生领域,是有关医学研究、健康服务方面的一个组织,如"医学伦理委员会"、"伦理审查委员会"、"伦理评估委员会"、"生命伦理委员会"、"健康伦理委员会"、"机构伦理委员会"、"独立伦理委员会"、"伦理驱动委员会"等不同名称的伦理委员会实际上都是医学伦理委员会。目前,在国外比较著名的伦理委员会一般都产生在医学伦理领域(特别是基因与生殖技术),"如英国的沃诺克(Warnock)伦理委员会、澳大利亚的沃勒(Waller)和迈克尔(Michael)伦理委员会,加拿大的贝尔德(Baird)伦理委员会。这些委员会的共同特点是其成员由 7~10 位来自法律、社会团体、医学和教会等不同领域的代表构成,这样也就使得社会中各个阶层与群体的利益和要求在伦理委员会的决策程序里都尽可能地得到顾及和体现。"①

我国自 1989 年引入伦理委员会这一组织形式以来,已经得到我国卫生行政部门和医学界的认同,一些医学院和一些大城市都先后建立了(医学)伦理委员会,在有关伦理审查、伦理咨询、伦理决策、伦理教育以及维护受试者权益方面发挥了重要作用。与此同时,伦理委员会也是国内一些医学类报刊杂志以及网络上频繁出现的一个词汇,这足见人们对医学伦理的重视。

随着社会不断发展以及人的自主性程度的增强、交往机会和范围的不断增大,人们发现其所面临的价值冲突以及需要解决的伦理问题与伦理困惑也越来越多,而不仅仅局限在医疗健康领域。于是,从科技领域产生的"科技伦理"到"工程伦理"、"网络伦理",从关注全球生态发展的"生态伦理"到"环境伦理",从文学影视界热论的"家庭伦理"到"交往伦理"乃至"全球交往伦理",从产业界关注的"经济伦理"到"企业伦理"、"管理伦理"乃至"行政伦理"……目前,伦理问题的触角已经延伸到社会的各个层面,这既引起从学界到社会普通阶层的普遍关注,也引发了社会忧患人士对"伦理回归"的呼唤。与此同时,一些诸如产品生产销售、金融、新闻出版、物流等社会行业或社会组织,为了保持自身的社会美誉度和长远发展,把"伦理"看做是一种重要的"生产力"② ,成立类似于伦理委员会的组织。如出版伦理委员会(the Committee on Publication Ethics,COPE)就是出版业成立的一个类似组织。该组织早在 1997 年就成立并注册,目前已发展成为一个拥有欧美、亚太(包括中国)会员和理事的全球性组织。出版伦理委员会通过举办论坛、研讨会、设立研究基金、建立数据库等多种形式,为编辑、编委会成员、出版商、作者、读者以及研究出版道德的人提供与出版伦理有关的建议和实用方法,尤其是如何处理出版方面不当行为的案例及解决方案,以应对全球范围内违反科学研究和出版规则的学术伦理问题。为此,它还尝试制定了《科学出版伦理方面的规范指南》(Code of Conduct for Journal Editors)③ 。

至于涉及学术伦理问题的学术伦理委员会,目前对学术伦理委员会属性和职

---

① 甘绍平.道德共识的形成机制[J].哲学动态,2002,(8):26.

② "伦理生产力说"参见:钟放.伦理是经营的动力[J].二十一世纪商业评论,2008,(41):110 - 111;谢玉申.论伦理道德是动力生产力[J].长沙铁道学院学报(社会科学版),2007,(1):14 - 15;龚天平."伦理经营"诠释[J].伦理学研究,2006,(1):73 - 78.

③ 褚国飞.全球出版伦理委员会:更加重视亚太地区[N].中国社会科学报,2011 - 08 - 25(16).

能却没有一致看法,设立以"学术伦理会"为名称的机构更是少之又少。而从有关文章对其所作的表述以及社会媒体的介绍来看,人们对这一组织的认识以及其在实践中的运作仍处于混沌状态,组织名称更是五花八门,所司职能也各不相同。如美国负责学术伦理问题的组织主要是"研究诚信办公室"(Office of Research Integrity)或"学术诚信委员会"(Academic Integrity Committee),而学术伦理委员会(Academic Ethics Committee)针对的却是大学生的考试作弊问题。此外,英国负责学术伦理问题的组织是"科学与创新办公室"(Office of Science and Innovation),芬兰是"学术伦理协会"(Board on Research Ethics),日本是"日本科技协会"(Science Council of Japan),加拿大多伦多大学是大学管理委员会(University of Toronto Governing Council),南非约翰内斯堡大学是大学理事会(University of Johannesburg Senate),我国台湾地区东华大学是"学术自由与职业伦理委员会",中国台湾大学是"学术伦理案件审议委员会",等等。

就我国来讲,类似学术伦理委员会的机构有"学术监督委员会"、"学风建设办公室"、"学风建设委员会"、"学术道德委员会"、"科研诚信建设办公室"、"科研道德委员会"、"科学道德建设委员会"、"科技工作者道德专门委员会"等不同的称呼,组织属性及所司职能也不尽相同。出现这样的现象,至少反映三个方面的问题:

一是对学术伦理问题不够重视。如目前我国许多大学都没有专门负责学术伦理问题的机构,只是把它作为负责教师职称、职务评聘的机构——"学术委员会"的一个临时的附属职责。如有些高校把它划到学术委员会下设的秘书处,进行临时突击式管理。此外,还有的高校把此类问题交给学校科技处管理。

二是对"学术伦理"的概念相当模糊。如认为"学术伦理"就是"学术违规",学术伦理问题就是处理下面举报的学术违规案件。所以在实践中,一些类似的机构就仅仅作为学术违规事件的"救火队"。如我国某名牌大学颁布的《学术道德规范》第三章"处理机构和职责"第五条就可见一斑。

校学术委员会下设专门的学术道德委员会,负责评估学校学术道德方面的方针、政策和存在的问题,接受对学术道德问题的举报,对有关学术道德问题进行独立调查,并向校长提供明确的调查结论和处理建议。

从上面的规定中,"学术道德委员会"只有评估、处理学术违规问题的职能,至于学术道德的宣传、教育培训则只字未提。

三是对"学术伦理委员"作为一个组织的性质认识不清。如学术伦理委员是不是行政机构和权力机构,学术伦理委员会是固定的机构还是一个临时调查小组等。以上这些问题搞不清会在实践中让"学术伦理委员会"不伦不类。如有些院校把处理学术伦理问题的组织设在学术人事部门的管辖之下,或设在科技部之下,但委派一个管人事的副校长作为该委员会的主任,还有的院校仅仅把它作为校学术委员会中一个临时组建的、处理学术违规问题的"突击队"。

(二)学术伦理委员会的属性及职能

学术伦理委员会的属性应包括以下几个方面:

第一,学术伦理委员会是学术伦理运用于实践的一个重要平台,是某一共同体内的成员通过对话与协商,应对和解决其特定实践活动中出现的伦理悖论与伦理冲突,从而达成伦理共识的重要场所。而对研究生这一学术人群体来讲,学术伦理委员会也是对其进行伦理规制的具体组织者、驱动者、实施者。

第二,学术伦理委员会是依据学术伦理原则组建的、以体现学术伦理价值观要求的特殊组织。学术伦理委员会具有很强的独立性和义务性。它不是行政决策部门,但却可以有效影响决策的部门;它虽不是权力机构,却是权威机构。

第三,学术伦理委员会不仅解决学术伦理问题(如学术伦理失范案件)的一个"长老机构"和"救火队员",它更重要的还应是一个有着日常固定业务的、以满足学术伦理建设需要的常设职能机构。如美国的研究诚信办公室(Office of Research Integrity),同对学术不端行为的调查相比,在教育和普及上花的力气更大。他们的信念是,与其使之成为"科学界的警察",不如更强调它是一个"为将科学研究的诚信推向前进的组织"。①

根据其属性,学术伦理委员会的职能应该包括以下几个方面:

第一,对学术伦理价值观的总结与提炼,对包括学术伦理准则在内的学术伦理制度的研究与制定;

第二,学术伦理问题的咨询服务;

第三,进行有关学术伦理价值观及其制度的宣传、推广与教育培训,力促在共

---

① [日]山崎茂明.科学家的不端行为——捏造·篡改·剽窃[M].杨舰、程远远、严凌纳译.北京:清华大学出版社,2005:138.

同体内形成最大程度的道德共识①;

第四,学术伦理失范案件的受理、调查及处理;

第五,学术伦理评估工作;

第六,相关材料的保存及数据库(如学术伦理问题案例库)建设,年度工作报告②的撰写与提交;

第七,学术伦理委员会自身的维护。包括工作章程(或工作原则)、会议制度、标准操作程序、档案制度等。

以上这些职能的大部分将在本书第八章予以介绍和分析。

(三)学术伦理委员会的设置及人员配备

以上对学术伦理委员会相关背景、属性及职能的介绍和分析,更加凸显了学术伦理委员会的设置是当务之急,是形势发展的必然选择。

第一,建议将我国各种层级、各种形式的学术道德管理机构统一名称为"学术伦理委员会"。以利于加强领导,归口管理,规范职能,提高其工作效能和调控权威。

第二,为了维护学术伦理委员会的独立性、彰显学术权力、体现学术自由,建议学术伦理委员会要单设,直接对大学校长负责。学术伦理委员会下设办公室。

院(系)层面可根据其办学规模和学科特性,设立院(系)一级的学术伦理委员会,负责本院师生的学术伦理规制工作。就研究生这一学术人群体来讲,也可设立专属于自己的学术伦理委员会。但是,这两类学术伦理委员会都要接受校学术伦理委员会的指导和管理。

第三,要有充足固定的经费支持。由于学术伦理委员会有固定的工作,如聘请工作人员,定期召开会议,进行学术伦理的培训与教育,收集与发放资料等这些工作都需要经费。

---

① 谈到道德共识,我国应用伦理学学者甘绍平教授对此有很好的见解,他认为,"要么是将业已为大家所分享者、但还没有得到清晰表述的道德共识准确鲜明地阐发出来,要么是通过学术伦理委员会内部的民主协商与道德权衡程序,将相关的道德共识建构出来。"参见甘绍平.道德共识的形成机制[J].哲学动态,2002,(8):26.

② 如美国研究诚信办公室自成立以来每年年底都会向政府提交一份六七十页的报告,该报告在其官方网站上可以下载。报告的内容十分丰富,一般包括:对学术不端行为举报的统计、教育和防止、研究以及信息和保密工作等几个方面;附录里会罗列该年度确定并处理、经过正式调查未导致不端行为以及导致诉讼案例的详细情况。(参见:古继宝,张苗,梁樑.中美学术监督典型机构运行体系的对比及经验借鉴[J].中国科技论坛,2007,(8):129.)

就学术伦理委员会的人员配备来讲,本书的建议如下。

第一,学术伦理委员会设主席一名。除失职和健康原因之外,学术伦理委员会主席可终身任职。学术伦理委员主席应由熟悉学术伦理规制工作、德高望重、学术水平高的专家担任,其理想任职条件如下:

- 在院校内部拥有高级学术职位,如院士、资深教授、奖励计划学者;
- 在学术领域颇有建树;
- 与院校最高领导(如大学校长)和其他校务委员会成员的沟通渠道畅通;
- 在院校高层领导中受到高度的信任与尊重;
- 能获得所需的资源进行必要的评估、监督、调查、奖惩以及内部程序的改变;
- 能有效地利用媒体(校内媒体和校外媒体)、公共论坛和法律等手段。

第二,学术伦理委员会可设副主席一名,可由主管科研的副职院校领导兼任。

第三,学术伦理委员会的成员分为专业人员和辅助人员。需要特别强调的是,由于学术伦理委员会的管控范围也包括研究生,所以其在专业成员(学术伦理委员会委员)席次安排上要保证有研究生身份的人参与。

- 专业人员(学术伦理委员会委员)。人数根据需要可以是 15 名左右(人员数量为单数)①,他们大都应是一些对学术伦理问题有兴趣,有丰富的实际工作经验,在学校中享有正直、公正的声誉,并有一定的分析、判断、研究以及处理学术伦理问题能力的专家学者组成。成员来源应多元化,要涵盖相关专业、年龄、性别和代表人群。此外,为了便于信息的收集、交流、处理和反馈,可把科研处的处长和人事处的处长纳入专业成员队伍中。这样做,有利于学术伦理规制工作的组织化。
- 辅助人员。一般都是一些日常办公的专职人员,如资料信息的收集、联络、发布人员,网站的建设维护人员等。

第四,在成员更换上,可实行选举或任命,应实行按期(一般为 4 年)、按比例轮换以保持学术伦理委员会工作的连续性,并不断吸收新思想和新方法。

二、以研究生院为核心的学术行政管理组织

研究生学术行政管理组织是研究生学术伦理规制实践的重要主体,是负责研

---

① 如美国研究诚信办公室的工作人员是由 30 多名博士和专业人士组成;我国自然科学基金监督委员会则是由 4 名院士带领 19 名博士的队伍。参见:古继宝,张苗,梁樑. 中美学术监督典型机构运行体系的对比及经验借鉴[J]. 中国科技论坛,2007,(8):128.

究生培养并与研究生的学术伦理状况直接相关的行政组织机构,如院校研究生院(处)、院校科研管理机构、二级院系研究生事物办公室等。以下本书就主要介绍院校研究生院在研究生学术伦理规制实践中所要承担的角色及作用。

(一)承担角色

研究生的学术伦理规制工作离不开行政力量的支撑。研究生院(处)作为研究生教育的重要管理组织,贯穿于研究生培养的各个环节,对研究生的学术伦理水平状况起着很重要的约束和规范作用。

第一,研究生学术伦理规制的保驾护航者。研究生院(处)在研究生招生、培养等环节掌握有大量行政资源,有关研究生学术伦理教育的课程开发、教学、相关培训活动的开展等都需要研究生院的支持。

第二,研究生学术伦理规制的监督者。研究生院(处)负责研究生从入学到学位论文答辩等从事科研活动的整个过程,自然可以对研究生整个学术伦理规制过程进行监督。

第三,研究生学术案件处理结果的实际执行者。学术伦理委员会对某位研究生的裁决结果(如延缓学位论文答辩、取消所获学位等),还需纳入到研究生院(处)工作层面才能予以贯彻执行。

(二)具体职责

第一,在有关维护研究生的应当权益、推进研究生学术伦理规制工作方面,对上保持与上级研究生管理部门(国务院学位办公室、省学位办公室)的沟通以争取他们的理解与支持;对下,密切与二级院系研究生管理组织及人员(如研究生教学秘书、研究生辅导员)的联系,取得他们的支持和配合;对于校科研管理部门等同级组织(如科技处),也要加强与它们的协调与配合。

第二,根据研究生学术伦理准则的精神要求,制定或修定相关制度和条例。如在研究生学术论文发表、课题研究报告发布、学术著作出版、科研项目立项与评审、学术奖项评定、专利申请、学位论文开题及答辩等规则的制定或修订方面要体现学术伦理准则的要求。

第三,开发研究生学术伦理课程,并把它纳入研究生的培养计划,充分利用课堂教学、学术论坛、学术讲座、科研活动等时机开展学术伦理的宣传与教育。

第四,通过严格对研究生导师的管理来强化研究生的学术伦理规制工作。研究生院(处)通过研究生导师队伍的动态管理,规范导师的学术行为,使导师在研究生的学术伦理规制实践中起到良好的示范作用,做研究生的楷模和榜样。

第五,组织或利用好校内媒体(校报、电台、电视、橱窗、网络等)和校外媒体的作用,在有关学术伦理价值观的理念精神方面形成持续性的宣传效应。

三、以导师为中心的基层学术组织

在研究生学术伦理规制实践中,作为研究生培养第一责任人的导师,与研究生接触时间比较长,了解程度比较深,完全可以通过其自身及自身建构的学术伦理关系来形成一种促使研究生学术自律与学术创新的伦理氛围。以下本书主要就导师在这一伦理关系中的职能及责任做一简要分析:

(一)建构并维护一种稳固的伦理关系

研究生与大学教师等学术人群体一样,在自己周围一般会形成比较稳定的、"交织"、"共生"的学术共同体,而这对于提高他们自身的学术道德与能力水平非常必要。就某位研究生来说,这种学术共同体,也是一种学术伦理关系,往往是通过自己的导师这一纽带形成的。如某一研究生除了与自己导师所形成的类似于"师徒关系"之外,还与导师的其他研究生形成"同一师门"关系,与导师校内外的专业同行形成"师生关系"(如这些人很有可能就是该研究生学位论文的评审人)等(如图7-1所示)。此外,研究生还可以与同一院系(甚或一些学科专业比较接近的学院)的研究生形成"学术同伴"关系。

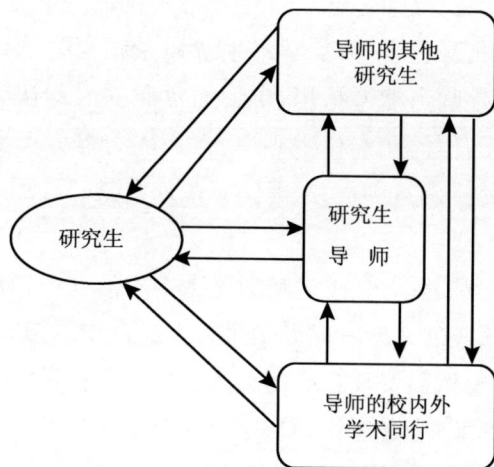

图7-1 以导师为核心的伦理关系体

以上这些关系统和在一起，虽然只是一个非正式的组织，但却可形成一个伦理关系体，并以此可以成为研究生学术伦理规制过程中不容忽视的力量，从而在彼此互动的过程中对研究生的思想和行为施加影响。在这一由多种关系形成的伦理关系中，导师的职能是：

第一，导师不能把自己所带的研究生当成是只听自己话、只帮自己做事的"私有财产"，而是要积极利用自己的关系，通过举办活动、聚会等方式，帮助研究生尽快建立起学术圈子，从而使他们无论在课上或课下，都能方便地找到探讨学术问题、倾诉学术伦理困惑的伙伴或团体。

第二，导师要牵头建立并维护以师生关系为纽带的互动平台，通过 QQ 群、博客、微博等网络互动模式建构教学互动平台，发布学术课题信息，学术话题讨论等，除可交流科研信息、治学方法和心得体会之外，还可就一些学术伦理问题进行在线探讨，以释放压力，解决所面临的伦理困惑。

第三，导师除了要始终要对其所带的每一位研究生的学术过程充满期待，以调动他们的学术追求之外，还要力促他们之间形成一种相互监督、既有竞争又有合作的科研关系。

（二）导师及其他成员的伦理责任

在这个以导师为核心的伦理关系中，导师以及其他成员有着无法回避的伦理责任。就导师来讲，目前研究生学术伦理规制实践中存在的一个困惑是，"如果研究生发生了学术不端问题，导师是不是得负连带责任而受到处罚？"持肯定意见的人认为，由于研究生也是受教育者，其学术生活质量跟导师的作用密不可分，研究生在学术上出了问题，导师当然得承担责任；而也有的人却认为，现在本科生考试作弊就得单独承担责任，作为比本科生心理、行为能力等方面更为成熟的群体，研究生更应该独立承担责任，要导师承担责任实在是太冤枉。那么，如何划分研究生与其导师各自的责任？

要回答这一问题，就要看研究生参与的这项学术活动中，导师有没有指导或监管义务？是否尽到了相应的义务？如果是研究生在自主承担或进行的科研项目中违反了学术道德规范，那就需要独立承担责任。如果是在学位论文、参与导师课题等这些需要导师指导或监管的科研活动中，导师若没有尽到相应的义务，当然就需负连带责任。这里需要补充说明的是，导师所负连带责任的大小还跟其在研究生招生及管理权的分配中所获取的权力大小有关。如果导师的权力很大，那么其承担的责任相应就大，反之亦然。

就其他教师成员来讲,如果他担任过某一研究生的学术作品(如学位论文)的推荐人或评审人,那么他的名字及与这次身份相关的信息必须在这一学术作品中的显要位置标注,与此同时,他还需要为这位研究生在这份学术作品中可能存在的学术伦理失范问题承担相应的伦理责任。即如果这位研究生的学位论文后来被证实有造假或抄袭行为,那么该论文的评审人至少也要随着这篇论文及其作者一起被公开。这样做,有利于规避一些推荐者、评审者碍于与研究生导师之间的人情、面子、关系而作出有悖于学术伦理的事。

就研究生的同门师兄弟(或姐妹)、学术同伴来讲,对发生在自己身边的研究生学术伦理失范行为有提醒、监督以及报告的伦理责任。

四、研究生自治组织

研究生自治组织一般是指研究生党团组织、研究生会或同年级、同专业研究生发起成立的学术伦理组织。如南开大学研究生自发成立了"科研道德和学风建设自律委员会"就是一个典型的例子。

对于研究生的学术伦理规制实践来讲,这类组织可以称之为研究生内部的"学术共同体",可以使研究生实现自我教育,自我管理和自我服务,自觉提高学术伦理水平。其属性与职能是:

第一,学术伦理宣传。制定符合学术伦理价值观且易于研究生理解的学术伦理准则,宣传学术伦理价值观,在内部倡导一种学术伦理文化。

第二,学术伦理咨询。就研究生学术生活中处在的伦理困惑,提供咨询和解答。

第三,学术伦理监督。如建立研究生内部纠察机制,对于内部成员的科研活动、学术成果进行监督,如发现有违背学术伦理价值的事,要给予及时提醒、纠正和批评,但对具体案件不具有审查、处理等约束职能。

第四,学术伦理支持。对于研究生群体在学术伦理问题中遭遇到的不公正待遇,可通过院校学术伦理委员会、研究生院等组织或机构给予研究生以道义和行动上的支持。

五、学术专业行会

学术专业行会,即学会或研究会。根据我国民政部有关统计,各类全国性社会组织中以"学会"命名的有 457 个,各类"研究会"有 262 个。① 这些学术专业行会一般都聚集着本学科内一些知名的专家学者、教授,跟国外同行大多建立有联系通道。石锋、施向东②、王艳③、彭战④等众多的研究者都表达过学术专业行会在遏制学术不端行为中的责任及作用。因为,在学术标准的制定或学术不端的认定方面,最有发言权的还是同行。同样,在研究生学术伦理规制实践中,学术专业行会完全可以发挥其不可替代的作用。

第一,针对本专业特点,制定本学会的学术伦理准则及学术伦理制度,并制定针对会员(包括研究生)的有关学术伦理宣传、教育及培训计划。目前,我国很少有学会制定过本专业的学术规范,学术伦理准则及学术伦理制度更是没有。

第二,降低入会门槛,使研究生也有机会进入学会。如只要研究生向学会提出申请并签订学会制定的类似于学术伦理准则的学术道德规范文本,就可以入会,并免除研究生会员的会费或象征性交一点会费。

第三,通过承办年会、论坛、报告、演讲、出版刊物等形式为包括研究生在内的会员提供成果发表、交流学术心得、解决学术伦理困惑的场所和机会。

第四,与本专业有关的研究院所、学术期刊、职业团体建立联系,制定科学研究发表及成果鉴定的统一标准,并把研究生的学术伦理水平状况与今后的职业选择及发展联系起来。

第五,进入某一个专业行会,就意味着要遵守行规。学术行会应在本行会范围内,对包括研究生在内的会员涉嫌违反学术伦理的案件,有受理、审查及处理的责任。

---

① 彭战.学术社团对预防学术不端的作用研究[J].社会科学管理与评论,2011,(1):58.

② 石锋,施向东.反对学术不端行为:学术团体和学术工作者义不容辞的责任[J].社会科学论坛,2005,(9):86-88.

③ 王艳.美国学术团体促进科研诚信规范[J].科学对社会的影响,2006,(2):5-11.

④ 彭战.学术社团对预防学术不端的作用研究[J].社会科学管理与评论,2011,(1):54-61.

第八章 如何规制(四):学术伦理规制的实施

对于研究生的学术伦理规制来讲,有了学术伦理制度以及与之相配套的组织之后,剩下的就是如何实施了。本章的主要任务是:在院校研究生教育的结构框架下,详细阐述在研究生学术伦理评估、教育、问责以及支持等方面的策略与一些具体的操作措施。

一、研究生学术伦理评估

学术的发展状况是一所院校(如大学)的生存之本,这就像利润之于企业,战斗力之于军队一样。在研究生学术伦理规制实践中,进行有关学术伦理状况的评估可以说是院校进行研究生学风建设的一项最基础性的工作。与此同时,对关涉研究生学术自律能力及学术创新精神发展的学术伦理状况进行有计划的、有目的的评估,则是弄清楚本院校现有学术伦理资产与风险,提高成员对学术伦理文化的认知,进而采取行动进行学术伦理建设的第一步。

(一)学术伦理评估内容

学术伦理评估是学术伦理委员会代表所在的整个院校对本机构的一个"自我评估"。学术伦理评估是学术伦理委员的主要工作职责,也是其与一般的伦理审查委员会的重要区别所在。学术伦理评估工作的内容一般包括两大方面。

1. 对院校现有学术制度状况的评估

我们经常听到有研究生抱怨学校的"论文与学位挂钩制度"、"研究生学业能力评比制度"以及"学术包工头式的导师制度",使他们没办法只好去制造学术垃圾、去造假、去剽窃。虽然这种说法无法解释为什么还有那么多的研究生在同等条件下不为所动潜心科研而取得好的学术成果,但是这至少也说明了我国一些院校的学术制度还存在着违背学术伦理的地方,即与所倡导的学术价值观不相符合的地方。这使得对院校现有学术制度进行伦理评估就显得很有必要。

通过评估,你就可以发现,什么样的学术制度被研究生认为是有分量的、有价值的,什么样的学术制度是过时的、需要升级换代的。此外,学术伦理委员会还要对学术制度的有效性不断进行衡量,以帮助相关机构修订制度、改善工作方法。如研究生行政管理机构(如研究生院)的工作是支持还是阻碍了研究生就学术伦理规制工作提出意见等。

对院校现存学术制度进行伦理评估就是考察和求证学术制度蕴含的伦理追求或价值判断。院校任何一项学术制度在建立的过程中又总会基于一定的价值观导向,然后将这些价值观念具体化为价值规范,进而融合在规则中并通过学术制度的形式表现出来。在这里需要强调的是,学术制度中所蕴涵的价值观念以及所体现的伦理要求,必须尽可能地适应学术伦理关系的要求,即符合学术伦理价值观的要求,如此这样,学术制度才能更好地促进院校学术的发展。否则,这种学术制度就是不合理的,也是不正当的。这在研究生学术治理实践中不仅不能激发研究生从事学术创新的积极性,而且还有可能产生一种"诱导"学术不端行为发生的"诱因"。为此,就有必要对院校现有的学术制度进行伦理评估,形成一份完善的评估报告,为院校的学术制度的完善与改革提供参考。

那么,从哪些方面对院校与研究生相关的学术制度进行伦理评估呢?在这里,本书暂且只提供一些粗略的方向:

第一,学术制度的适用性伦理评估。从伦理学的意义角度来看,学术制度的适用性一般是指其在正常使用条件下满足预定学术伦理价值需求的能力,即这些学术制度是否有利于研究生这一学术人群体养成学术自律能力、激发学术创新精神的实际需要。学术伦理委员会可以从学术制度的可操作性、可测量性(或可评价性)这两个方面对其伦理适用性进行评估。

第二,学术制度的有效性伦理评估。从伦理学的意义角度来看,学术制度的有效性一般是指其能达到预期目的的(即达到学术伦理规制目标)特性。可以从三个层面来评估其有效性:①学术制度的体系有效性:它是否通过正当程序被承认和公布? 它与相同体系中的任何一个有拘束力的学术制度有没有矛盾? 如果存在矛盾,有没有存在一个解决该矛盾的、被承认的规则? ②学术制度的事实有效性:学术制度是否与官方行动与法律相一致? 是否被行使学术管理权力的权威学术机构所适用? ③学术制度的正当有效性:学术制度是否与社会道德价值观相契合? 以上这三种不同层面的有效性,立场各异,但能相互印证与补救,有助于整个学术制度体系的融贯与统一。

2. 对研究生学术伦理水平状况的评估

研究生的学术伦理水平在很大程度上决定着他们以什么态度和行为去对待自

身所面临的学术活动。也由于院校作为一个学术共同体,研究生生活在一个相互影响的学术共同体内,其学术伦理水平也反映或预示着这一学术机构整体的学术发展状况或将以什么样的状况出现。所以,运用一定的技术手段,通过伦理评估的方法摸清研究生的伦理水平,就可以从整体上对该学术机构研究生学术发展现状和今后发展的趋势做出一个评价,为后期拿出的伦理规制方案奠定基础。

如本书第四章所述,对研究生学术伦理水平的评估,其实就是考评他们对学术伦理关系的符合程度,即他们实际的学术价值取向跟学术伦理准则中的学术伦理价值观是背离的还是接近的,接近到多大程度。

一般来讲,可以通过编制调查问卷等方式,从两个角度对研究生的学术伦理水平状况进行评估。从纵向层次上看,主要是对研究生的学术"严谨"伦理水平的评估和学术"创新"伦理水平进行评估;从横向层面上看,主要从个人(学术"理性")、组织(学术"合作")和社会(学术"独立")三个维度对研究生的学术伦理水平进行评估。

(二)学术伦理评估策略

学术伦理评估一般为诊断性评估。以下是在进行研究生学术伦理评估过程中可以采取的一些具体策略:

第一,根据学术伦理的特性以及研究生的学习、工作特点,学术伦理评估一般采用的方法主要有面对面的个人访谈、小组访谈以及大范围的问卷调查。

第二,要考虑好个人访谈和问卷调查的取样,确保评估样本的取值范围涵盖所有利益相关者。如从年级上看,既要有刚入学的研究生新生,也要有临近毕业的研究生老生;从类别上看,既要有硕士生,也要有博士生;从学科专业上看,既要有人文社科类研究生,也要有自然科学类研究生。常识告诉我们,他们的利益诉求点和关注点是有所差别的,其在学术活动中面临的伦理困惑也有所不同。这在本书第四章第一部分的调查分析中也得到间接证明。

第三,研究生学术伦理评估最好从院校高层领导(如大学校长、主管研究生教育的副校长)的个别访谈开始,也从他们那里结束,以便能得到他们的支持,同时也能得到有价值的评估信息。

第四,可以把对研究生学术伦理评估作为一次难得的学术伦理建设的咨询机会。因为通过学术伦理评估(如访谈形式的),可以得到研究生对机构学术伦理建设方面的建议。

第五,可以把学术伦理评估作为一次难得的、对研究生进行学术伦理教育的机会。因为通过学术伦理评估，可以让接受访谈或调查的研究生感受到学术伦理的重要性。

(三)学术评估结果的应用

研究生的学术伦理评估绝不是为了评估而评估，要把评估作为一次院校改进研究生培养工作(包括研究生学术伦理规制工作)的一次重要手段和难得契机。对于通过评估得到的结果，除了要认真、全面地予以整理、归类、分析之外，最关键的是从这些结果中找到改进工作的办法。

单就研究生学术伦理水平状况的评估来说，如果评估的结果显示状况不佳，可以从不同的层面来寻找原因，并有针对性地寻找改善此状况的策略。

如果有个人认知、心理层面的原因，则需要从学术伦理教育的教育(宣传、培训等)入手，强化研究生对学术伦理的关系认知，提高研究生对学术伦理的敏感度，并增强研究生在学术活动中化解伦理困惑的能力；如果有院校层面的原因，则需要修订现有的与研究生相关的学术制度，以使其符合学术伦理关系要求；如果有社会层面的原因，则需要给研究生提供更多的学业支持，以化解或缓解研究生所面临的社会压力。

二、研究生学术伦理教育

(一)学术伦理教育的意义与作用

学术伦理价值观的内化不可能靠行政命令来实现，而必须通过有组织的伦理教育来完成。这正如被称为世界最大的学术组织美国科学促进会(AAAS)在其发布的《学术团体在促进研究诚信中的作用和行动》的报告中所认为的那样，"学术诚信的标准并不能够有效地从一代科学家传给下一代，甚至在学术共同体内也并不能够保证有效地传播。因此，在制定学术诚信标准的同时，应该制定一个传播和教育的计划。"[1]这对研究生这一年轻的学术人群体来讲，更是如此。

之所以这么说，是因为研究生并不是入学之初或者在专业学习过程中就可以自然而然地形成学术伦理意识的。调查发现，他们在校期间往往注重的是专业知识的学习、研究学位的取得和今后的就业，忽视支撑以上这些目标实现的学术伦理

---

① AAAS. The Role and Activities of Scientific Societies in Promoting Research Integrity [EB/OL]. Http://www. aaas. org/spp/dspp/sfrl/projects/integrity. htm,2009 – 08 – 02.

责任的建立,更很少想到自己的学术伦理素养同未来职业生涯的联系①。对此,来自牛津大学的 William J. Astore 博士的分析很是深刻。他认为,"教育圈中的学术诚信问题,不是要不要采取强有力的手段予以惩治的问题,而是给予教育的问题;它也不是追随一些免受惩罚的规则,而是一个给人以智慧启迪的、非'六位数薪水'(six-figure salaries)的丰富人生过程。简而言之,我们(作为大学教育者)必须劝说我们的学生,同时提醒我们自己——教育不仅仅是一种工具,更是自我形成的核心。"他接着认为,"我们必须让我们的学生明白,诚信是最值得学生珍视的东西,因为在今后人生的道路上,诚信是最具风险性的。"②

为此,就学术伦理规制这一工作来讲,也必须加强以学术伦理价值观为基础的方案文本在研究生群体内的教育,否则,伦理规制是难以发挥效用的。因为在现实生活中,任何普适性的价值要求要得到落实都需要经由接受者的内化,即通过有组织的重新解码和编码的过程,把这种静止的、体现价值要求的文化符号转换成他(她)所熟悉的、动态的文化指令,以指导他(她)的实践。而伦理教育正是实现以上这种转换的最佳路径。如美国科研诚信办公室信息问题专家谢兹博士对此的看法是,"为了确保进行良好的科学研究,不论是研究诚信办公室还是研究者本人,都应该站在相同的立场上进行协调。如果对研究者们采用的是一种批判态度的话,往往容易激起他们的抵触情绪而招致失败。如在日本,把不端行为当作丑闻,用一

---

① 对于研究生的学术伦理素养同未来职业生涯的联系,国外一些学者的研究给予了很好的佐证。如 Sims 通过对受雇于不同工作场所的 60 名研究生的追踪调查发现,在所发生的违背伦理行为的范围和严重性方面,工作场所中发生的不诚信行为与学术诚信之间存在着一个积极的联系。他还进一步地认为,就学期间认为不诚信行为是可接受的学生在其就业后,倾向于认为工作中不诚信行为也是可以接受的。他由此得出的结论是,学术诚信问题不会局限在校园内,而是最终会扩散到今后的职业当中。为此,他认为,减少校园中的不诚信行为将会减少今后职业中不诚信行为的发生。对此,Nonis 和 Swift 对来自 6 所高校的 1051 名商科专业学生的调研结果也如出一辙。此外,Hollinger、Lupton 等学者的研究也倾向于认为,社会上存在的诸多涉及知识分子阶层(或白领阶层)的违纪、犯罪与其先前校园中的学术不端行为有很大的联系。参见:Sims, R. L. The relationship between academic dishonesty and unethical business practices. Journal of Education for Business, 1993,68(4), 207 - 211;Nonis, S., & Swift, C. O. An examination of the relationship between academic dishonesty and workplace dishonesty:A multicampus investigation. Journal of Education for Business, 2001,77(2), 69 - 77;Hollinger, R. C., & Lanza - Kaduce, L. Academic dishonesty and the perceived effectiveness of countermeasures:An empirical survey of cheating at a major public university. NASPA Journal, 1996,33(4), 292 - 306;Lupton, R. A., Chapman, K. J., & Weiss, J. E. A cross - national exploration of business students' attitudes, perceptions, and tendencies toward academic dishonesty. Journal of Education for Business,2001,75(4), 231 - 235.

② William J. Astore. The wider dimensions of academic integrity[J]. International Journal for Educational Integrity. 2009,5(2):4.

种批判的态度来进行举报和处理,这完全是一种错误的解决问题的策略"。她接着认为:"研究诚信办公室在成立之初,着重强调基于申请的单独调查,但后来逐渐清楚地意识到,想要阻止不端行为的发生,根本在于防范。"在这一理念的指导下,研究诚信办公室改变了其原来充当科学界警察的形象,开始把重心放在学术诚信的教育活动上。为此,研究诚信办公室在大学的协助下通过了宣传资料的制作和会议的召开、教育项目的开发、学术不端行为调查的方法、以及对被称为"吹号子"的举报者的保护等在内的一揽子教育方案。①

(二)学术伦理教育的内容与手段

但是与目前国内开展得比较成熟的医学伦理教育以及工程伦理教育相比,研究生学术伦理教育是非常滞后的。所谓的学术伦理教育还仅仅限于出台一个学术道德规范、提出一个倡议、开一个研讨会、开设一门学术道德课程这样的层次,从而使达到的实际教育效果很有限。而充分有效的学术伦理教育应该从以下几个方面着手。

第一,引导研究生正确认识与描述学术伦理问题。

凡是涉及学术伦理价值取向的思想和行为,都是学术伦理问题。而作为学术共同体中的一员,任何原因都不能成为其去违背学术伦理的理由。但调查发现,大多研究生并不明白什么是学术伦理问题,遇到实际的学术伦理问题时,也不能准确地表述和界定。以下这个案例(根据访谈内容和有关材料改编)就很能说明这一问题。

小谢(化名)是一所院校法学专业的硕士研究生,他正在整理一篇找人代写的毕业论文,并添加上论文"后记"等空缺的内容。

谈到为何找人代写论文,小谢很无奈:"读研第一年整天就是忙着上课、修学分,还得考英语六级;第二年记得除了在校外做些兼职外,也没做什么,时间不知怎么就过去了;第三年当然忙,一边要按学校要求实习,一边还要忙着考公务员,但又没多大把握能考上,所以还得到处赶招聘会、投简历。这样,论文自打去年暑期开题后,没有心思再动笔写!"

"其实找人代写也挺麻烦的,还得承担被骗或者被老师看出来或被研究生院抽查出来的风险。"不过小谢也认为找人代写论文一是合理,二是合法。"可能有的(研究生)因为找工作没有时间准备论文,或在职读因为工作忙,或因家庭事务,或

---

① [日]山崎茂明.科学家的不端行为——捏造·篡改·剽窃[M].杨舰,等译.北京:清华大学出版社,2005:45 - 46.

因婚恋压力,只能找人代笔了。"他还说,"不信你随便去问今年就要毕业的研究生,虽然他们可能对你说论文作假是不对的,但肯定也会对你说,找到一份好工作绝对比(学位)论文答辩得优秀更重要。"谈到小谢的第二个看法,他说得很专业,"如果你论文来源合法,双方又签有协议,卖方又出让署名权,这有啥不可以的呢?"

以上案例反映的论文造假现象,虽然从表面看既"合理"又"合法",但从本质上看却是一个严重的学术伦理问题。因为,案例中的小谢找人代写论文虽然不违法,但绝对有悖于学术伦理的关系要求,即其作为一个学术人(这一学术人身份至少应保持到他毕业离校的那一天)对其应该遵守的学术伦理价值规范的违背。这说明,在研究生学术伦理规制实践中,需要通过教育,引导研究生从主体的、关系的角度认识和描述学术伦理问题,即在一件看似纷繁复杂的学术伦理事件中,迅速抓住问题的实质描述问题,如此这样,才能有效地解决相应的伦理困惑。

第二,指导研究生对学术伦理问题做出正确的结果预期。

对于研究生而言,让他们逐渐理解并能够自主地对于学术伦理问题做出正确的结果预期是非常重要的。因为在大多数情况下,研究生总是独立地面对和解决他所要面临的学术伦理问题,而其他人也并不知情。如果他自身不能很好地对结果做出正确的预期,仅仅凭借直觉做判断,那么就能会造成难以弥补的失误,其结果可能影响他的一生。调查发现,当提及"如果一位研究生在一家学术期刊发表了含有造假数据的论文,其后果如何?"一位研究生的回答是,"研究生的论文一般不会被外人注意,发现的几率更小。"笔者进一步问这位研究生,"万一被发现了怎么办?"他则回答,"有谁会闲着没事去举报呢? 再说,他将来只要不是高校的大牌教授,就没有人会搭理。"这个访谈的启示是,研究生为在面对伦理问题的时候,应能独自理性地做出预期。但这种能力不是与生俱来的,它需在学术伦理教育中逐步地培养和提高,需要创设问题情境,引导研究生理性地面对学术伦理问题,理性地分析学术伦理问题,理性地预测学术伦理问题的结果。

第三,培养研究生在学术伦理准则的支配下做出伦理决策的能力。

在现代社会,研究生具有多种身份,也面临多种身份发生冲突而带来的多重压力。处在这种境遇中,研究生往往希望以自己学术活动的结果(如学位)为中介,来获取较好的社会地位和发展前景,但与之矛盾的是,却总会在这一过程中忘记自己所已具有的学术人这一身份。如调查发现,当提及"当你面临如何快速发表论文而获得毕业学位答辩资格时,你该怎么办?"这个问题时,一位研究生的回答是,

"这里肯定有捷径,要不然为什么有那么多人在短时间内就能发表几篇论文!"再如,当谈到某位研究生因抄袭他人论文而面临被学校剥夺学位的处分时,却被有些研究生认为是"没有好好地事先研究学校的规定",或是认为其是个"倒霉蛋","为什么那么多人,偏偏就查到你呢?""面对这么多压力,时间又这么紧,不做点小动作才怪呢?"等。根据他们的回答,我们的忧虑是,在面临同样的压力下,他们会不会"走捷径"?会不会也会做些"小动作"?以上这两个访谈带来的启示是,必须培养研究生在面临多重压力下仍能在学术伦理准则的支配下做出伦理决策的能力。但是,这种能力并不是生而有之的,也不是单纯在机构环境中可以自然养成的,而应该是在长期的学习和角色扮演中慢慢体悟获得的。这就要求通过学术伦理教育,帮助他们掌握从伦理的角度去进行道德推理的本能(如图 8 - 1 所示),从而使他们在面对学术伦理问题时,能自然而然地做出符合学术伦理准则的道德判断。

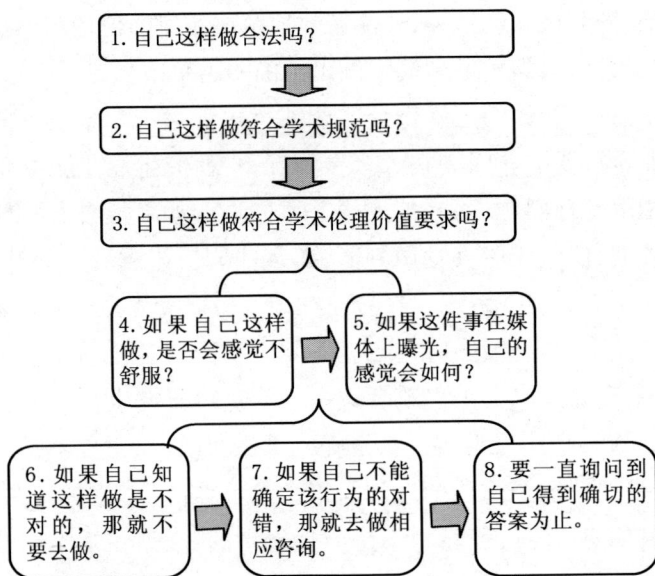

```
┌─────────────────────────────┐
│ 1. 自己这样做合法吗?          │
└─────────────────────────────┘
              ↓
┌─────────────────────────────┐
│ 2. 自己这样做符合学术规范吗?   │
└─────────────────────────────┘
              ↓
┌─────────────────────────────┐
│ 3. 自己这样做符合学术伦理价值要求吗? │
└─────────────────────────────┘
       ↓                    ↓
┌──────────────┐    ┌──────────────┐
│ 4. 如果自己这样 │ →  │ 5. 如果这件事在媒 │
│ 做,是否会感觉不 │    │ 体上曝光,自己的 │
│ 舒服?          │    │ 感觉会如何?      │
└──────────────┘    └──────────────┘
┌──────────────┐  ┌──────────────┐  ┌──────────────┐
│ 6. 如果自己知 │→ │ 7. 如果自己不能 │→ │ 8. 要一直询问到 │
│ 道这样做是不  │  │ 确定该行为的对 │  │ 自己得到确切的 │
│ 对的,那就不  │  │ 错,那就去做相 │  │ 答案为止。      │
│ 要去做。      │  │ 应咨询。        │  │                │
└──────────────┘  └──────────────┘  └──────────────┘
```

注:(1)此模型的第一个问题是问问自己的行为是否合法。假如答案是否定的,就不需要进入下一个问题。以下问题依据箭头指示以此类推;(2)此模型可以在遭遇到学术伦理困惑时进行自我伦理检视。

图 8 - 1 学术伦理推理模型①

---

① 本模型重点参照了美国得克萨斯仪器公司在伦理培训时所使用的"快速七点指南"。参见:[美]唐玛丽·德里斯科尔,迈克·霍夫曼. 价值观驱动管理[M]. 徐大建,等译. 上海:上海人民出版社,2005:131 - 132.

第四,帮助研究生与其他各方建立起学术伦理共识。

学术伦理教育可以创造机会(如利用案例)促进组织者(如学术伦理委员会)与当事人(研究生)在实际的对话讨论中不断地联系具体的事实,展开平等的理性论辩,进而达成广泛而有效力的共识。如西方学界常提及的"社会、文化因素虽然是影响学术不端的一个因素,但绝不是为之行动的理由"①这句话,就很有必要在相关主体成员之间建立共识。这种"共识"一方面可以帮助消弭院校的组织性规制与当事人(研究生)主体之间的心灵距离。如研究生愿意将他人或自己有可能违反学术伦理的事汇报给导师、学术伦理委员会或学校其他部门的人员,并愿意向他们提出建设性的意见以及接受他们的指导;另一方面可以帮助加强研究生群体内各成员之间的横向性联系,各成员愿意敞开胸怀交流学术上存在的伦理困惑,形成对学术伦理关系的正确认知和体验。以下笔者就结合硕士研究生学位论文这件事来说明这一问题。

随着招生规模的继续扩大,研究生"就业难"日益成为社会关注的热点。为了能够在日趋激烈的就业市场中找到更好的工作,许多研究生把大量时间用来考公务员、赶招聘会、参加面试等事务,而真正用于看书、查阅资料以准备及写作毕业论文的时间却很少。于是,在目前社会这种大的就业压力下,研究生们没有办法静下心来好好做研究,其对待学术的热情很难有多高,在学术论文上瞎编乱造也就在所难免……

以上这是我们常常在报端常常看到的一段话②,也得到了很多研究生甚至一些专家学者共识:那就是学术与就业的矛盾是造成了研究生学术道德问题的重要原因。

本书认为,以上达成的所谓"共识"是不符合学术伦理的要义的。学术与就业固然是研究生所面临的一个矛盾、一个学术伦理困惑,但绝不是其瞎编乱造学术论文以应对就业压力的理由。如果真正是立志做学问的研究生,在几年在校时间里,

---

① Brook,P.,& Sewell,A. Trouble at the paper mill. In S. Mann & N. Bridgeman (Eds.), Proceedings of the Nineteenth Annual Conference of the National Advisory Committee on Computing Qualifications. Hamilton, New Zealand: NACCQ,2006:33-38.

② 如就有学者认为,研究生除去专业课程和英语等课程的学习时间、找工作的时间,另外还有发表论文的任务,真正用于写论文的时间有限,在这种压力下,有人难免会走抄袭之"下策"。参见:贾德奎. 研究生学术失范与道德缺失现象探析[J]. 探索,2005,(5):116-117.

除去入学适应与找工作的时间,应该还有比较多的时间去从事学术论文的创作,并且时间的长短与论文的质量并不成正比关系,研究生读研动机的过于功利性以及读研过程的随意、敷衍则是论文质量不高的根本原因;再一个,扎实的学术工作不仅与其就业没有矛盾,反而是其实现就业及提高就业质量的一块"敲门砖",更是其今后职业生涯的"推进器"。如果仅仅为了就业而忽略学术,往往就会"瞻前"而不能"顾后",得不偿失。

(三)学术伦理教育的策略与方法

第一,研究生学术伦理教育,要从签订学术伦理准则开始。在研究生入学后不久,可让研究生在学术伦理准则上签字(签两份,一份自己留存,一份由所在院系的学术伦理委员会保管),以唤起他们对学术伦理精神的敬畏。如美国一些大学在研究生入学时,必须在一个非常正式、严肃的场合与学校签订一份"荣誉准则"(Honor Code),并做出荣誉宣誓,以表示接受:"我发誓,作为大学校园的一员,我保证不撒谎,不作弊,不欺骗或偷盗别人的劳动成果。"[①]

第二,在学术伦理的教育形式上下工夫。如在对研究生进行学术伦理教育时,可采用系列演讲、开放式论坛、专题研讨会、学分制课程(包括网络课程)、角色扮演、工作坊等形式。如美国一些大学在推进学术诚信教育时,把工作坊作为一种新型的教育形式。即邀请若干对学术诚信问题感兴趣的师生组成团队,自主设计开发一些相关教育项目,深入到学生中间进行宣传和教育,颇受包括研究生在内的大学师生欢迎。[②]

第三,按照学术伦理的教育计划持续地进行下去。调查发现,一些院校囿于教育部的行政要求,往往把学术道德规范教育扎堆于研究生新生的入学阶段,刚开始时是轰轰烈烈,过了一段时间便黯然收场。为此,不要把学术伦理教育办成是一个短期的行为,而是制订一个长期教育计划,然后严格按照计划所要求的去做。

第四,进行学术伦理教育需要以学术伦理为主题的研究中心和信息中心(学术伦理委员会的常设机构)。需要的资源有:专门的数据库,针对研究生科研特点的学术伦理教育教材,学术伦理指导手册,宣传材料,一个有丰富的信息并能链接国内外各级同类网站信息资源的网站。

第五,在进行学术伦理教育前,要考虑教育所要努力达到的目标。比如是澄清

---

① 崔延强.美国大学诚信教育制度体系述评[J].比较教育研究,2011,(3):11-12.
② 李倩.美国高校研究生学术诚信教育的启示与思考[J].中国研究生,2011,(4):34.

学术伦理价值观以提高研究生的学术伦理意识,还是揭示并研究那些学术伦理争议问题和热点。

第六,要根据不同类型的研究生分别安排不同的培训内容。如刚入学的研究生、临近毕业的研究生在教育时机和内容上应有所不同。

第七,将某个具体的学术伦理的两难问题情景化并加以讨论,这样可以培育他们在科研活动中面对伦理困惑时进行正确伦理决策的能力。"一位被控需在一桩学术不端事件中承担责任的学生在笔记中写道:现在的学生似乎都忽略的一个事实就是:教育不是获得一个个问题的答案,而是获取答案的过程。当面对一个问题时,学生只有涉入从分析问题、到尝试不同的方法解决、到犯错、到修正、到最终找到比较好的解决方法的整个过程中,才能真正受到教育。"①

第八,帮助研究生建立起学术伦理与其自身发展之间的联系。本书通过访谈发现,他们在校期间往往关注的是专业知识的学习、研究生学位的取得和今后的就业,而忽视支撑以上这些目标实现的学术伦理责任的建立,更少想到自己的学术伦理素养同未来职业生涯的联系。

第九,使用真实的学术伦理案例进行教学,这样可以促使讨论和辩论更加激烈。

第十,使用生动而具体的语言对学术伦理准则及相关学术伦理制度进行解释(类似于立法解释),如此这样,僵硬的文本才具有强大的生命力,对千变万化的现实学术生活才会产生约束力。

第十一,学术伦理委员会也要加强内部教育或培训。可就学术伦理问题设计各种假设性的案例,让委员会的成员展开讨论,这样就能让成员熟悉各种学术伦理问题,提高成员的学术伦理素质以及处理学术伦理问题的能力。

三、研究生学术伦理宣传

(一)学术伦理宣传的意义与作用

学术伦理就需要公开的宣传,学术伦理再宣传也不为过。没有这个要素,院校试图培养的学术伦理价值观就永远也不会被研究生们分享或理解。具体来讲:

---

① Vidar Gynnild & Patricia Gotschalk. Promoting academic integrity at a Midwestern University: Critical review and current challenges [J]. International Journal for Educational Integrity, 2008, 4(2):54.

第一,可以强调院校对学术伦理所持的态度。如通过学术伦理宣传这一途径,让研究生明白:研究生有能力、有必要正确行事,研究生也完全可以通过接受教育提高其学术伦理素养。如果没有这种教育过程,即使研究生个人内在的本能是按照学术伦理方式行事,但他也许并不知道院校宁愿他做什么。如对一所大学来说,它宁愿它的成员(当然也包括研究生)在学术上一生毫无建树,也不愿他们搞学术造假、剽窃而背受骂名。

第二,在许多情况下,研究生违背学术伦理是因为他们不了解伦理规范,或者根本就没意识到那就是一个伦理问题。而通过公开的学术伦理宣传,可以有效调动研究生周围舆论荡浊扬清和价值导向的作用,同时增强研究生对学术伦理问题的敏感度,这会让他们感到"不得不"做一些正确的事情。

第三,可以帮助研究生做出正确合理的伦理判断。当研究生面临由价值观的冲突而形成的伦理困惑时,学术伦理宣传就可以帮助他们做出正确的选择。因为有效的宣传可以网络、海报、条幅、宣传栏等形式,给研究生提供在茶余饭后争论、对话或者辩论的机会,他们由此能够培养学术伦理判断的技能。这种技能在他们能全面考虑各种道德选择的基础上,评估出最佳的道德行动方案。这样在学术实践中就可以帮助减少研究生受不良因素的影响,降低他们学术不端行为的发生概率。

(二)学术伦理宣传的内容与手段

本部分内容大致等同于本章第二部分"(二)学术伦理教育的内容与手段",本书在此不再赘述。

(三)学术伦理宣传的策略与方法

以下本书仅仅列举了一些学术伦理的宣传策略,虽有些零散,但却是有效的:

第一,要把学术伦理所倡导的价值观贯穿在一些典型事例中进行宣传,宣传一定不能间断。

第二,传递的信息应当前后一致,信息应当不时得到更新。

第三,应当以尽可能多的方式强调所要传递的信息。如召开会议、网站、电视、报刊、书籍、研究论文、调查报告、宣传册、海报、传单、纪念品等等。同时,要注意宣传上的一些细节问题,如学术伦理委员会办公室的热线电话的命名,不应是"举报电话",而是"咨询与服务电话"。

第四,倾听研究生对学术伦理宣传的反馈意见并且将注意力集中于一些主要的问题上面。

第五,如果研究生想要询问一个问题,学术伦理委员会的网站虽然不能即刻提供问题的答案,但却能利用网站的信息传递功能和搜索功能来传递信息或搜索信息。

第六,提供一些学术伦理决策的案例。这种手段可以用正面的例子,也可以用反面的例子,来帮助研究生澄清学术伦理准则及其他相关制度的涵义。

第七,公开一切可以公开的信息。如伦理委员会的热线电话、传真、网址以及其职责、目的、权限、成员组成及名单,伦理咨询工作项目(包括申请表格和申请指南),伦理问责程序(包括后续审查、不良事件报告制度、常见问题等),伦理培训与教育,伦理准则,相关法规与制度等。

第八,给研究生提供尽可能多的获得学术伦理资源(如索取学术伦理宣传手册、学术伦理咨询与举报等)的途径。同时,要让研究生们清楚地知道,不仅仅是学术伦理委员会在做学术伦理方面的工作,学校的其他部门及人员(如校研究生院、科研处、党团组织、导师等)都是大的学术伦理规制系统的一部分。

第九,招募学术伦理宣传的志愿者,深入课堂、图书馆甚至研究生宿舍宣传学术伦理精神和理念。

第十,通过宣传,要让所有的研究生都知道,他们有义务将看到的、表示怀疑的或者是明显的学术违规行为在外界发现之前报告给学术伦理委员会,并敢于挑战学术违规行为。

第十一,宣传对象不要停留在研究生这个层面上,大学教师、在校大学生以及校外新闻单位也应是关照的对象,因为他们也能成为很好的学术伦理监督者和驱动者。

第十二,在宣传时要尽可能地建立起清晰的学术伦理期望。要清晰地划分学术伦理行为与非学术伦理行为,这有助于减少研究生对学术伦理问题的模糊性。与此同时,要对学术伦理问题的情景和处理学术伦理问题的方式给予清晰地界定,有利于引导整个机构形成良好的学术伦理气氛。

第十三,学术伦理委员会也要做好自我宣传,即要确立一种公正的形象,这种形象标志着它的承诺,即它所做的一切都是按照学术伦理准则所体现的原则精神来进行的。

第十四,学术伦理宣传成功的最终证据,就是使院校所倡导的学术伦理价值观成为研究生群体学术文化乃至整个机构学术文化中一个自然的、习惯的组成部分。

当然,即便是最为广泛的、最有效的学术伦理宣传也不足以把全部的学术价值观灌输到研究生的行动中去,也几乎没有研究生天生就知道如何对复杂的学术生活环境作出符合学术伦理关系要求的判断,更不用说去评价可能的行动和结果,并对整个过程进行全面的反思了。因此,对研究生尤其是刚入校的研究生进行学术伦理教育就显得非常必要了。

四、研究生学术伦理问责

如上所示,对研究生进行学术伦理规制,可以采取多种手段,如伦理支持、伦理评估、伦理教育、伦理宣传等。但与这些手段相比,学术伦理问责却是最有力的、也是最直接的。

(一)学术伦理问责的实质

学术伦理问责是研究生学术伦理规制实践中的重要环节之一。那么,什么是学术伦理问责呢?"问责"(accountability)一词从字面上看包含着要求某人或某事能够被"说清楚"或"算清楚"的意思[①],它是指"拥有任免权限或管辖权的机关、部门或领导人员,对由其产生、所属或者管辖的人员,不履行或不正确履行法定职责,以至影响工作秩序和工作效率,或者损害管理相对人的合法权益,造成不良影响或后果的行为,进行内部监督和责任追究的制度。"[②]以上这一说法显然是从行政管理的角度来界定"问责"一词的含义的。至于对研究生的学术伦理问责,本文认为,它是相关的学术组织(如学术伦理委员会)依据学术伦理规范,按照一定的工作程序和原则,对当事研究生的学术行为做出"善"或"恶"的价值判断并采取相应行动的过程。与此同时,对研究生进行学术伦理问责也是一种强制力的伦理"监督",一方面对违背了学术伦理规范的研究生进行问责;另一方面也不至于让那些认真的、诚实的研究生处于不利的学术环境。

从一定意义上讲,对研究生进行学术伦理问责,就是对其学术活动中所应承担责任的追究,如对研究生进行通报批评、撤销研究生所获学位等等。由于,研究生也是学生和受教育者,那么,研究生能不能像其导师一样而独立承担学术责任呢?如本书第二章第一部分所述,研究生是作为一个"学术人"的身份而出现的(尽管与学科专家、教授等这些研究者相比,研究生这种学术人整体的研究能力与水平要

---

① 世界银行专家组.公共部门的社会问责理念探讨及模式分析[M].北京:中国人民大学出版社,2007:7.

② 渝纪法.关于问责制有关问题的思考[J].探索,2005,(4):82.

低一些、弱一些)。凭借这一身份,研究生不仅是学术本质的体现者而成为一国科研事业发展的重要力量,而且还必须是学术规范的践行者并凭此开展科研活动以实现自己的人生价值。这也就是说,在校期间只要从事科研工作,只要想取得代表一定学术研究能力的学位,就必须符合这一学位对学术的要求,并承担其作为一个学术人所应承担的学术责任。

(二)学术伦理问责的类型

在研究生学术伦理规制实践中,学术伦理问责的对象一般有两种:一是研究生作为某种研究项目的申请者或执行者;二是研究生作为某种学术荣誉或奖励的申请者或受领者。其中,研究生若在公开发表的论文或公开出版的著作上署名,也属于学术荣誉的受领者。学术伦理问责的方式主要有调查结果向外界公开、公开道歉、责令书面检查、通报批评、公开谴责、诫勉、取消所获得的学术荣誉等。学术伦理问责类型根据受理方式的不同,一般又可分为两种:

第一,被动问责。被动问责又可分为两种情况。一是对校内外与学术相关的机构(如期刊社)、校内外科研基金资助单位、上级学术(伦理)委员会委托或移交过来的、涉及本校研究生的学术研究活动或学术伦理案件进行伦理审查;二是指他人举报或媒体曝光的、涉及本校研究生的学术伦理案件。

第二,主动问责。学术伦理委员会主动对本机构研究生有可能发生学术不端的事项或有可能产生利益冲突的学术活动进行伦理审查,如在学业奖学金、出国留学基金评比过程中对参评研究生出示的资格条件的审查。

(三)学术伦理问责的操作程序

由于学术伦理规制的是学术活动而不是其他,所以,对研究生的学术伦理问责应该由独立的学术伦理委员会这样的学术机构来负责进行,而不是研究生院这样的行政机构。以下,本书就以他人或他组织举报的学术伦理案件为例,从院校的层面出发,把整个研究生学术伦理问责过程划分为六大阶段,具体操作程序如下(见图8-2)。

1. 受理与评估

收到涉及本机构研究生的指控后,记录在案,学术伦理委员会指派专人在一定时限内对事件做出评估并分类。

第一,指控是关于学术伦理问题吗? 如果不是,则移交其他部门处理。

如涉嫌违法的部分(如性骚扰、假冒专利、诈骗、网络安全等),移交国家司法部门处理①;涉嫌科研资金违规使用的部分,移交研究生院、校审计处等机构处理;涉及政治问题,移交校党团组织处理等。

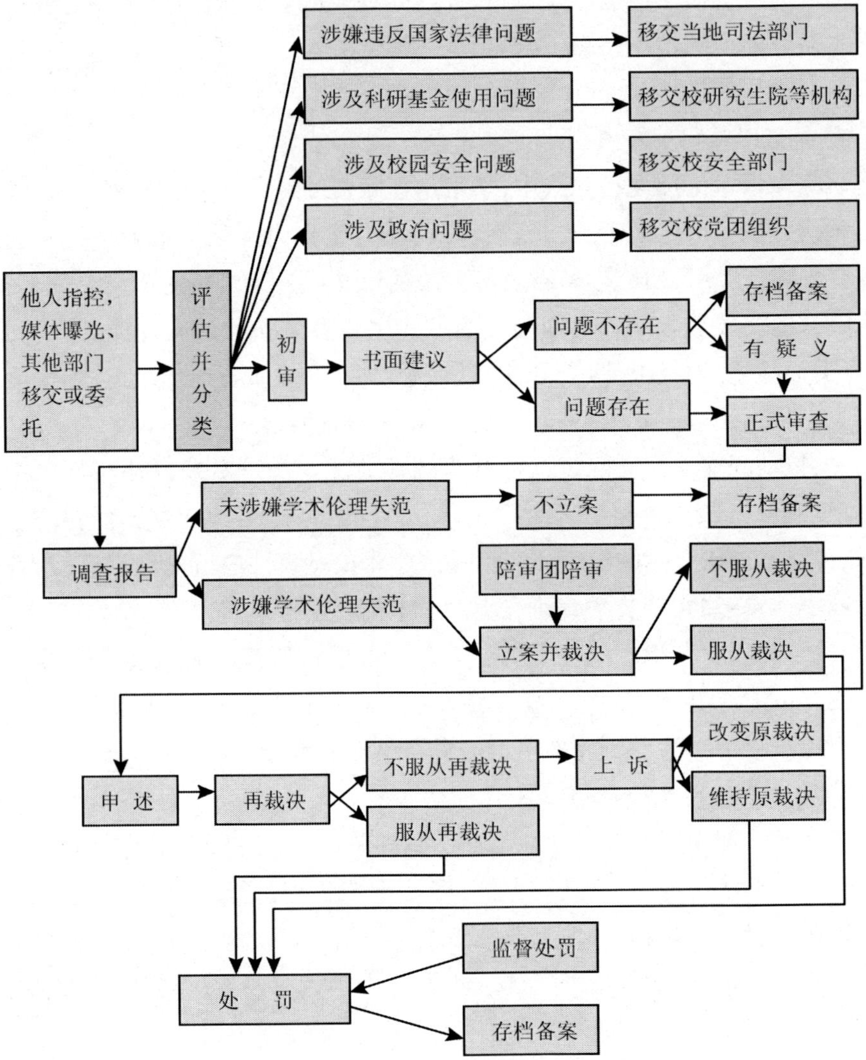

图8-2 研究生学术伦理问责的一般程序

注:为了简略起见,一些必要的程序被省略,没有被标示出来。

---

① 目前,我国涉及严重学术不端行为的法律主要有:《著作权法》对署名、发表问题、剽窃有规定;《专利法》对侵夺发明人或者设计人的发明创造专利申请权及其他权益有规定;《科学技术进步法》对侵犯知识产权的行为也有所规范;《刑法》设立了"假冒专利罪"、"侵犯著作权罪"等罪名,如果学术不端者触犯了这些罪名,就可被判处三年甚至七年有期徒刑。

如果指控的事项同时也涉及学术伦理问题,那就在把不属于学术伦理委员会管辖的部分移交给其他部门的同时,决定是否对其进行学术伦理问责。在这种情况下,学术伦理委员会要与其他相关部门之间保持合作关系,互通信息,避免重复作业。

第二,如果指控是关于学术伦理问题的,有足够理由作进一步调查吗？如果有,则进入下一步"初审阶段"。

2.初审

在收到他人(或他组织)指控的一定时限内,学术伦理委员会指派一个问询小组(一般为3人)对事件进行初步审查。与事件有任何实际的或潜在的利益冲突的人员不能被任命(如当事人的导师、所在学院的老师和研究生等)。如有必要,问询小组还应包括对相关指控证据进行评估的专门技术人员(如熟悉文献检索的信息情报专家)。

在这个阶段,问询小组一般向指控人(相当于原告)发出询问,有必要也可向被指控人(相当于被告)发出询问。需要注意的是,问询小组成员很可能就此事项与指控人、被指控人、相关部门的负责人或其他学术伦理委员会的成员进行非正式的、秘密的磋商,所以应采取行动占有并保护好所有相关数据和资料。然后,问询小组在一定时限内根据自己所做的初步调查向学术伦理委员会提出书面建议,以决定是否进行下一步的调查。

第一,若有充分的证据证明被指控人存在学术伦理失范问题,批准进行深入地审查。

第二,若初步审查认为问题不存在而不需再作进一步的调查,学术伦理委员会应把意见的副本及其详细说明提供给指控人。指控人反馈结果是"无意见",则就此结束审查;若指控人反馈结果是"有意见",则批准进行深入地审查。

3.正式审查

在确定被指控人有学术伦理失范问题的嫌疑后,根据被指控人的学科专业以及所参与的科研项目性质,成立专门审查小组。

第一,审查小组对被指控人进行详细的调查取证,包括有关材料、证据和证词,以确定被指控的学术伦理失范问题是否存在,如有,责任者是谁,责任有多大等。

第二,审查小组对被指控人有告知义务,并且如果被指控人有自己的观点主张,审查小组会对被指控人的观点给出质询情况说明。

第三,审查小组的调查取证阶段必须在一定时限内完成。如果需要额外审查时间,必须以书面形式证明。

第四,审查小组要以书面形式向学术伦理委员会提交调查报告,说明是否发现了学术伦理失范问题,如有,作出处罚建议。然后将调查报告提交给学术伦理委员会裁决。

需要予以强调的是,指控人和被指控人的意见都要纳入该报告中。

4. 裁决

学术伦理委员会在接到审查小组的报告后,须要在一定时限内完成裁决。

第一,在裁决时,学术伦理委员会应任命一个裁决小组和一个陪审团。裁决小组来自学术伦理委员会,人数一般为 5 名(其中要有 2 名左右具有研究生身份的成员);陪审团成员来自最多不超过 10 人的补充成员组成(其中要有一定比例的具有研究生身份的成员)。应当至少有两名陪审团成员来自被指控人所在的院(系、所)。任何与事件有任何实际的或潜在的利益冲突的人员都不能被任命。

第二,指控人可选择参加裁决过程;被指控人可选择不参加裁决过程。

第三,裁决标准应严格按照学术伦理准则(包括学术伦理价值观和学术伦理规范)、相关配套伦理制度及操作细则,并结合被指控人学术伦理失范的意向程度如何(有意、无意)、发生的模式(个别事件还是经常行为,个人行为还是导师或他人唆使)、对社会的负面影响程度,对被指控人做出适当的伦理惩罚。

第四,应根据以下学术伦理失范的两种情况进行裁决:

① 违背了学术伦理准则所倡导的学术伦理价值观,但不符合学术伦理"罚则"所要求的处罚要件;② 符合学术伦理"罚则"所要求的处罚要件。这种情况显然是违背了学术伦理准则所倡导的学术伦理价值观。

第①种情况可采取道德惩罚方式(一说是"精神惩罚"方式)。如"批评教育"、"谴责"、"在网站等媒体公布处理过程"等;第②种情况采取具体的惩罚方式。如"通报批评"(分"内部通报"与"公开通报")、"要求在学术期刊上公开承认错误"、"取消荣誉称号或资格"、"中止研究项目并追回资助资金"、"推迟毕业论文答辩"、"取消学位"、"开除学籍"等。

第五,裁决结果以书面报告形式提交给学术伦理委员会。被指控人、指控人任何一方有疑义,都可在一定时限内向学术伦理委员会申请再裁决。

第六,再裁决由学术伦理委员会另指派审查小组,在一定时限内完成。被指控人、指控人任何一方有不服再裁决的,可在一定时限内向上级学术监管机构(如教育厅、教育部、科技部的学术管理组织)提出上诉①。

5. 执行惩罚

第一,在完成以上程序后,就可以按照裁决结果对被指控人实施惩罚措施。

第二,有些惩罚需要研究生院这样的行政机构来具体实施,如"推迟毕业论文答辩"、"撤销学位"等就是如此。

6. 监督执行

第一,要做好对惩罚情况的监督。

第二,以上所有过程及其结果都要存档备案。

(四)学术伦理问责的工作原则

与大学本科生等群体相比,研究生的学习和科研活动具有很大的个人主观性、精神性和自主性。这些特点决定了对研究生进行伦理规制的必要性和不可替代性,而作为伦理规制中一个重要环节——伦理问责,也必须建立在一定工作原则的基础上。这样,才能保障伦理问责在伦理规制中的作用的有效发挥。

第一,以学术伦理价值观为终极标准原则。

在研究生学术伦理问责的实践过程中,可能会出现两种矛盾:一是会出现学术规范与学术自由的矛盾。学术伦理问责虽是一种"伦理干预",但在实施过程中,也必然运用一定的包括法律在内的外在规则(规范)对研究生进行约束和控制,这就必须要求学术伦理委员会在伦理问责过程中要把握好一个"度"。这个"度"就是在达到伦理规制目的的同时,不能损害学术自由。否则,不仅与知识生产与学术发展的逻辑相违背,也损伤研究生进行学术创新的积极性。那么,如何把握这个"度"呢? 这就需要以学术伦理价值观为终极标准。在伦理问责过程中,凡是符合学术伦理价值观的,就应该是被提倡和鼓励的,否则,就是应该受到谴责和禁止的;二是学术制度规范的有限性与学术不端行为的复杂性之间存在着矛盾。虽然目前一些学术机构为了有效防治研究生的学术不端,在对学术不端行为的界定、认定以及防范与惩罚方面都比以往完善许多,但仍有许许多多的学术不端行为逃脱了应有的惩罚。这种"道高一尺,魔高一丈"的现象可以说是研究生学术治理实践的一

———————————

① 关于学术伦理问责的上诉机构,西方国家有两种模式:一种以美国模式为蓝本,如加拿大、英国、法国等国,它们是以各学术研究领域的主管部门(如卫生与公共服务部、能源部、劳工部等研究资助机构)作为最顶层的学术伦理问责机构;另一种是以丹麦模式为标准,如北欧的大部分国家,它们建立了独立的国家级学术伦理问责机构,负责调查处理所有学术研究领域的学术伦理问题。参见:佚名. 美国和丹麦的科研诚信[EB/OL]. http://www.chinainfo.gov.cn/data/200706/1_20070613_156601.html,2007 - 06 - 14.

大困惑,也是学术伦理问责的一个难题。但是,没有明文规定的并不代表他(她)就可以逾越学术伦理价值观所设立的"门槛"。由于学术伦理价值观具有无处不在的普适性,任何学术不端行为都是对学术伦理价值观的背离,即使他(她)"侥幸"受不到现有制度规范的具体惩罚,但却永远逃脱不了其周围学术伦理价值观笼罩下的"道义谴责"。

第二,正当程序原则。

"正当程序"是一条重要的法治观念和法制原则,它起源于英国,发展于美国,并最终在全世界范围内被普遍接受。美国宪法第五修正案和第十四修正案都对正当程序原则做了特别强调,即"未经法律正当程序,不得剥夺任何人的财产、自由和生命"。其意思也就是说,只要是涉及剥夺他人利益方面的东西,都必须依照法律的正当程序,否则即为不合法,会受到质疑。"正当程序"这一重要法治原则的遵守,学术伦理问责也不例外。虽然学术伦理准则是学术伦理问责的基础,但由于学术伦理问责是一个严肃的问题,还涉及到指控人、被指控人、被指控人导师以及所在院系的荣誉、利益等方方面面的问题,所以在学术伦理问责时也必须保持程序上的正当。因此,在学术伦理问责过程中,必须制订出缜密的问责程序,严格按照问责的每一阶段的具体要求(执行人、执行事项、执行方式方法、执行时限)依次严格执行,否则,就难以确保学术伦理问责的公正性和合法性①,降低学术伦理规制的效果。

第三,保密原则。

保密原则是学术伦理问责过程中必须予以遵循的一条重要原则。这不仅是对诚实指控人(举报人)隐私的一种保护,也是最大限度地维护被指控人(涉案研究生)的合法权益。如牛津大学在其《学术诚信操作规范》中专列一条(第5条),强调其所有有关学术问题的指控都必须在最严格的保密中进行审查。该规定要求学术诚信委员会的成员有责任对指控人、证据以及提供材料或信息的人严格保密。若有必要披露指控人的身份,则必须事先征得指控人的同意。② 这样做的原因是,一方面,对诚实的、有匿名要求的指控人(举报人)进行保密可以防止其受到可能

---

① 基于对大学"大学自治"与"学术自由"理念的尊重与维护,法院一般会尊重学术组织机构对其成员违规所做出的处理,其司法监督的范围一般只限于学术组织机构的处理程序上。所以,在学术伦理问责中,制定正当的审查程序并严格执行对保证伦理问责的合法性尤为重要。

② Academic Integrity in Research:Code of Practice and Procedure[EB/OL]. http://www. admin. ox. ac. uk/ps/staff/codes/air. shtml,2010 - 01 - 14.

的报复,也可以促使更多的人"揭发"自己所了解的学术不端事件;另一方面,对被指控研究生进行保密(媒体曝光的除外)是防止可能的"误判"给其名誉造成的伤害,也让其有机会对有关指控及调查结果提出意见。此外,在学术伦理问责过程中贯彻保密原则也有利于从事问责的工作人员工作不受外界干扰。为此,在伦理问责中要注意以下几点:①在最终的裁决结果出来之前,所有的有关伦理问责的评估、初审、正审、裁决、再裁决、上诉等各个阶段及其参与人员都必须尽可能地做到保密,不向外界透漏任何信息;②问责的每一阶段的工作人员都应是临时分别指定的(可用抽签的方式决定人选);③对于新闻媒体或有关机构询问,应不予置评(既不肯定也不否认);④对于受到指控的研究生,如果指控未得到证实,必须努力恢复其声誉。但是,为了避免"保密"变成"黑箱操作",这还需要学术伦理委员会的工作人员做到自清自律,并把审查后的最终报告公开,接受外界的监督。①

第四,独立原则。

为了保障学术伦理问责的公正性和正当性,在学术伦理问责过程中,学术伦理委员会及其成员必须坚持独立问责的原则。一是学术伦理委员会不管是独立设置,还是隶属于学校某个部门,在学术伦理审查过程中都必须是独立而不受干扰的。如美国国家科学基金会的学术伦理审查机构"监察长办公室"虽然设在基金会内部,但在机构及运作上却是独立的,该办公室负责独立调查学术不端行为,每半年向美国国会提交一次工作报告;二是伦理问责各个阶段的人员分工都是临时指定的,并且是截然分开的,如案件评估人员、初审人员、正审人员、裁决人员、再裁

---

① 对于公布经问责证实的学术不端行为,不同的学术机构,其做法也有所不同。如美国国家科学基金会不公布学术不端行为人的姓名,只公布有关的事实,突出其中的问题,强调有关行为是不可接受的。美国绝大多数高校的做法与美国国家科学基金会类似。在外界查询时,它们不肯透露学术不端行为人的姓名和详细内情,只会把这些资料,通知给那些受学术不端行为影响的相关人员和机构(如学术期刊、基金会等);相比之下,美国科研诚信办公室则将涉案者姓名连同事实一块儿公布。它认为,研究机构、研究人员和基金会,有权知道其雇员、合作者和申请人的职业历史。而且,对学术共同体的成员,公布姓名也有极大的教育和警示意义。这如同该办公室的信息问题专家谢兹博士所介绍的那样,不端行为的调查结果,除举报者的姓名之外,原则上全部公开。他们不仅采用印刷物,而且利用因特网传播给包括科学界在内的社会大众。他们认为,案例的公开为学术伦理的宣传与教育提供了生动的题材,同时也有利于防止学术不端行为的发生。如被举报的研究者一旦被判明存在不端行为,那么按规定,通常在3年内不得向公众卫生局申请资助金,并且中止政府机构相关委员会委员的委任。这些法规和对策称不上很严重的处罚,但是对于研究者来说,最头疼的是他们的不光彩事例将通过《通讯》,尤其是现在的因特网而公布于世。而且,只要提出申请,任何人都可以获得与那些事例相关的所有的详细报告资料。参见:水梦云,金卫婷.美国处理学术不端中的保密政策[J].视角(中文版),2006,(3):119;[日]山崎茂明.科学家的不端行为——捏造·篡改·剽窃[M].杨舰,等译.北京:清华大学出版社,2005:46-47.

决人员都不能由同一人担任,每人只负责一项任务。他们在工作时唯一的身份就是学术伦理委员会的专员,而不再是什么处长、院长、大学教授,也不是什么老师、同学或校友。没有人可以一手遮天,完全包办;三是与指控者或被指控者有任何实际的或潜在的利益冲突的人员都要回避,也不能被任命。

第五,合时原则。

合时原则就是在学术伦理问责过程中严格按照规定的时间去操作,这是实现公正问责的一个重要基础。①要求学术伦理问责的各个阶段(包括问责结果的公布)都必须在一定时限内完成。为此,要基于"所有问题都应当尽快解决"这一办事理念,执行某一阶段问责任务的人员应当努力遵守"必须在××个工作日内完成"这一时间限制。如由于非人为的因素影响而未能在最后期限到来之前完成任务,则必须提前向学术伦理委员会提出书面报告,申请延长时间;②被指控人的沉默或缺席不会阻止问责程序的进行。如果他(她)保持沉默或缺席,在听证程序中将单独以调查所得到的证词和证据为依据;③在指派每一问责阶段的人员时,通知的时间既不能太提前,也不能不留给准备时间。因为太提前容易造成泄密和非正式操作行为的发生,但又由于这些人员大都是兼职的,所以得给他们留出调整工作安排的时间;④要在裁决之前,提前将指控的事项告知被指控人,以利于他(她)有充分准备地在听证会上陈述自己理由。

第六,互相监督原则。

互相监督原则也是实现学术伦理问责公正合理的一个重要基础。①学术伦理委员会各成员之间、各问责阶段成员之间、每一问责阶段成员之间都要互相监督。此外,陪审团成员要对裁决小组成员及其听证过程实施监督;②不同机构学术伦理委员会之间要互相监督。如美国大学负责学术诚信问题的官员,其职责和工作范围并不限于审查本机构内部的学术诚信问题。"以学术剽窃案为例,他们不仅处理本校师生抄袭别人的案件,而且还花很大精力去处理本校师生遭到别人剽窃的案件。这样,他们既接受别人对自己人的监督,同时又主动监督别人,于是就形成了一种制度化的相互监督机制。"①

第七,事后补救原则。

在伦理问责过程中,对研究生进行惩罚,是手段而绝不是目标。再一个,研究生一般都是刚入学界不久的学术人,并且还具有"学生"这一身份。这就意味着,

---

① 水梦云,金卫婷.美国处理学术不端中的保密政策[J].视角(中文版),2006,(3):123.

对违反学术伦理的研究生,不能简单处理了事,更不能"一棒子打死",要在区分不同原因和程度的基础上,对于不了解伦理规范的、程度轻微的、首次违犯的以及应由其导师承担主要责任的,给他改正错误、重新做学问的机会。对于那些再次、多次、故意、严重违犯学术伦理的研究生,要允许他在学术伦理委员会做出裁决之后仍保留申诉的权利,并为其提供便利的申诉通道。与此同时,要配合其他部门做好涉案研究生的心理咨询和抚慰工作,防止其悲观厌世或甚至作出过激的行为(如自残或自杀、报复他人等)。

以上所述的只是在他人或他组织检举的情况下研究生学术伦理问责的一般程序和原则,至于其他类型的学术伦理问责,则在此基础上作出适当的调整和补充即可,如主动问责就没有"受理与评估"这一阶段。但是,需要补充说明的是,不管是哪种类型的学术伦理问责,都是院校在学术伦理规制实践中一次难得的澄清并宣示学术伦理期望、引发机构内研究生对学术伦理问题的关注和讨论、对研究生及其他相关人群进行学术伦理教育的重要机会,而绝不仅仅是为了"惩处那些罪有应得的个别人"。

五、研究生学术伦理支持

学术伦理的缺失,最直接的表现就是会导致研究生的学术精神懈怠。在学术伦理规制实践中,除了对研究生进行学术伦理问责这种伦理监督方式之外,作为院校机构,还必须基于学术求真的学术伦理核心价值观,时常检视自己的制度与措施,并多方创造条件和机会,为研究生在学术上提供必要的伦理性支持,以帮助他们化解可能面临的一些学术伦理困惑,从而在减少他们学术不端行为发生几率的同时,激发他们的学术创新精神。

(一)学术伦理支持的内涵与效用

所谓伦理支持,就是指从伦理的价值立场出发,营造一个对相关主体关爱、尊重的外部环境,使其成员能充分感觉到被关心和被爱护,进而唤起他们自身对生活的理解与追求,促进其自身与外界的和谐互动。而对研究生的学术伦理支持,则是基于学术伦理的价值取向,关注他们,理解他们,并对其尊严、精神及其符合理性的生活状况的道德关照和热情扶助。

第一,从其支持的实践价值来讲,对研究生的学术伦理支持,就是作为"现实的人"研究生所需要的一种关怀,它与研究生本人生存的意义休戚相关,是每位研究生都或多或少、有意无意地都渴望的一种深度人文关怀。

第二,从支持的手段和内容来讲,就是运用伦理的手段,通过伦理的方式对研究生从生理到心理、从物质到精神、道德方面的关怀和帮助。不仅要重视他们、尊重他们,理解他们的现实物质需要,而且侧重启发与弘扬他们的学术伦理精神。

第三,从其支持的结果来讲,学术伦理支持就是给研究生提供道德激励。学术伦理作为一具有普遍意义的伦理精神,通过价值的宣示、引导与提倡,逐渐成为研究生群体中各成员的心理定势,形成集体良知,从而为其价值整合提供一种理性的支持。

就其效用来讲,学术伦理支持,无论它是以精神的形态存在,还是以制度规范形式出现,无疑都会在心理层面上为研究生成员提供道德激励,从而成为其化解伦理困惑、提升伦理水平的现实力量。与此同时,对研究生的学术伦理支持,可以在相关主体成员中形成自我支持的力量,即其成员能产生相应的正义感,以及为了这种正义的理由而按照它的规范行动的有效欲望。如在有效的学术伦理支持氛围下,研究生除了自身能践行学术伦理规范,而且还愿意采取行动促进他人的学术伦理行为。

(二)学术伦理支持的策略与方法

第一,帮助研究生营造一种相互关怀的学术生活关系。学术伦理支持不仅是对相关主体倾注的一种道德情感,也体现为一种学术生活关系的建构与维护。这也就是说,与单一去支持某一位或某些研究生不同,它是创造一种能够被研究生感知到的、相互关怀的学术生活关系,并将其置于其中。这样,能使研究生意识到其不是单独存在,而是从属于一个有着共同爱好兴趣与利益的共同体,并且在这个共同体中,他们在学术活动中的作为得到其他成员的价值肯定,从而使他们在敬重与体认学术伦理规范的同时,积极合理地面对学术生活中的伦理冲突。

第二,充分肯定研究生的主体价值。韦伯在谈到新教伦理这一问题时认为,"只有在证明具有与自然人生活方式明显相异的特殊行为方式之后,才有可能取得这种恩宠,由此产生出对于个人的推动力,激励个人有条有理地监督自己的行为。"①这段话给出的一个启示就是,在研究生学术伦理规制实践中,应强化研究生作为一个主体的独特地位。但据笔者对一些研究生的访谈发现,他们普遍抱怨他们的生活跟本科生没有多大差别,跟自己当初考研时所想象的研究生生活完全不

---

① 马克斯·韦伯.新教伦理与本主义精神[M].上海:三联书店,1987:119.

一样,并没有得到学校或导师什么特别的对待。为此,院校机构应充分尊重研究生的主体地位,向其提供能相对独立承担科研任务的机会,从而能使其体验到自身的意义与价值。这也就是说,不要把研究生等同或降格成科研活动的"附属者"或导师课题的"打工者",而是提升研究生作为研究者的地位,为其研究活动的开展、研究成果的出版、传播及推广多方创造条件和机会。这样才能激发他们在学术生活中自主选择理性原则去行动,并激发他们的创造潜质。

第三,学术制度设计应体现机会均等的原则。学术制度影响着研究生的生活前景即他们所希望达到的状态和成就。在学术制度设计中,应贯彻机会均等的原则,从而使广大易处于边缘地位的研究生群体处于原则的关照之下。否则,就容易产生被剥夺感而导致学术失范行为的发生。为此,在制定涉及研究生的学术制度时,要体现"最小差别"的学术资源共享原则,进行最小差别的制度安排,形成各种地位向所有能够凭借自身努力去争取它们的研究生开放,使所有的研究生成员都有平等的机会达到与有着类似能力和才干的人一样的从事科研活动及展示其科研成果、并获取相应回报的机会。此外,还要避免使遵守学术伦理规范的研究生处于不利的竞争地位。

以下是一些具体的做法。

第一,向研究生提出清晰的愿景和目标,并增强其成功的预期。就其愿景和目标来讲,要明确地告知研究生,在整个研究生生活期间,必须参加科研活动并有所创新或发现;就成功的预期来讲,也要明确地告知研究生,在研究活动中,只要认真而持续性地投入工作,就会有收获。

第二,在研究生学术管理中,坚持精细化的工作理念,关注细节。研究生大都是从大学毕业生中选拔出来的比较优秀的毕业生,肩负了家庭、社会更大、更多的希望,并且与本科生相比,研究生由于他们在年龄、社会阅历、家庭背景以及入学动机等方面的多元化,在生活、科研以及工作等方面面临的压力也更大。为此,不仅在其科研活动方面,而且在其生活等方面,都要力求做到给予研究生细致而充满温情的关怀。

第三,增加研究生科研及生活方法、能力的外在供给。如在科研思路及方法上给研究生提供过程性的咨询及服务。

第四,要在以导师为核心的科研小组中建立科研成果共享的机制,以促进各成员之间有效而愉快地合作。

第五,支持并接受研究生对其导师或其他教师在研究生培养过程中滥用权力、玩忽职守等不当行为的举报和申诉,保障目前处在弱势一方的研究生的合法权益。

第六,多方创造研究生参与科研活动的机会,并为研究生提供相对独立进行科研工作的机会,这样就在有利于培养研究生的科研能力的同时,也增加了研究生具体而深入探讨和交流具体学术伦理问题的机会。学术伦理的能力只有在选择中才会得到运用,在运用中才会得到发展。为此,就要创造多样化、多层次、多形式的学术实践活动(如校内的学术沙龙、科研小组,校外的学术论坛等),让研究生在广泛参与的过程中积极培育学术伦理的意识及精神。

第七,增加研究生从科研活动中获取成功和快乐的机会。在这之中,加大对研究生的经济支持就是一个最直接的做法。如财政部、教育部最近制订《研究生国家奖学金管理暂行办法》,决定从 2012 ~ 2013 学年度起每年奖励科研成绩突出的4.5万名全日制研究生。其中,博士研究生奖励 1 万人,每人每年 3 万元,硕士研究生奖励 3.5 万人,每人每年 2 万元。① 笔者认为,这一做法意味着每年差不多有 1/5 的博士研究生和 1/10 的硕士生得到该项目的资助,这显然有助于激励更多的研究生在校期间能专心投入到科研活动中去。

---

① 学位与研究生教育网. 财政部教育部制订暂行办法设研究生国家奖学金[EB/OL]. http://www.cdgdc. edu. cn/xwyyjsjyxx/sy/syzhxw/276407. shtml,2012 – 10 – 23;中央广播网. 中央财政下拨在读研究生国家奖学金 10 亿元[EB/OL]. http://news. ifeng. com/mainland/detail_2012_11/14/19139634_0. shtml,2012 – 11 – 14.

未竟的结语

学术伦理，需要的是整体而持久的行动

在本书的最后，笔者依然要力图表明的是，研究生的学术道德工作绝对是一个功在当代、恩泽将来的事业。之所以这样说，绝不仅仅是因为我国是一个拥有最大数量研究生人口的学位教育大国，或者是说他们是我国科技事业的后备力量，而是在任何一个如大学这样的学术机构中，研究生一端是把他们作为自己学术榜样、比其数量更为庞大的大学本科生群体，另一端又是生活在其周围、与之时常相伴的大学教授、学科专家们。当我们看到这一关系时，我们或许就会明白，如果我们培养的都是一些拥有高学位但却缺乏学术道德精神的毕业生，那么我们可以想象，我们的大学，还有科研院所，将来会是什么样子？！

不可否认，我们已为此采取过行动。但是，需要我们反思的是：我们对于研究生的学术道德问题到底给予了多少关注？这种关注又有多少转化成了实实在在的行动？长时间以来，我们要么把研究生的学术道德问题推给社会，认为是世风日下顺带的结果，要么醉心于能带来"立竿见影"效果的行为规范设计，要么归结于那些虚夸浮躁、甚至利欲熏心的"学术败类"所立的坏榜样。这样，我们便在匆忙中忽略了道德，更忽略了道德之于学术的必要。与此同时，也给我们带来了一个远比"几个烂苹果"更让人忧心的问题，那就是在制度的狭缝中涌现出了越来越多的、精致的"不求有功，但求无过"者，正是他们在偷偷地、一点点地腐蚀着学界这个"大木桶"。

在当今的社会，由于经济发展所带来的社会变迁，社会群体结构日趋复杂，不同的利益、兴趣、诉求越来越地显示出多样性，这使行为规范式的制度显得愈来愈虚弱，其限度也越来越明显。正因为如此，各行各业都在谈论伦理问题，如医疗伦理、商业伦理、行政伦理、新闻伦理等。即便是将布道限制在个人价值观领域内的宗教领袖们也开始在谈论伦理问题。如全美天主教的主教们在回应教区居民问题的文件中，曾直言不讳地问道，"我们应该如何把周日的礼拜与周一的工作联系起

来呢?"作为有着崇高价值追求的学术事业,怎能置身度外呢?

本书的主张是,研究生的学术道德问题,从最本原的意义上讲更是学术伦理问题,因此也就需要用伦理的思路来谋划研究生的学术道德问题,即在研究生教育实践中,强调个人的主体性责任,强调个人与他人、组织、社会的关系,强调有完整活动过程的结果,更强调包括学术活动在内的真实的社会生活。

笔者在书中之所以一直强调学术伦理之于学术的重要性,是源于伦理之于道德的独特性。随便举个浅显的例子,比如有人在大街上随地吐痰,或者张嘴骂人时,我们可以将之斥之为"从小没有养成良好行为习惯的不道德行为";但当我们在报章上看到有人在他人遇险或遇灾的当头见死不救甚至趁火打劫时,"不道德"或是"违法"怕是表达不了我们常人对此的憎恨了,那就是违反"人之伦理"了。由此看来,"道德"跟"伦理"还是有区别的,尤其是层次上的区别,或者说是心理承受范围上的区别。万事只有上升到伦理的层次,才能更加引起除本人之外更多人的关注和重视,从而让人深思,让人反省,让人敬畏,让人心灵震撼,让人远恶趋善,让人即使有机会也不愿意去犯错。

这至少从一个侧面说明,学术伦理对于那些既肩负多重社会压力和期望,又要处理好自己学业工作的研究生来讲,该是多么的重要!但是,我们又必须清楚:没有研究生天生就知道如何在复杂的学术生活环境中作出符合学术伦理关系要求的判断,更不用说去评判可能的行动及其后果。对此,美国的两位学者(Brown, R. D. & Krager, L.)说得很形象,"我们在对待学生的学术伦理教育时,往往像性教育一样,总是指望他们能无师自通(to occur naturally without explicit discussion)。"为此,我们必须努力在组织内营造一种由伦理驱动的学术文化,并为研究生们建立起清晰的伦理期望:你们有能力、有必要正确行事!

但是,这一目标的达成,则需要采取整体而持久的行动。但当我们将鼓足勇气就此采取行动时,又有三点需要特别注意:

一是这一行动过程是复杂而统一的。它是一项需要院校领导(如大学校长)重视、学术伦理委员会负责、各部门及其人员参与的综合行动。

二是这一行动过程是曲折而缓慢的。但渐进式的变革经验表明,当两点之间遭遇障碍时,斜线是比直线更短的距离。

三是这一行动的过程是可顺而不可逆的。这正如美国一位企业伦理主管弗朗西斯·戴利所说的那样,"一旦启动了这个程序,你要么顺势而为,要么方案最终流产。"

附 录
1 研究生学术道德建设工作访谈提纲

访谈提纲(一)

以下问题的访谈对象为研究生,并根据当时的情况临时更换或添加问题:

1. 你在读研期间,最关注的问题或留意的话题有哪些?

2. 谈谈你对研究生这一身份的看法。

3. 你觉得你现在的研究生生活怎么样? 与你当初想象的有何区别?

4. 你目前在学术上面临的困惑有哪些?

5. 你们进行过有关学术道德方面的教育或培训吗? 如果有,在什么时候进行的?

6. 请问你的导师是否具体指导过您的学术道德规范问题?

7. 请问你是否每周或每月都有与您的导师进行学术交流的经历?

8. 当你面临如何快速发表论文而获得毕业学位答辩资格时,你该怎么办?

9. 如果一位研究生在一家学术期刊发表了含有造假数据的论文,其后果如何?

10. 在你看来,目前网上和报纸上时而提及的学术伦理问题指的是什么?

访谈提纲(二)

以下问题的访谈对象为院校研究生管理工作者和研究生指导老师,并根据当时的情况临时更换或添加问题:

1. 贵校对研究生进行过有关学术道德方面的教育吗? 如果有,在什么时候? 采取过哪些形式?

2. 对于硕士研究生和博士研究生,贵校在学术道德教育方面有没有什么区别或侧重?

3. 贵校研究生自主承担研究课题的机会多不多? 有哪些?

4. 您觉得您们学校研究生的学术风气怎么样? 有没有发现或处理过研究生学术不端事件? 由什么部门负责处理?

5.您所在院系是否专门设立仅供研究生申报的学术课题项目？如有,有哪些?

6.您所在院系是否建立研究生个人学术诚信档案?

7.就您指导的研究生来讲,您是否组织过他们进行有关学术道德问题的小组谈论?

8.研究生的学术水平高、学术能力强,是不是其学术道德素质就高一些?

9.在您看来,目前网上和报纸上时而提及的学术伦理问题指的是什么?

2 研究生情景故事投射问卷

亲爱的研究生同学：

您好！打扰您了！

基于一项国家社科基金课题的研究需要，课题组诚挚地恳请您参与此次研究项目的调查。该问卷是匿名调查，我们承诺，确保您所提供的所有资料只作研究用。问卷很简短，不会占用您太长时间。衷心感谢您的支持和帮助！

课题组

2012 年 9 月 15 日

第一部分

以下是您个人的基本情况，这对本课题非常有必要，请在您的回答前划勾或做其他标记！

1. 您是：□女生　□男生
2. 您是：□硕士研究生　□博士研究生　□硕博连读生
3. 您是：□ 脱产学习　□在职学习
4. 您的年级：□一年级　□二年级　□三年级及以上
5. 您所属的学科专业：□人文社科类（包括管理学、经济学）　□理工农医类
6. 您所在的院校：□"211"院校　□一般本科院校　□其他科研院所

第二部分

以下是 5 个真实的小故事，对于故事中人物的做法或提法，在您认为比较合适的答案前划勾或做其他标记。回答并无对错之分，请不要有任何顾虑。您的第一印象通常是最准确的！

故事 1：小安是一位即将参加论文答辩的法学专业硕士生，他最近很是烦躁和不安：自打去年暑期开题后，他忙着备考国家和地方的公务员，还要做另一手准备，到处赶招聘会、投简历。论文哪有心思再动笔写！所以，刚提交的学位论文也是最

近两、三个星期拼凑起来的。"其实这样做也挺无奈的,还得承担被学校查出来的风险,以后保不准哪天也会露馅。"小安的想法代表了一些研究生的顾虑。不过小安也认为,这样做也是没有办法的办法,总比那些自己一个字也不写、找人代写的强。"可能有的研究生因为找工作没有时间准备论文,或因工作忙,或因家庭事务,或因婚恋压力,只能将就了。"他还说,"不信你随便采访几位研究生,他们虽然从心底不认同这种做法,但肯定也会对你说,找到一份好工作比写出一篇优秀的学位论文更重要。"

对于小安的做法,您的态度是:

□非常赞同　□赞同　□有点赞同　□说不清楚　□有点反对　□反对
□非常反对

故事2:博士生小张和其同学小王一起向国外一家比较知名的学术期刊投稿了一篇有关基因问题的合著论文。几个月后,期刊编辑部的回复是:可以刊用,但也提出了一点修改建议。在修改论文期间,小王通过实验发现,该基因调控实验的结果与转染细胞时使用的 DNA 浓度有关。她用数据证明,如果 DNA 的浓度提高 5倍,此前发现的调控效果会完全失效。考虑到这一结果,小王认为论文有问题,应当撤回,不再发表。但小张强烈反对,他认为论文的结果可以重复再现,对结果的解释也直接明了。小张于是认为,应当抓紧时间按照评审人的意见修改后发表,论文能趁早发表毕竟是最重要的。至于新的发现,今后可以把它作为一篇全新论文的基础。

对于小张的提法,您的态度是:

□非常赞同　□赞同　□有点赞同　□说不清楚　□有点反对　□反对
□非常反对

故事3:小王是一位社会学专业的研究生,他的一篇论文正在评审过程中。一天,他在查看该论文的原始数据时,突然发现一个变量对应一些 0。这很出乎意外,因为编码的范围是从 1 到 5。他意识到,这些 0 实际代表着数据丢失。但是他的原始分析中,却把 0 算作真实的量。那篇正在评审的论文正好使用了这个错误的分析。一阵惊慌之后,小安从原始数据库中删除了所有的 0,并重新做了分析。结果出来之后,他终于松了一口气,因为新的分析结果依然很有意义,尽管存在少许不同(原来的 P = 0.011,现在是 P = 0.048)。小王觉得如果他为此做出说明的话,那么他的数据分析及研究结论就会受到质疑。那篇论文也会延迟发表。既然结果仍然是显著的,他决定把之前所有证据中的 0 和早期的分析都抹掉。

对于小王的做法，您的态度是：

☐非常赞同　☐赞同　☐有点赞同　☐说不清楚　☐有点反对　☐反对
☐非常反对

故事4：小谢是一个高年级的博士生，至今已在 SCI 期刊上发表了 4 篇影响因子比较高的论文。最近他的导师和师弟、师妹们很少在实验室里看到他。于是，导师找到他，要求他多呆在实验室，并说这样便于与老师和同学随时讨论课题的研究状况。但小谢认为，他在人少的时候工作效率更好，并举了一个实例：他研究用的一个设备在白天总是很忙碌，这不利于他及时有效地完成工作。

对于小谢的做法，您的态度是：

☐非常赞同　☐赞同　☐有点赞同　☐说不清楚　☐有点反对　☐反对
☐非常反对

故事5：小李是 X 市 Y 大学的一位机械工程专业的博士生，正准备把自己两年来独立完成并反复修改完善的一篇论文往国内一家权威学术期刊投稿。小王是他的同门师兄，小王建议他把谢总工程师、也是他的校外导师（第二导师）添加为论文的共同作者。小王的理由是，虽然谢总工程师只是学院里的一名挂名导师，但他不仅是该领域比较知名的教授级工程师，还是该市一个局委的负责人，添加他的名字不仅增加了文章发表的机会，而且今后还有可能得到他的额外科研经费支持。

对于小王的提法，您的态度是：

☐非常赞同　☐赞同　☐有点赞同　☐说不清楚　☐有点反对　☐反对
☐非常反对

　　　　　　　　［完］请交回问卷，再次感谢您的支持和帮助！

后 记

净化科研氛围,优化学术生态,既是一个世界性的难题,也是我国科技创新面临的重大课题。研究生作为学术圈中的一个重要群体,如何有效推进目前条件下的研究生学术道德建设,无论在理论上还是在实践上都是近年来我国高等教育界及科技界最关注的热点问题之一。或许正由于此,笔者牵头申报的课题"研究生学术伦理规制问题研究"得到国家社科基金的资助。本书即是该课题的主要研究成果之一。

本书同时也借鉴和引用了笔者的博士学位论文以及近期的一些研究成果。笔者希望通过研究并出版本书,对学术道德及研究生学术道德建设方面存在的理论难题与认识误区进行比较全面的解析和匡正,并为今后我国研究生学术道德建设的进一步推进提供理论上的指导和实践上的借鉴。当然,笔者也深知,美好愿望的实现与期待目标的达成并不是一件容易的事,更何况笔者由于在理论修养等方面的局限,本书定有一些不当之处,在此肯请学界前辈、同行批评指正。

在该课题的申请及后续开展过程中,六位评审专家拨冗相助,亲临现场指点了本课题。他们是:杨德广教授(中国高等教育学会原副会长、上海市高教学会常务副会长、上海师范大学原校长),夏人青研究员(上海师范大学高等教育研究所所长、博士生导师),姚俭教授(上海理工大学高等教育研究所所长),高耀明教授(上海师范大学教育管理系主任、博士生导师),章仁彪教授(同济大学高等教育研究所原所长),熊庆年研究员(复旦大学高等教育研究所所长、《复旦教育论坛》执行主编、博士生导师)。

上海心理卫生学会副理事长岑国桢教授对本课题情景故事问卷的设计和编写给予了热心的指导和帮助。

本课题组成员在课题的开展过程中付出了辛劳,贡献了智慧。他们是:上海交通大学发展与规划处副处长杨颉研究员、上海师范大学美术学院常务副院长岳龙博士、上海电力学院教务处陈春莲博士、上海印刷高等专科学校社科处处长罗尧成博士、上海师范大学高等教育研究所李桂红老师以及武汉大学国学院院长助理孙劲松博士。

感谢辽宁省教育厅赵哲老师、同济大学中德学院李正文老师、广西大学教育学院刘延云老师、江西农业大学教务处岳志强老师、陈春莲博士、安徽工业大学高等教育研究所文双全老师、海南师范大学社科处陈春霞老师、重庆市检察院罗辉检察官、华南理工大学设备处刘永老师、广东工业大学罗克文老师、武汉大学建筑工程学院程海梅老师以及解放军经济学院邓草心博士,他们对本课题调查及调研的顺利开展和实施提供了宝贵的支持和热心帮助。

感谢北京理工大学教授、《中国高教研究》"学位与研究生教育"栏目编审陆叔云对本课题提出的建设性修改意见!

感谢众多的被访谈者和匿名的被调查者!

感谢上海社科院南亚问题研究专家胡志勇先生的鼎力相助!

感谢知识产权出版社对本书的重视并将其快速纳入到自己的出版计划。在本书的编辑出版过程中,王辉先生付出了大量的心血,在此一并表示最衷心的谢意!

笔者

2013 年 4 月于上海